内蒙古民族文化通鉴·调查系列丛书

蒙古族城镇化发展调查研究

以通辽市库伦旗等六个旗为调研对象

刘银喜 任 梅◎著

中国社会科学出版社

图书在版编目(CIP)数据

蒙古族城镇化发展调查研究：以通辽市库伦旗等六个旗为调研对象 / 刘银喜，任梅著 . —北京：中国社会科学出版社，2023.10

(内蒙古民族文化通鉴 . 调查系列丛书)

ISBN 978-7-5227-1415-8

Ⅰ.①蒙…　Ⅱ.①刘…②任…　Ⅲ.①蒙古族—民族地区—城市化—调查研究—内蒙古　Ⅳ.①F299.272.6

中国国家版本馆 CIP 数据核字(2023)第 024358 号

出 版 人	赵剑英	
责任编辑	宫京蕾　周怡冰	
特约编辑	芮　信	
责任校对	刘　娟	
责任印制	郝美娜	

出　　版	中国社会科学出版社	
社　　址	北京鼓楼西大街甲 158 号	
邮　　编	100720	
网　　址	http://www.csspw.cn	
发 行 部	010-84083685	
门 市 部	010-84029450	
经　　销	新华书店及其他书店	

印刷装订	北京君升印刷有限公司
版　　次	2023 年 10 月第 1 版
印　　次	2023 年 10 月第 1 次印刷

开　　本	710×1000　1/16
印　　张	17.5
插　　页	2
字　　数	296 千字
定　　价	98.00 元

《内蒙古民族文化通鉴》 总序

乌 兰

　　"内蒙古民族文化研究建设工程"成果集成——《内蒙古民族文化通鉴》（简称《通鉴》）六大系列数百个子项目的出版物已陆续与学界同人和广大读者见面了。这是内蒙古民族文化传承保护建设中的一大盛事，也是对中华文化勃兴具有重要意义的一大幸事。借此《通鉴》出版之际，谨以此文献给所有热爱民族文化，坚守民族文化的根脉，为民族文化薪火相传而殚智竭力、辛勤耕耘的人们。

一

　　内蒙古自治区位于祖国北部边疆，土地总面积 118.3 万平方公里，占中国陆地国土总面积的八分之一，现设 9 市 3 盟 2 个计划单列市，全区共有 102 个旗县（市、区），自治区首府为呼和浩特。2014 年，内蒙古总人口 2504.81 万，其中蒙古族人口 458.45 万，汉族人口 1957.69 万，包括达斡尔族、鄂温克族、鄂伦春族"三少"自治民族在内的其他少数民族人口 88.67 万；少数民族人口约占总人口的 21.45%，汉族人口占 78.15%，是蒙古族实行区域自治、多民族和睦相处的少数民族自治区。内蒙古由东北向西南斜伸，东西直线距离 2400 公里，南北跨度 1700 公里，横跨东北、华北、西北三大区，东含大兴安岭，西包阿拉善高原，南有河套、阴山，东南西与 8 省区毗邻，北与蒙古国、俄罗斯接壤，国境线长达 4200 公里。内蒙古地处中温带大陆气候区，气温自大兴安岭向东南、西南递增，降水自东南向西北递减，总体上干旱少雨，四季分明，寒暑温差很大。全区地理上大致属蒙古高原南部，从东到西地貌多样，有茂密的森林，广袤的草原，丰富的矿藏，是中国为数不多的资源富集大区。

内蒙古民族文化的主体是自治区主体民族蒙古族的文化，同时也包括达斡尔族、鄂温克族、鄂伦春族等人口较少世居民族多姿多彩的文化和汉族及其他各民族的文化。

"内蒙古"一词源于清代"内札萨克蒙古"，相对于"外扎萨克蒙古"即"外蒙古"。自远古以来，这里就是人类繁衍生息的一片热土。1973 年在呼和浩特东北发现的大窑文化，与周口店第一地点的"北京人"属同一时期，距今 50 万—70 万年。1922 年在内蒙古伊克昭盟乌审旗萨拉乌苏河发现的河套人及萨拉乌苏文化、1933 年在呼伦贝尔扎赉诺尔发现的扎赉诺尔人，分别距今 3.5 万—5 万年和 1 万—5 万年。到了新石器时代，人类不再完全依赖天然食物，而已经能够通过自己的劳动生产食物。随着最后一次冰河期的迅速消退，气候逐渐转暖，原始农业在中国北方地区发展起来。到了公元前 6000 年—前 5000 年，内蒙古东部和西部两个亚文化区先后都有了原始农业。

"红山诸文化"（苏秉琦语）和海生不浪文化的陆续兴起，使原始定居农业逐渐成为主导的经济类型。红山文化庙、坛、冢的建立，把远古时期的祭祀礼仪制度及其规模推进到一个全新的阶段，使其内容空前丰富，形式更加规范。"中华老祖母雕像""中华第一龙""中华第一凤"——这些在中华文明史上具有里程碑意义的象征物就是诞生在内蒙古西辽河流域的红山文化群。红山文化时期的宗教礼仪反映了红山文化时期社会的多层次结构，表明"'产生了植根于公社，又凌驾于公社之上的高一级的社会组织形式'（苏秉琦语——引者注），这已不是一般意义上的新石器时代文化概念所能包容的，文明的曙光已照耀在东亚大地上"[1]。

然而，由于公元前 5000 年和公元前 2500 年前后，这里的气候出现过几次大的干旱及降温，原始农业在这里已经不再适宜，从而迫使这一地区的原住居民去调整和改变生存方式。夏家店文化下层到上层、朱开沟文化一至五段的变迁遗迹，充分证明了这一点。气候和自然环境的变化、生产力的进一步发展，必然促使这里的人类去寻找更适合当地生态条件、创造具有更高劳动生产率的生产方式。于是游牧经济、游牧文化诞生了。

---

[1]　田广金、郭素新：《北方文化与匈奴文明》，江苏教育出版社 2005 年版，第 131 页。

历史上的游牧文化区,基本处于北纬40度以北,主要地貌单元包括山脉、高原草原、沙漠,其间又有一些大小河流、淡水咸水湖泊等。处于这一文化带上的蒙古高原现今冬季的平均气温在-10℃—20℃之间,年降雨量在400毫米以下,干燥指数在1.5—2之间。主要植被是各类耐寒的草本植物和灌木。自更新世以来,以有蹄类为主的哺乳动物在这一地区广泛分布。这种生态条件,在当时的生产力水平下,对畜牧业以外的经济类型而言,其制约因素无疑大于有利因素,而选择畜牧、游牧业,不仅是这种生态环境条件下的最佳选择,而且应该说是伟大的发明。比起从前在原始混合型经济中饲养少量家畜的阶段,逐水草而居,“依天地自然之利,养天地自然之物”的游牧生产、生活方式有了质的飞跃。按照人类学家L.怀特、M.D.萨林斯关于一定文化级差与一定能量控驭能力相对应的理论,一头大型牲畜的生物能是人体生物能的1—5倍,一人足以驾驭数十头牲畜从事工作,可见真正意义上的畜牧、游牧业的生产能力已经与原始农业经济不可同日而语。它表明草原地带的人类对自身生存和环境之间的关系有了全新的认识,智慧和技术使生产力有了大幅提高。

马的驯化不但使人类远距离迁徙游牧成为可能,而且让游牧民族获得了在航海时代和热兵器时代到来之前绝对所向披靡的军事能力。游牧民族是个天然的生产军事合一的聚合体,具有任何其他民族无法比拟的灵活机动性和长距离迁徙的需求与能力。游牧集团的形成和大规模运动,改变了人类历史。欧亚大陆小城邦、小农业公社之间封闭隔绝的状况就此终结,人类社会各个群体之间的大规模交往由此开始,从氏族部落语言向民族语言过渡乃至大语系的形成,都曾有赖于这种大规模运动;不同部落、不同族群开始通婚杂居,民族融合进程明显加速,氏族部族文化融合发展成为一个个特色鲜明的民族文化,这是人类史上的一次历史性进步,这种进步也大大加快了人类文化的整体发展进程。人类历史上的一次划时代的转折——从母权制向父权制的转折也是由“游牧部落”带到农耕部落中去的。①

对现今中国北方地区而言,到了公元前1000年前后,游牧人的时期

---

① [苏]Д. Е. 叶列梅耶夫:《游牧民族在民族史上的作用》,《民族译丛》1987年第5、6期。

业已开始，秦汉之际匈奴完成统一草原的大业，此后的游牧民族虽然经历了许多次的起起伏伏，但总体十分强势，一种前所未有的扩张从亚洲北部，由东向西展开来。于是，被称为"世界历史两极"的定居文明与草原畜牧者和游牧人开始在从长城南北到中亚乃至欧洲东部的广阔地域内进行充分的相互交流。到了"蒙古时代"，一幅中世纪的"加泰罗尼亚世界地图"，如实反映了时代的转换，"世界体系"以"蒙古时代"为开端确立起来，"形成了人类史上版图最大的帝国，亚非欧世界的大部分在海陆两个方向上联系到了一起，出现了可谓'世界的世界化'的非凡景象，从而在政治、经济、文化、商业等各个方面出现了东西交流的空前盛况"。① 直到航海时代和热兵器时代到来之后，这种由东向西扩张的总趋势才被西方世界扭转和颠倒。而在长达约两千年的游牧社会历史上，现今的内蒙古地区始终是游牧文化圈的核心区域之一，也是游牧世界与华夏民族、游牧文明与农耕文明碰撞激荡的最前沿地带。

在漫长的历史过程中，广袤的北方大草原曾经是众多民族繁衍生息的家园，他们在与大自然的抗争和自身的生存发展过程中创造了各民族自己的文化，形成了以文化维系起来的人群——民族。草原各民族有些是并存于一个历史时期，毗邻而居或交错居住，有些则分属于不同历史时期，前者被后者更替，后者取代前者，薪尽而火传。但不论属何种情形，各民族文化之间都有一个彼此吸纳、继承、逐渐完成民族文化自身的进化，然后在较长历史时期内稳定发展的过程。比如，秦汉时期的匈奴文化就是当时众多民族部落文化和此前各"戎""狄"文化的集大成。魏晋南北朝时期的鲜卑文化，隋唐时期的突厥文化，宋、辽、金时期的契丹、女真、党项族文化，元代以来的蒙古族文化都是如此。

二

蒙古民族是草原文化的集大成者，蒙古文化是草原文化最具代表性的文化形态，蒙古民族的历史集中反映了历史上草原民族发展变迁的基本

---

① 《杉山正明谈蒙古帝国："元并非中国王朝"一说对错各半》，《东方早报·上海书评》2014 年 7 月 27 日。

规律。

　　有人曾用"蝴蝶效应"比喻13世纪世界历史上的"蒙古风暴"——斡难河畔那一次蝴蝶翅膀的扇动引起周围空气的扰动，能量在连锁传递中不断增强，最终形成席卷亚欧大陆的铁骑风暴。这场风暴是由一位名叫铁木真的蒙古人掀起，他把蒙古从一个部落变成一个民族，于1206年建立了大蒙古汗国。铁木真统一蒙古各部之后，首先废除了氏族和部落世袭贵族的权力，使所有官职归于国家，为蒙古民族的历史进步扫清了重要障碍，并制定了世界上第一部具有宪法意义、包含宪政内容的成文法典，而这部法典要比英国在世界范围内最早制定的宪法性文件早了九年。成吉思汗确立了统治者与普通牧民负同等法律责任、享有同等宗教信仰自由等法律原则，建立了定期人口普查制度，创建了最早的国际邮政体系。

　　13、14世纪的世界可被称为蒙古时代，成吉思汗缔造的大蒙古国囊括了多半个亚欧版图，发达的邮驿系统将东方的中国文明与西方的地中海文明相连接，两大历史文化首度全面接触，对世界史的影响不可谓不深远。亚欧大陆后来的政治边界划分分明是蒙古帝国的遗产。成吉思汗的扩张和西征，打破了亚欧地区无数个城邦小国、定居部落之间的壁垒阻隔，把亚欧大陆诸文明整合到一个全新的世界秩序之中，因此他被称为"缔造全球化世界的第一人"[①]。1375年出现在西班牙东北部马略卡岛的一幅世界地图——"卡塔拉地图"（又称"加泰罗尼亚地图"，现藏于法国国家图书馆），之所以被称为"划时代的地图"，并非因为它是标明马可·波罗行旅路线的最早地图，而是因为它反映了一个时代的转换。从此，东西方之间的联系和交往变得空前便捷、密切和广泛。造纸、火药、印刷术、指南针——古代中国的这些伟大发明通过蒙古人，最终真正得以在欧洲推广开来；意大利作家但丁、薄伽丘和英国作家乔叟所用的"鞑靼绸""鞑靼布""鞑靼缎"等纺织品名称，英格兰国王指明要的"鞑靼蓝"，还有西语中的许多词汇，都清楚地表明东方文化以蒙古人为中介传播到西方的那段历史；与此同时，蒙古人从中亚细亚、波斯引进许多数学家、工匠和管理人员，以及诸如高粱、棉花等农作物，并将其传播到中国和其他

---

① ［美］杰克·威泽弗德：《成吉思汗与今日世界之形成》，温海清、姚建根译，重庆出版社2014年版，第8页封面。

地区，从而培育或杂交出一系列新品种。由此引发的工具、设备、生产工艺的技术革新，其意义当然不可小觑；特别是数学、历法、医学、文学艺术方面的交流与互动，知识和观念的传播、流动，打破了不同文明之间的隔阂，以及对某一文明的偏爱与成见，其结果就是全球文化和世界体系若干核心区的形成。1492 年，克里斯托弗·哥伦布说服两位君主，怀揣一部《马可·波罗游记》，信心满满地扬帆远航，为的就是找到元朝的"辽阳省"，重建与蒙古大汗朝廷的海上联系，恢复与之中断的商贸往来。由于蒙古交通体系的瓦解和世界性的瘟疫，他浑然不知此时元朝已经灭亡一百多年，一路漂荡到加勒比海的古巴，无意间发现了"新大陆"。正如美国人类学家、蒙古史学者杰克·威泽弗德所言，在蒙古帝国终结后的很长一段时间内，新的全球文化继续发展，历经几个世纪，变成现代世界体系的基础。这个体系包含早先蒙古人强调的自由商业、开放交通、知识共享、长期政治策略、宗教共存、国际法则和外交豁免。①

即使我们以中华文明为本位回望这段历史，同样可以发现蒙古帝国和元朝对我国历史文化久远而深刻的影响。从成吉思汗到忽必烈，历时近百年，元朝缔造了人类历史上版图最大的帝国，结束了唐末以来国家分裂的状况，基本划定了后世中国的疆界；元代实行开放的民族政策，大力促进各民族间的经济文化交流和边疆地区的开发，开创了中华民族多元一体的新格局，确定了中国统一的多民族国家的根本性质；元代推行农商并重政策，"以农桑为急务安业力农"，城市经济贸易繁荣发展，经贸文化与对外交流全面推进，实行多元一体的文化教育政策，科学技术居于世界前列，文学艺术别开生面，开创了一个新纪元；作为发动有史以来最大规模征服战争的军事领袖，成吉思汗和他的继任者把冷兵器时代的战略战术思想、军事艺术推上了当之无愧的巅峰，创造了人类军事史的一系列"第一"、一系列奇迹，为后人留下了极其丰富的精神财富；等等。

统一的蒙古民族的形成是蒙古民族历史上具有划时代意义的时间节点。从此，蒙古民族成为具有世界影响的民族，蒙古文化成为中华文化不可或缺的组成部分。漫长的历史岁月见证了蒙古族人民的智慧，他们在文

---

① ［美］杰克·威泽弗德：《成吉思汗与今日世界之形成》（修订版），温海清、姚建根译，重庆出版社 2014 年版，第 6、260 页。

学、史学、天文、地理、医学等诸多领域成就卓然，为中华文明和人类文明的发展做出了不可否认的伟大贡献。

20 世纪 30 年代被郑振铎先生称为"最可注意的伟大的白话文作品"的《蒙古秘史》，不单是蒙古族最古老的历史、文学巨著，也是被联合国教科文组织列为世界名著目录（1989 年）的经典，至今依然吸引着世界各国无数的学者、读者；在中国著名的"三大英雄史诗"中，蒙古族的《江格尔》、《格斯尔》（《格萨尔》）就占了两部，它们也是目前世界上已知史诗当中规模最大、篇幅最长、艺术表现力最强的作品之一；蒙古民族一向被称为能歌善舞的民族，马头琴、长调、呼麦被列入世界非物质文化遗产，蒙古族音乐舞蹈成为内蒙古的亮丽名片，风靡全国，感动世界，诠释了音乐不分民族、艺术无国界的真谛；还有传统悠久、特色独具的蒙古族礼仪习俗、信仰禁忌、衣食住行，那些科学简洁而行之有效的生产生活技能、民间知识，那些让人叹为观止的绝艺绝技以及智慧超然且极其宝贵的非物质文化遗产，都是在数千年的游牧生产生活实践中形成和积累起来的，也是与独特的生存环境高度适应的，因而极富生命力。迄今，内蒙古已拥有列入联合国非物质文化遗产名录的项目 2 项（另有马头琴由蒙古国申报列入名录）、列入国家级名录的 81 项、列入自治区及盟市旗县级名录的 3844 项，各级非遗传承人 6442 名。其中蒙古族、达斡尔族、鄂温克族、鄂伦春族等内蒙古世居少数民族的非遗项目占了绝大多数。人们或许不熟悉内蒙古三个人口较少民族的文化传统，然而那巧夺天工的达斡尔造型艺术、想象奇特的鄂温克神话传说、栩栩如生的鄂伦春兽皮艺术、闻名遐迩的"三少民族"桦皮文化……这些都是一朝失传则必将遗恨千古的文化瑰宝，我们当倍加珍惜。

内蒙古民族文化当中最具普世意义和现代价值的精神财富，当属其崇尚自然、天人相谐的生态理念、生态文化。游牧，是生态环保型的生产生活方式，是现代以前人类历史上唯一以人与自然和谐共存、友好相处的理念为根本价值取向的生产生活方式。游牧和狩猎，尽管也有与外在自然界相对立的一面，但这是以敬畏、崇尚和尊重大自然为最高原则、以和谐友好为前提的非对抗性对立。因为，牧民、猎人要维持生计，必须有良好的草场、清洁的水源和丰富的猎物，而这一切必须以适度索取、生态环保为条件。因此，有序利用、保护自然，便成为游牧生产方式的最高原则和内在要求。对亚洲北部草原地区而言，人类在无力改造和控制自然环境的条件下，游牧生产方式是维持草畜平衡，使草场及时得到休整、涵养、恢复的自由而能动的最佳选择。我国北方的广大地区尽管数千年来自然生态环境相当脆弱，如今却能够成为我国北部边疆的生态屏障，与草原游牧民族始终如一的精心呵护是分不开的。不独蒙古族，达斡尔族、鄂温克族、鄂伦春族等草原世居少数民族在文化传统上与蒙古族共属一个更大的范畴，不论他们的思维方式、信仰文化、价值取向还是生态伦理，都与蒙古族大同小异，有着多源同流、殊途同归的特点。

随着人类历史进程的加速，近代以来，世界各地区、各民族文化变迁、融合的节奏明显加快，草原地区迎来了本土文化和外来文化空前大激荡、大融合的时代。草原民族与汉民族的关系日趋加深，世界各种文化对草原文化的作用和影响进一步增强，农业文明、工业文明、商业文明、城市文明的因素大量涌现，草原各民族的生产生活方式，乃至思想观念、审美情趣、价值取向都发生了巨大变化。虽然，这是一个凤凰涅槃、浴火重生的过程，但以蒙古族文化为代表的草原各民族文化，在空前的文化大碰撞中激流勇进，积极吸纳异质文化养分，或在借鉴吸纳的基础上进行自主的文化创新，使民族文化昂然无惧地走上转型之路。古老的蒙古族文化，依然保持着它所固有的本质特征和基本要素，而且，由于吸纳了更多的活性元素，文化生命力更加强盛，文化内涵更加丰富，以更加开放包容的姿态迎来了现代文明的曙光。

三

古韵新颜相得益彰，历久弥新异彩纷呈。自治区成立以来的近 70 年间，草原民族的文化事业有了突飞猛进的发展。我国社会主义制度和民族区域自治、各民族一律平等的宪法准则，党和国家一贯坚持和实施的尊重、关怀少数民族，大力扶持少数民族经济文化事业的一系列方针政策，从根本上保障了我国各民族人民传承和发展民族文化的权利，也为民族文化的发展提供了广阔空间。一些少数民族，如鄂伦春族仅仅用半个世纪就从原始社会过渡到社会主义社会，走过了过去多少个世纪都不曾走完的历程。

　　一个民族的文化发展水平必然集中体现在科学、文化、教育事业上。在历史上的任何一个时期，蒙古民族从来不曾拥有像现在这么多的科学家、文学家等各类专家教授，从来没有像现在这样以丰富的文化产品供给普通群众的消费，蒙古族大众的整体文化素质从来没有达到现在这样的高度。哪怕最偏远的牧村，电灯电视不再稀奇，网络、手机、微信微博业已成为生活的必需。自治区现有7家出版社出版蒙古文图书，全区每年都有数百上千种蒙古文新书出版，各地报刊每天都有数以千百计的文学新作发表。近年来，蒙古族牧民作家、诗人的大量涌现，已经成为内蒙古文学的一大景观，其中有不少作者出版有多部中长篇小说或诗歌散文集。我们再以国民受教育程度为例，它向来是一个民族整体文化水准的重要指标之一。中华人民共和国成立前，绝大多数蒙古人根本没有接受正规教育的机会，能够读书看报的文化人寥若晨星。如今，九年义务教育已经普及，即便是上大学、读研考博的高等教育，对普通农牧民子女也不再是奢望。据《内蒙古2014年国民经济和社会发展统计公报》显示，全自治区2013年少数民族在校大学生10.8万人，其中蒙古族学生9.4万人；全区招收研究生5987人，其中，少数民族在校研究生5130人，蒙古族研究生4602人，蒙古族受高等教育程度可见一斑。

　　每个时代、每个民族都有一些杰出人物曾经对人类的发展进步产生深远影响。正如爱迪生发明的电灯"点亮了世界"一样，当代蒙古族也有为数不少的文化巨人为世界增添了光彩。提出"构造体系"概念、创立地质力学学说和学派、提出"新华夏构造体系三个沉降带"理论、开创油气资源勘探和地震预报新纪元的李四光；认定"世界未来的文化就是中国文化复兴"、素有"中国最后一位大儒家"之称的国学大师梁漱溟；在国际上首次探索出山羊、绵羊和牛精子体外诱导获能途径，成功实现试管内杂交育种技术的"世界试管山羊之父"旭日干；还有著名新闻媒体人、文学家、翻译家萧乾；马克思主义哲学家艾思奇；当代著名作家李准……这些如雷贯耳的大名，可谓家喻户晓、举世闻名，但人们未必都知道他们来自蒙古族。是的，他们来自蒙古族，为中华民族的伟大复兴，为全人类的文明进步做出了应有的贡献。

　　历史的进步、社会的发展、蒙古族人民群众整体文化素质的大幅提升，使蒙古族文化的内涵得以空前丰富，文化适应能力、创新能力、竞争能力都有了显著提升。从有形的文化特质，如日常衣食住行，到无形的观念形态，如思想情趣、价值取向，我们可以举出无数个鲜活的例子，说明蒙古文化紧随时代的步伐传承、创新、发展的事实。特别是自2003年自治区实施建设民族文化大区、强区战略以来，全区文化建设呈现出突飞猛进的态势，民族文化建设迎来了一个新的高潮。内蒙古文化长廊计划、文化资源普查、重大历史题材美术创作工程、民族民间文化遗产数据库建设工程、蒙古语语料库建设工程、非物质文化遗产保护、一年一届的草原文化节、草原文化研究工程、北部边疆历史与现状研究项目等，都是这方面的有力举措，收到了很好的成效。

但是，我们也必须清醒地看到，与经济社会的跨越式发展相比，文化建设仍然显得相对滞后，特别是优秀传统文化的传承保护依然任重道远。优秀民族文化资源的发掘整理、研究转化、传承保护以及对外传播能力尚不能适应形势发展，某些方面甚至落后于国内其他少数民族省区的现实也尚未改变。全球化、工业化、信息化和城镇化的时代大潮，对少数民族弱势文化的剧烈冲击是显而易见的。全球化浪潮和全方位的对外开放，意味着我们必将面对外来文化，特别是强势文化的冲击。在不同文化之间的交往中，少数民族文化所受到的冲击会更大，所经受的痛苦也会更多。因为，它们对外来文化的输入往往处于被动接受的状态，而对文化传统的保护常常又力不从心，况且这种结果绝非由文化本身的价值所决定。换言之，在此过程中，并非所有得到的都是你所希望得到的，并非所有失去的都是你应该丢掉的，不同文化之间的输入输出也许根本就不可能"对等"。这正是民族文化的传承保护任务显得分外紧迫、分外繁重的原因。

文化是民族的血脉，内蒙古民族文化是中华文化不可或缺的组成部分，中华文化的全面振兴离不开国内各民族文化的繁荣发展。为了更好地贯彻落实党的十八大关于文化建设的方针部署，切实把自治区党委提出的实现民族文化大区向民族文化强区跨越的要求落到实处，自治区政府于2013年实时启动了"内蒙古民族文化建设研究工程"。"工程"包括文献档案整理出版，内蒙古社会历史调查、研究系列，蒙古学文献翻译出版，内蒙古历史文化推广普及和"走出去"，"内蒙古民族文化建设研究数据库"建设等广泛内容，计划六年左右的时间完成。经过两年的紧张努力，从2016年开始，"工程"的相关成果已经陆续与读者见面。

建设民族文化强区是一项十分艰巨复杂的任务，必须加强全区各界研究力量的整合，必须有一整套强有力的措施跟进，必须实施一系列特色文化建设工程来推动。"内蒙古民族文化建设研究工程"就是推动我区民族文化强区建设的一个重要抓手，是推进文化创新、深化人文社会科学可持续发展的一个重要部署。目前，"工程"对全区文化建设的推动效应正在逐步显现。

"内蒙古民族文化建设研究工程"将在近年来蒙古学研究、"草原文化研究工程""北部边疆历史与现状研究"、文化资源普查等科研项目所取得的成就基础上，突出重点，兼顾门类，有计划、有步骤地开展抢救、保护濒临消失的民族文化遗产，搜集记录地方文化和口述历史，使民族文化传承保护工作迈上一个新台阶；将充分利用新理论、新方法、新材料，有力推进学术创新、学科发展和人才造就，使内蒙古自治区传统优势学科进一步焕发生机，使新兴薄弱学科尽快发展壮大；"工程"将会在科研资料建设，学术研究，特色文化品牌打造、出版、传播、转化等方面取得突破性的成就，推出一批具有创新性、系统性、完整性的标志性成果，助推自治区人文社会科学研究和社会主义文化建设事业蓬勃发展。"内蒙古民族文化建设研究工程"的实施，势必大大增强全区各民族人民群众的文化自觉和文化自信，必将成为社会主义文化大发展大繁荣，实现中华民族伟大复兴中国梦的一个切实而有力的举措，其"功在当代、利在千秋"的重要意义必将被历史证明。

（作者为时任内蒙古自治区党委常委、宣传部部长，"内蒙古民族文化建设研究工程"领导小组组长）

目　　录

第一章　绪论

第一节　研究背景和研究意义

城镇化是指农村人口不断向城镇转移，第二、三产业不断向城镇聚集，从而使城镇数量不断增加，城镇人口规模与地域规模不断扩大的一种自然、社会历史过程。城镇化进程始于18世纪英国的工业革命，伴随着西方工业化扩散以及经济全球化的推进，世界上的城市以前所未有的规模和速度发展。目前，世界人口约有一半居住在城市，城市居民人数达到30多亿。正如联合国东京会议指出的那样，未来的世界将是一个城市的世界。城镇化已经成为世界上最重要的经济社会现象之一。

为有效推进我国城镇化建设，根据中国共产党第十八次全国代表大会报告、《中共中央关于全面深化改革若干重大问题的决定》、中央城镇化工作会议精神、《中华人民共和国国民经济和社会发展第十二个五年规划纲要》和《全国主体功能区规划》编制，国家出台了《国家新型城镇化规划（2014—2020年）》，为我国城镇化发展路径提供方向性指引。根据内蒙古自治区统计局公布的2010年第六次人口普查主要数据，全区常住人口中蒙古族人口为422.6万人。蒙古族在我国特别是在内蒙古自治区是主要的少数民族，也是主要的人口组成部分。城镇化是所有居民的城镇化，蒙古族作为内蒙古的主要少数民族，也是城镇化的主要受众人群。我国正处于快速城镇化推进时期，在这样的时代背景下，关于城镇化的研究也方兴未艾，并源源不断地涌现出来。但是，从一个民族整体出发，关于蒙古族的城镇化研究却严重不足，影响了人们对城镇化的全面认识。因此，本项目以点带面，通过深入调查访谈，对蒙古族的城镇化进行深入研究，具有较强的学术价值和现实意义。

通过本项目的研究，能使人们清晰地认识到城镇化对蒙古族的影响，以及蒙古族居民是如何认识和对待城镇化的，了解他们在城镇化中的感受、评价，了解他们迁移或者不迁移的决策和原因，了解他们的愿望和梦想。基于这些信息，归纳分析人口迁移的推力、拉力、困难和阻力。最后，结合近年来牧区城镇化的公共政策，得出一些城镇化的政策建议，这对我们下一阶段继续扩大城镇化有重要的指导意义。从理论上来讲，以往的研究更多地集中在发达地区以及中国城镇化模式的研究上，极少关注民族地区城镇化的特殊性，更没有从城镇化的视角去系统研究一个民族的变迁与发展。因此，本项目的研究也弥补了学术界对少数民族城镇化研究的理论不足。

第二节　研究综述

进入 21 世纪以来，城镇化被认为是驱动经济增长、改善生存环境的一种重要途径与举措，学术界除了对城镇化进行普遍性研究外，也从新型城镇化、牧区城镇化、民族地区城镇化等方面开展更为细致的城镇化相关研究。这些已有文献对本课题的研究具有一定影响，现将国内外相关研究概括如下。

一　城镇化

（一）国内研究现状

早在 19 世纪，城镇化这一词汇就已在西方兴起，20 世纪 70 年代后期开始在中国流行，不同学者将其译为"城镇化""城市化""都市化"等多个版本。1979 年，我国首次提出"城市化"概念，其中我国第一位提出城市化内涵的学者是高佩义，他认为"城市化是一个变传统落后的乡村社会为现代先进的城市社会的自然历史过程"。[①] 到了 1991 年，武汉大学副教授辜胜阻在专著《非农化与城镇化研究》中进一步深化并

---

① 高佩义：《中外城市化比较研究》，南开大学出版社 1991 年版，第 2 页。

解释了城镇化的概念，力图探求中国社会非农化与城镇化发展的民族个性。①

近年来，我国学者对城镇化相关问题的学术研究不断升温。有研究指出城镇化不是中国农村发展的全部，在处理好农村城镇化所涉及的各个方面问题的同时，还需要提升新农村建设的水平。② 同时也有学者从统筹城乡发展的角度来看待城镇化问题，中国的现代化必须坚持大中小城市、小城镇、新农村建设协调发展，这是我国的必然选择。③ 对于城镇化的问题探讨，主要集中在城镇化发展的现存问题及对策探讨上。周一星（2006）对我国城镇化发展质量问题提出了质疑，认为中国近期城镇化的超高速增长主要是口径调整的结果，存在水分；我国未来的城镇化进程应当和经济增长、资源、环境保持相对的平衡，我国当前的城镇化水平与经济发展水平已经基本相适应，应该更多地关注城镇化的质量。④ 陆大道、姚士谋、李国平、刘慧、高晓路（2007）认为我国近年来的城镇化速度过快，脱离了循序渐进的原则，超出了正常城镇化的发展轨道，在进程上属于"急速城镇化"，提出我国应走"高密度、高效率、节约型、现代化"的城镇化道路。⑤ 姚士谋、陆大道、王聪、段进军、武清华（2011）认为我国现在城镇化有冒进现象，国内现在土地的城镇化快于人的城镇化，经营城市、管理城市的冲动超越了客观经济发展规律。⑥ 针对城镇化进程中的户籍制度与社会保障问题，黄祖辉（2011）指出，在现行城乡分割的户籍制度和农村基本经营制度下，中国农民至少具有社会身份、社区身份和职业身份三种身份，以户籍制度为核心的城乡综合改革要以农民身份的"三分离"为前提，以土地制度、社保制度、产权制度、

---

① 辜胜阻：《非农化与城镇化研究》，浙江人民出版社1991年版，第5页。

② 张磊：《试论新农村建设和城镇化并行发展关系》，《社会科学战线》2011年第9期。

③ 陈锡文：《中国城镇化进程与新农村建设须并行不悖》，《农村工作通讯》2011年第14期。

④ 周一星：《关于中国城镇化速度的思考》，《城市规划》2006年第S1期。

⑤ 陆大道、姚士谋、李国平、刘慧、高晓路：《基于我国国情的城镇化过程综合分析》，《经济地理》2007年第6期。

⑥ 姚士谋、陆大道、王聪、段进军、武清华：《中国城镇化需要综合性的科学思维——探索适应中国国情的城镇化方式》，《地理研究》2011年第11期。

住房制度改革的"四配套"为重点，谨防户籍改革流于表面。① 李雅莉（2011）、② 孙文基（2011）③ 着重分析了城镇化进程中的土地问题，他们分别指出，城镇化过程中城镇建设占用大量耕地，导致粮食问题及农民权益保护问题突出，进而从政府角度来看，现行财政政策导致城镇化发展的不足，主要是重硬件投入轻软件投入，重房地产开发轻环境保护，社会保障支出相对不足。针对城镇化进程中的农民工融入问题，简新华（2011）指出，新生代农民工融入城市面临户籍、劳动就业、工资福利、社会保障、土地、住房、教育等制度障碍、资金障碍、法律障碍和素质障碍以及观念障碍。④

（二）国外研究状况

A. Serda（1867）在《城镇化基本原理》中最早提出"urbanization"一词，为日后人们研究城镇化提供概念基础。我国学者周一星等认为 urbanization 直译为"城镇化"是比较准确的。⑤ 英国学者 E. Howard（1898）在 urbanization 之后提出"田园城市"模式，强调把城市和区域作为整体研究的思想。⑥ 在 20 世纪初，英国生态学家 E. Geddes（1915）则在《进化中的城市》（*Cities in Evolution*）中首次提出区域规划综合研究方法。⑦ 学者 Kent. P. Schwirian 和 Jhon W. Prehn（1962）认为：城镇化是城市中心的理念和事件向城市周围地区辐射的过程；城镇化是乡村生活向城市生活方式的转变，包括价值观、态度和行为方面。⑧

由于城镇化过程本身的复杂性，它几乎成了整个社会科学所共有的研究对象。在 1957 年，戈特曼（J. Gottmann）根据美国东北部城市绵延区

---

① 黄祖辉：《户籍改革谨防流于表面》，《农村经营管理》2011 年第 6 期。

② 李雅莉：《河南省农村土地流转的现状及对策研究》，《河南师范大学学报》（哲学社会科学版）2011 年第 11 期。

③ 孙文基：《促进我国城镇化发展的财政制度转型研究》，《苏州大学学报》2011 年第 5 期。

④ 简新华：《新生代农民工融入城市的障碍与对策》，《求是学刊》2011 年第 1 期。

⑤ 周一星：《城市地理学》，商务印书馆 1995 年版，第 35—36 页。

⑥ Howard E., *Garden Cities of to Morrow* [M]. Mit Press, 1898, p. 36.

⑦ Geddes P., *Cities in Evolution* [M]. London: Williams & Norgate, 1915, p. 26.

⑧ Schwirian K. P., Prehn J. W., An Axiomatic Theory of Urbanization [J]. *American Sociological Review*, 1962: 812—825.

的形成情况，提出大都市连绵带概念（Megalopolis），认为大都市连绵带是由于科技进步、规模经济效益促使产业和人口在空间上集聚和扩散的结果，交通运输和信息产业的高度发达是大都市连绵带发展的主要驱动力。① 这也为城镇化概念的提出和研究发展奠定了重要基础。马卜贡杰（Mabogunje）于 1970 年提出城乡人口迁移模式，指出推动—吸引模式是导致城镇化发展的动力机制，由于城市的拉力和农村的推力共同作用最终实现城乡人口迁移。② 诺瑟姆（Ray M. Northam）则在 1975 年的著作中强调了经济动力的重要性，指出城镇化与经济发展之间是一种粗略的线性关系。③ 国外相关的城镇化研究，多偏重于经济发达地区和快速增长地区的城镇化进程及其机理研究，对发展后进地区的研究较少。

二 新型城镇化

新型城镇化的"新"就是要由过去片面注重追求城市规模扩大、空间扩张，改变为以提升城市的文化、公共服务等内涵为中心，真正使我们的城镇成为具有较高品质的适宜人居之所。早在 2007 年，中共十七大报告就提出"中国特色城镇化道路，是按照统筹城乡、布局合理、节约土地、功能完善、以大带小"的原则，指出要促进大中小城市和小城镇协调发展、以增强综合承载能力为重点、以特大城市为依托，形成辐射作用大的城市群，培育新的经济增长极。之后，在中共十八大报告（2012）中，明确提出了"必须以改善需求结构、优化产业结构、促进区域协调发展、推进城镇化为重点，着力解决经济持续发展的重大结构性问题"的发展要求。《中央城镇化工作会议公报》（2013）对于中国新型城镇化的"新"也提出了明确要求，认为新一轮城镇化要推进农业转移人口市民化；提高城镇建设用地利用效率，严守底线，调整结构、深化改革思路提升效率，切实提高城镇建设用地集约化效率；建立多元可持续的资

---

① Gottmann J., Megalopolis or the Urbanization of the Northeastern Seaboard [J]. *Economic geography*, 1957：189-200.

② Mabogunje A. L., Systems Approach to a Theory of Rural-urban Migration [J]. *Geographical analysis*, 1970, 2（1）：1-18.

③ Northam R. M., *Urban Geography* [M]. New York：Wiley, 1975, p. 77.

金保障机制；要完善地方税体系，逐步建立地方主体税种，建立财政转移支付同农业转移人口市民化挂钩机制。《全国主体功能区规划》对城镇化总体布局做了安排，提出了"两横三纵"的城镇化战略格局，使城镇化成为一个顺势而为水到渠成的发展过程；要紧紧围绕提高城镇化发展质量，稳步提高户籍人口城镇化水平；要以人为本，推进以人为核心的城镇化，提高城镇人口素质和生活质量；推进城镇化，既要坚持市场在资源配置中起决定性作用，又要更好发挥政府在创造制度环境、城乡规划、建设基础设施、提供公共服务、加强社会治理等方面职能。

对我国新型城镇化的建设与发展，学者的研究主要集中在新型城镇化如何协调发展、实现"新"突破。姜永生、范建双、宋竹（2008）认为新型城镇化是新型城镇化与工业化的统一，工业化是内容，城镇化是形式，内容决定形式；新型城镇化是农村与城市的统一，通过推进信息化消除城乡技术与信息供求的不对称；不仅是农村人口向城市转移的人口城镇化，也是乡村人口生产方式、经济活动方式的城镇化；新型城镇化还应该是农业与工业的统一，城镇化共性与中国现实国情个性的统一。[①] 单卓然和黄亚平（2013）在《"新型城镇化"概念内涵、目标内容、规划策略及认知误区解析》指出新的三大新内涵——民生、可持续发展和质量三大内涵。[②] 尚娟（2013）认为新型城镇化是坚持以人为本，统筹协调为原则，新型工业化为动力，促使中国城市现代化、城市集群化、城市生态化，全面提升中国特色城镇化质量水平的城镇发展。[③] 而对于新型城镇化创新点的探讨，姜永生等（2008）认为新型城镇化的创新在结构创新、技术创新和制度创新三方面：结构创新主要为产业结构创新、就业结构创新和空间结构创新；技术创新为能源环保创新、公共交通创新、信息化进步程度；制度创新为户籍制度创新、土地制度创新、教育制度创新、社会

---

① 姜永生、范建双、宋竹：《中国新型城市化道路的基本思路》，《改革与战略》2008 年第 4 期。

② 单卓然、黄亚平：《"新型城镇化"概念内涵、目标内容、规划策略及认知误区解析》，《城市规划学刊》2013 年第 2 期。

③ 尚娟：《中国特色城镇化道路》，科学出版社 2013 年版，第 5—6 页。

保障制度创新。① 姚士谋等（2013）认为新型城镇化应提倡城镇化"精明增长"的新理念，走集约化、专业化、新型工业化的内涵发展低碳经济路径。②

三　牧区城镇化

（一）国内研究状况

国内关注牧区城镇化的学者主要有厉以宁、闵文义、才让加、戴正、关春玉、陈英玉等人。研究的内容主要围绕牧区城镇化的必要性和意义、牧区城镇化的思路和政策、牧民向城镇的流动等问题。

第一，关于牧区城镇化的必要性和意义。闵文义、才让加、戴正（2004）指出，草原牧区实行承包责任制后，牧民分散居住在自己的牧场上，因而导致乡级管理组织面对相隔千里、极度分散的牧户家庭经营在管理能力上鞭长莫及，使得在牧业生产责任制之前实行的县、乡、村到牧户的管理层次严重失效。③ 其结果导致政府宏观调控的能力和作用大大降低，政府的规章制度难以真正落实，牧民生产和生活过程中存在的问题难以及时解决等现象发生。他们将这种现象称为牧业自然村的"解体"。认为这种"解体"是草原牧区"有增长而无发展"的根本原因，解决这一问题的基本途径是草原牧区必须实现城镇化战略，因为城镇化可以重新将牧民集中组织到一起，以克服自然村解体带来的发展困境。戴正、闵文义、才让加、邓艾（2006）认为，西部民族牧区城镇化道路不同于其他地区，不能简单地从经济效益来评价其成本收益；西部民族牧区生态地位特殊、民族关系复杂、少数民族文化多样、人稀地广，这些客观原因使得这一地区的城镇化面临较多的困难。如果仅从经济效益来看，城镇化效益也许不如其他地区；但如果从牧区现代化建设、可持续发展以及少数民族

①　姜永生、范建双、宋竹：《中国新型城市化道路的基本思路》，《改革与战略》2008年第4期。

②　姚士谋、薛凤旋、燕月：《推进我国城镇化健康发展的重大策略问题》，《城市观察》2013年第1期。

③　闵文义、才让加、戴正：《城镇化：西部民族地区草原牧区可持续发展的必由之路——阿克塞县草原牧区可持续发展模式调研报告》，《西北民族研究》2004年第3期。

地区和谐社会的构建等多角度评价其城镇化投入所取得的效益，其城镇化有益于提高整个牧区的社会发展指数和牧民的国民幸福指数；因此，从民族牧区的长远发展和现实情况来看，民族牧区实现现代化、可持续发展以及牧区和谐社会的构建都需要以牧区城镇化建设为依托。①

　　第二，关于牧区城镇化的思路与政策取向。戴正、闵文义（2008）在对青藏高原牧区城镇化的特殊性进行研究后，认为青藏高原牧区的城镇化应充分考虑其特殊性，进而制定城镇化的相关政策。他指出，由于青藏高原的特殊性，青藏高原牧区应以政府为主导进行"自上而下"的城镇化，以城镇为依托、畜牧业为主导产业，以人口聚集和产业聚集为发展目标，对畜牧业进行同心圆扩展布局，加强交通、信息等基础设施建设，有区别地进行牧区城镇化建设，才能摆脱不利因素，逐步引导牧民融入牧区城镇化的进程中。② 同年，闵文义、关春玉研究了牧区的城镇化与畜牧产业化的互动模式。他们认为应以牧业产业化为切入点，在政府主导的规划和建设中推进牧区城镇化，争取以最小代价提高牧民组织化和社会化程度，推动牧区公共服务均等化进程，促进牧区市场发展，在经济社会的发展中更好地解决牧区的生态和环境问题。③ 厉以宁（2012）认为牧区城镇化应坚持一个基本观点："听从牧民的选择，如果他们愿意留在所承包的牧场，那就尊重他们的意愿，不能强制他们移往城镇；至于地区城镇人口的增长以及地区城镇化率的提高，则主要依靠本县（旗）和外地农民前来务工、开店开作坊或从事其他工作，进而在本县（旗）城镇安家落户"。这一观点与其他学者倡导的自上而下对牧区城镇进行定居工程和城镇化建设有根本的区别，可谓一种新思路。④ 王立伟、赵明（2013）通过对锡林郭勒盟的牧区城镇化水平进行深入探索，结合草原牧区城镇化本底条件，提出了符合牧区城镇化的空间组织模式：中心城镇带动型统筹发

---

① 戴正、闵文义、才让加等：《西部民族牧区现代化，可持续发展的现实选择——牧区城镇化建设》，《西北民族大学学报》（哲学社会科学版）2006 年第 6 期。

② 戴正、闵文义：《西部民族牧区草地畜牧业产业化途径——以牧区城镇为中心的畜牧业同心圆圈扩展布局》，《西北民族大学学报》（哲学社会科学版）2008 年第 6 期。

③ 闵文义、关春玉：《西部民族牧区城镇化与畜牧产业化互动模式研究》，《西北第二民族学院学报》（哲学社会科学版）2008 年第 3 期。

④ 厉以宁：《牧区城镇化的新思路》，《北京大学学报》（哲学社会科学版）2012 年第 1 期。

展模式、牧业型统筹发展模式、半农半牧型统筹发展模式、生态型统筹发展模式和边境型统筹发展模式，并提出草原牧区城镇化的实施路径。①

第三，牧区城镇化的困难。2011 年，厉以宁对内蒙古赤峰市牧区进行了调研，并在随后发表的论文中指出牧区城镇化主要有三个方面的困难：一是牧区地广人稀，城镇本来就比较少，而且除市（盟）所在地以外，规模也都不大。二是新迁入牧区城镇的居民就业困难。三是在牧区城镇化过程中，为扩建城镇或新建城镇，往往缺乏土地指标，即使是"有限的指标首先向旗县政府所在地城镇倾斜"。四是牧民中大多数人不愿意迁往城镇，认为城镇生活不如在牧场生活舒适。

第四，牧民从牧区向城镇的流动性问题。陈英玉（2006）以青海省玉树州的调查资料为基础，研究了高原藏族牧民流动的原因。她认为，青藏高原牧民流动具有典型的内向型人口集中化特点。她认为牧民流动的原因主要是：寻找增加收入的增长点、寻求良好的生存环境、为子女创造教育机会。认为这种迁移有利于推动城镇建设，有利于城乡市场的繁荣和发展，缩小城乡差距，有利于牧区剩余劳动力转移，有利于通过城乡交流，带动农牧民转变观念。②

（二）国外研究状况

国外关于游牧社区的社会变革与治理的研究视野开阔、内容广泛、历史悠久，主要关注的区域有非洲、中亚、蒙古（包括蒙古人民共和国和我国的内蒙古自治区）、高原藏区（包括我国的西藏、青海、四川东部藏区、云南西部藏区，印度的西北部、尼泊尔、锡金等地）、安第斯山脉区域、北极的斯堪的纳维亚和西伯利亚。

现代较早的研究可追溯到 20 世纪 40 年代。Evans-Pritchard E. E. 对苏丹的努尔人部落进行了跟踪研究，在 1940 年出版的著作 The Nuer 中分析了游牧社会的生产、生活、内部组织。③ 尼日利亚北部的 Western Bomu 省生活着游牧的波尔努人，Stenning D. 从家庭结构、血缘、婚姻、继承、部落组织、与中央政府关系入手对这一牧区展开了研究。在这些基础上，

---

① 王利伟、赵明：《草原牧区城镇化空间组织模式：理论与实践——以内蒙古自治区锡林郭勒盟为例》，《城市规划学刊》2013 年第 6 期。

② 陈英玉：《牧民流动与牧区城镇化道路》，《攀登》2006 年第 4 期。

③ Evans-Pritchard E. E., *The Nuer*［M］. Clarendon：Oxford, 1940, p. 51.

进一步分析了英国统治后，尤其是建立基层长官和新的税收制度后传统社会所发生的变化。1984 年，Anatoly M. Khazanov 出版了 *Nomads and the Outside World*，该书对欧洲、中东、近东、非洲的游牧历史、生产生活进行了全面分析，对游牧社会与定居社会进行了深入的对比研究。① 该书对全世界的游牧人历史和民族志进行整理和分析，为苏联和西方学者构建了共同研究的桥梁。20 世纪 70 年代末到 80 年代初，非洲东部和西部发生了旷日持久的旱灾和大饥荒。非洲大陆的这一灾难促使人们围绕游牧的未来进行了广泛的讨论，很多学者为此做出了贡献，国际上的很多非政府组织和地方政府对这些游牧区域在灾后恢复和发展中做出了行动，虽然是抱着高尚的初衷，然而许多行动却造成了不良的后果，有些地方甚至出现了极端不良的后果。总体而言，这一时期关于游牧的研究集中在三个方面的主题：游牧体系的生态容量、牧区政府治理以及与农区之间关系出现的问题、国际社会为牧区提供的发展策略。

关于牧人向城镇迁移的原因方面，很多学者认为这样的一个迁移过程是对失去土地和牲畜的一种适应，也是被市场中新的机会和城镇中按时发放工资的工作吸引的结果。对于从非洲到中东的大部分牧人而言，向城镇的迁移是自愿的。也有一些迁移是非自愿的，有些因为水坝而被迫向城镇移民，也有些因为饥荒和内战而被迫迁移。

游牧人迁移并定居下来后，一些方面带来了改善，一些方面反而恶化。有研究显示，迁移给他们带来了不好的后果，包括营养不良、简陋的居所、缺少安全的饮用水。一些学者研究了游牧到定居的过程中，儿童营养状况的变化。在 1992 年的旱灾中，肯尼亚定居的朗迪耶部族儿童的营养不良的比率是游牧的朗迪耶族儿童的三倍，因为生活在游牧区的儿童更容易得到牛奶，而生活在城镇中的定居家庭的儿童就没有这么幸运了。但是这一结论存在争议，有学者对肯尼亚马萨比特区的 1088 名年龄从 6 个月到 10 岁的朗迪耶族儿童进行了调查研究，这些儿童生活在 1 个游牧区和 4 个定居社区的 640 个家庭中研究的结果显示，定居本身与儿童营养状况是否改善没有什么关联，应把注意力放到社区的变

---

① Khazanov A. M. , *Nomads and the Outside World* [M]. University of Wisconsin Press, 1984, p. 63.

化上面去。① 不过，定居也给有些人的生活带来了一些改善，比如可以得到更好的医疗照顾，疫苗防疫有高比例的覆盖，医疗水平得到显著提高。研究发现，在马里定居的人们相对游牧人有较低的肺结核、普鲁斯病、血吸虫病、沙眼病的发病率，更低的婴儿死亡率。但是，定居人口有较高的拒疾、贫血、血吸虫病、肠寄生虫病的发病率。一些研究还发现在肯尼亚的巴拉拜格和马塞部落两地，定居游牧人口的艾滋病患者正不断增加。

四　民族地区城镇化

（一）国内研究状况

国内学者对民族地区城镇化的关注源起于 21 世纪初，主要研究该领域的学者有闵文才、高得胜、毛生武、戴正等人。其研究的主要内容为民族地区城镇化的思路及模式、民族地区城镇化的相关因素，以及对特定民族地区开展城镇化的优势及不足的集中研究，具体如下：

1. 民族地区城镇化的思路及模式

根据不同民族和不同民族地区特殊的城镇化条件和现状，其具体选择的城镇化的模式和路径也不尽相同。通过对现有文献的研究，不难发现部分学者结合实际情况作了细化分析和实证研究，并提出少数民族和民族地区城镇化的发展思路或模式。杜伟、曹敏（2000）提出，西部民族地区小城镇发展可选择五种类型：以主导产业为对象，发展服务主导型小城镇；以龙头企业为主题，发展加工主导型小城镇；以专业市场为依托，发展市场主导型小城镇；以吸引外资为重点，发展开放主导型小城镇；以农牧业科技革命为动力，发展科技主导型小城镇。② 高新才、

---

① Shell-Duncan B., Obungu Obiero W., Child Nutrition in the Transition from Nomadic Pastoralism to Settled Lifestyles: Individual, Household, and Community-level Factors [J]. *American Journal of Physical Anthropology*, 2000, 113（2）：183-200.

② 杜伟、曹敏：《西部大开发中的民族地区小城镇发展问题》，《贵州民族研究》2000 年第 4 期。

毛生武（2002）提出了西北民族省区宜采用市场主导型多元城镇化战略模式。① 刘晓鹰、杨建翠（2005）提出，在乡村向城镇转变渐进型、城镇向乡村辐射扩散型、乡村二三产业发展内生扩张型、大城市边缘区与乡村融合型等四个一般地区城镇化模式之外，民族地区可采用候鸟型"飞地"性旅游推进型城镇化模式。② 李澜（2005）提出，针对西部民族地区城镇化进程中特色城镇建设的要求，可因地制宜，采用未来特色城镇发展的六大基本模式：功能辐射型发展模式、产业开发型发展模式、科技创新型发展模式、市场主导型发展模式、生态建设型发展模式、文化保护型发展模式。③ 戴正、闫文义、才让加、邓艾（2006）认为，在西部民族牧区，"大城市论""中等城市论"是很不现实的，而"小城镇论"在如何实现民族牧区城镇化道路上又与其他地区，如不可再生资源富集区、旅游资源富集区、边境口岸地区等在资源、地缘等方面存在明显差异，从而使其城镇化道路存在着复杂性、艰难性。④ 刘晓鹰（2008）将西部少数民族地区的城镇化发展归纳为以下几种模式：资源开发型模式、旅游开发型模式、商业贸易型模式、工贸型模式、边贸带动型模式、综合型模式。⑤ 高德胜（2011）提出西部少数民族地区城镇化可选择：充分利用能源资源，发展资源能源型城镇；走生态移民与可持续发展相结合的发展道路；突出民族文化特色，建设旅游型城镇；充分利用边疆口岸资源，发展贸易型城镇。⑥ 闫文才（2012）认为，西部牧区的特殊性决定了其更适合以政府为主导进行"自上而下"的城镇化道路，形成以牧区城镇为依托、"生产—

---

① 高新才、毛生武：《西北民族省区城镇化战略模式选择与制度创新》，《民族研究》2002年第6期。

② 刘晓鹰、杨建翠：《欠发达地区旅游推进型城镇化对增长极理论的贡献》，《西南民族大学学报》（人文社科版）2005年第4期。

③ 李澜：《西部民族地区城镇化：理论透视、发展分析、模式构建》，民族出版社2005年版，第346—356页。

④ 戴正、闫文义、才让加、邓艾：《西部民族牧区现代化、可持续发展的现实选择——牧区城镇化建设》，《西北民族大学学报》（哲学社会科学版）2006年第6期。

⑤ 刘晓鹰：《中国西部欠发达地区城镇化道路及小城镇发展研究》，民族出版社2008年版，第488页。

⑥ 高德胜：《西部少数民族地区人口城镇化的现实分析及其出路》，《企业研究》2011年第12期。

市场—社会化服务"为中心的畜牧业同心圆圈扩展产业布局，形成牧工贸为一体的畜牧业产业化链条，建立现代化的草产业基地，有效保证草地资源的可持续利用，通过畜牧业产业化链条、信息化建设有力支撑民族牧区城镇化。①

2. 民族地区城镇化的相关因素

（1）人口因素

同其他地区一样，民族地区在城镇化过程中的人口流动、人口迁移与劳动力问题也是学者着重研究的重点问题。如陈艳美（2004）关注了农村富余劳动力转移的问题，并分析认为民族地区城镇化水平低是制约农村富余劳动力转移的主要因素。② 张泽梅（2004）分析了渝东南民族地区流动人口特征，并分析了流动人口对城镇化进程的正向和负向影响，其中正向效应包括：改变单一的农业经营，经济活动更加丰富多彩；人口流动促进了民族地区传统观念的改变；少数民族流动人口对本民族地区的贡献。③ 马江（2006）认为，通过人口迁移将环境脆弱地区高度分散的人口集中起来，是城镇经济发展的必然选择。④ 毛生武（2011）认为，农业剩余劳动力的转移对西北民族省区的城镇化进程产生重要的影响；在生态脆弱的西北民族地区推进城镇化，实施生态移民不失为一条可行之路，或许会成为西北地区城镇化道路的一种新模式、新路径。⑤ 高德胜、金哈斯（2011）分析认为，西部少数民族地区牧民人口城镇化滞后的原因包括：牧民城镇化迁移意识薄弱，劳动文化技能薄弱；规划滞后，城镇化规模

① 闵文义：《西部民族牧区城镇化模式研究——以畜牧业产业化链条、信息化建设为支撑的城镇化》，民族出版社 2012 年版，第 29—88、99—104、180—183 页。

② 陈艳美：《略论民族地区城镇化与农村富余劳动力转移》，《琼州大学学报》2004 年第 3 期。

③ 张泽梅：《论渝东南民族地区城镇化进程中的人口流动》，《重庆石油高等专科学校学报》2004 年第 4 期。

④ 马江：《四川省民族地区旅游业与城镇化的互动发展》，《经济研究参考》2006 年第 67 期。

⑤ 毛生武：《西北民族省区城镇化模式与制度创新》，中国经济出版社 2011 年版，第 56—70 页。

小，基础设施建设落后；城镇建设投入小，城市功能差，对牧民没有吸引力。① 任国英、焦开山（2012）认为，随着改革开放的深入发展和城市化进程的快速推进，在城市中的流动人口中的民族问题逐渐凸显出来，这些问题更具敏感性，而且非常容易被夸大进而扩散到很大的范围，因此城市中的民族社会工作是一项紧迫而重要的任务。②

（2）生态因素

在民族地区城镇化过程中扮演重要角色的生态因素中，学者们对其研究的落脚点集中在生态的可持续发展和人与自然的和谐共处。例如，丁生喜（2012）通过对环青海湖地区可持续发展能力的定量分析和历年生态足迹计算，认为只有发挥城镇化的生态经济效应，才能从根本上减轻经济活动对生态环境的压力，实现生态经济良性循环。③ 吴开松（2014）从研究民族地区城镇化的历史演进和量化评价出发，从经济、社会、生态三个方面48个单项指标构建了民族地区城镇化发展综合评价指标体系，着重考察了生态文明与民族地区特色城镇化发展需要将人与自然辩证统一、倡导创新发展模式、充分考虑生态阈值，并提出要积极发展生态文明要以牧区为基础优化民族地区特色城镇化的空间布局。④ 丁喜芬（2014）认为，西北民族地区城镇化是导致该地区农地撂荒的重要社会经济原因，并提出推进农业产业化、健全土地流转机制、改善农业发展条件、促进农业科技发展等建议。⑤

（3）旅游因素

马江（2006）通过对九寨沟县旅游业和城镇化的互动发展研究后提出，在推进城镇化发展的同时，巩固移民在新的居住环境中能够安居乐业和保护民族文化不受现代文明所吞噬的双重考虑下，旅游业及其带动的第

---

① 高德胜、金哈斯：《浅谈西部少数民族地区牧民人口城镇化》，《学理论》2011年第36期。

② 任国英、焦开山：《论民族社会工作的基本意涵、价值理念和实务体系》，《民族研究》2012年第4期。

③ 丁生喜、王晓鹏：《青藏高原少数民族地区特色城镇化动力机制分析——以环青海湖地区为例》，《地域研究与开发》2012年第1期。

④ 吴开松：《生态文明与民族地区特色城镇化协同发展研究》，《华中师范大学学报》2014年第5期。

⑤ 丁喜芬：《西北民族地区城镇化进程中农地撂荒问题研究》，宁夏大学，2014年。

三产业的发展成为上善之选。^① 肖琼（2011）认为，在现代文化交融和市场经济发展的双重冲击下，民族旅游社区文化生态环境必须得到积极有效的保护和利用，这既是民族地区旅游业和民族地区可持续发展的要求，也是人类多元文化合理生存和可持续发展的要求。^②

（4）文化因素

蒋彬（2005）通过对四川藏区德格县更庆镇的实地调查，提出在四川藏区这样的传统文化区域，城镇化带来的一个重要结果是很"传统"的文化形态与很"现代"的文化形态同时并存，且能够和睦相处，使文化上呈现出精彩纷呈的多元化和多样性局面；因此必须加速推进四川藏区城镇化的进程，同时保护和弘扬优秀的民族传统文化，调适文化冲突，推动民族地区文化的现代化，保证现代文明和传统的充分整合，推动城镇化和民族文化的良性互动发展，加强四川藏区的文化建设。^③ 冯瑞、艾买提、马磊（2008）通过甘肃阿克塞县整体搬迁城镇化案例分析，提出民族地区在现代化进程中既要尊重传统民族文化，又不能为其所束缚，要实现好文化传承和重构。^④ 李欣华、吴建国（2010）认为，国内外学者针对民族村寨文化保护曾提出整体保护、分区保护、双村模式、生态博物馆、村寨博物馆、民族文化生态村等构想，但普遍具有理想化和静态保护思维的缺陷。贵州郎德上寨的民族村寨文化保护与传承是由两股力量推动和维持的结果，一是国家层面的文物保护法规自上而下的保护，二是郎德上寨的苗族习惯和村民的自发保护。郎德模式在民族村寨的文化保护和传承方面体现了管理、运行和利益分配的统一，按照苗族习惯法和风俗习惯，充分尊重本寨村民的发展意愿，更为生动有效，因此更具旺盛的生命力。^⑤

---

① 马江：《四川省民族地区旅游业与城镇化的互动发展》，《经济研究参考》2006年第67期。

② 肖琼：《城镇化背景下的民族旅游社区文化生态环境保护研究》，《城市发展研究》2011年第11期。

③ 蒋彬：《四川藏区城镇化与文化变迁——以德格县更庆镇为个案》，四川出版集团巴蜀书社2005年版，第5页。

④ 冯瑞、艾买提、马磊：《城镇化发展中的少数民族文化传承与重构——以甘肃阿克塞哈萨克族为个案》，《内蒙古大学学报》2008年第9期。

⑤ 李欣华、吴建国：《旅游城镇化背景下的民族村寨文化保护与传承——贵州郎德模式的成功实践》，《广西民族研究》2010年第4期。

其中，较为独特的视角是，陈振勇（2008）将目光集中在民族地区城镇化过程中体育文化的发展情况，从城镇化视角解读西部民族地区城镇化中民族传统体育发展的文化困境，指出民族地区传统体育的要素、禀赋、结构与功能转型等问题，指出西部民族种类繁多和地理布局特殊等自然资源禀赋和人文资源禀赋要素特点形成了在我国西部地区发展城镇化的特殊性，西部民族地区城镇化是城市经济与文化的和谐过渡。①

（5）政策因素

傅小锋（2000）提出，纵观青藏高原城镇化发展过程，其动力机制主要有：国家投资资源开发形成新城市，沿海内地工厂企业整体搬迁，行政机构建立与扩大，农业剩余劳动力转移与个体经营者大量涌入等。② 宋才发等（2006）提出，要在城镇化建设中因地制宜地调整和优化产业结构，为此，要充分发挥小城镇的桥梁纽带作用，在培育主导产业的同时开发民族地区特色产业，大力发展国有中小企业和乡镇企业，扶植发展以第三产业为标志的私营企业。③ 陈正华（2006）对西部民族地区城镇化建设中多元投资问题进行了研究，提出开放城镇化建设市场，大力推行和促进多元投资，包括采用 BOT、TOT 项目融资、金融融资、地方政府债券融资及其他融资形式，并建立健全多元投资的法律保障体系，从而促进城镇化建设。④ 张建英（2006）指出，少数民族地区城镇化发展中存在诸多问题，根本原因在地方政府没有切实转变政府职能，没有真正树立科学的发展观和正确的政绩观，没有充分发挥其宏观调控和政策引导作用，为此建议政府要强化和优化统筹规划行为、政策引导行为、综合管理行为、舆论引导行为和组织协调行为。⑤

---

① 陈振勇：《传统与变迁：西部民族地区城镇化建设中的民族传统体育文化研究》，《成都体育学院学报》2008 年第 9 期。

② 傅小锋：《青藏高原城镇化及其动力机制分析》，《自然资源学报》2000 年第 4 期。

③ 宋才发、黄伟、潘善斌等：《民族地区城镇化建设及其法律保障研究》，中央民族大学出版社 2006 年版，第 172—218 页。

④ 陈正华：《西部民族地区城镇化建设中多元投资的问题研究》，《西北民族大学学报》（哲学社会科学版）2006 年第 2 期。

⑤ 张建英：《论我国民族地区城镇化发展中的政府行为》，《青海师专学报》（教育科学）2006 年第 6 期。

（6）法律因素

此外，针对民族地区城镇化的相关因素，也有学者从法律角度进行剖析。宋才发（2004）提出，要加强西部民族地区城镇化建设中的法律完善，并在城镇化基础设施建设、合理征用土地、城镇化过程中的户籍管理等方面进行法律探讨，提出民族地区农村城镇化建设尤其要依法制定科学的发展规划。①

3. 各民族地区城镇化的优势及不足

学者们针对不同地区的区域自然、人文特征进行分析，发现各地在民族地区城镇化进程中存在着相应的问题及不足。覃茂福、梁仲确（2003）认为，民族地区城镇化存在的主要问题有：城镇化与工业化发展不协调，城镇化与产业结构变化不协调，城镇基础设施水平低。② 高德胜（2011）认为：纵观制约西部城镇化水平滞后的现实，不仅有思想文化观念、政策法制、社会经济落后等方面的因素，而且这与西部少数民族地区特殊的自然地理环境是分不开的。③ 毛生武（2011）从历史发展视角，对西北民族省区城镇化历史、现状及存在的问题作了分析，认为西北民族4省区城市发展和城镇化存在以下主要问题：城镇化率低，密度小，聚集与辐射力弱；城镇化水平空间分布差异显著；城镇体系结构不合理，城市和城镇短缺现象明显；城镇社会经济的首位度突出，且呈上升之势；城镇化的质量低，以外延扩展为主；城市经济实力较弱。④

具体到各省份和地区，有学者进行专门的研究。刘柃妤（2007）认为，渝东南民族地区城镇化发展出现了如下问题：小城镇迅速兴起，但综合经济水平仍不高；产业支撑力量弱，各民族地区城镇化发展不平衡；城镇基础设施建设资金缺口大，城镇承载能力减弱。⑤ 江明生（2009）认为，贵州少数民族地区城镇化的难点在于：文化教育程度低、支持性配套

---

① 宋才发：《西部民族地区城镇化建设的法律保障探讨》，《广西民族研究》2004年第2期。

② 覃茂福、梁仲确：《我国民族地区城镇化的现状审视》，《经济广角》2003年第12期。

③ 高德胜：《西部少数民族地区人口城镇化的现实分析及其出路》，《企业研究》2011年第12期。

④ 毛生武：《西北民族省区城镇化模式与制度创新》，中国经济出版社2011年版，第56—70页。

⑤ 刘柃妤：《渝东南民族地区城镇化存在的问题及对策研究》，《世纪桥》2007年第9期。

政策缺乏、产业化程度低且产业结构不合理、交通等基础建设薄弱。[①] 王新萍（2007）认为，甘肃民族地区小城镇发展的不利条件主要有：小城镇发展未发挥规模集聚效应，未实现城镇的基本功能；生态环境脆弱，自然条件恶劣，受区位边缘性、分散性和封闭性的不利影响；城镇化起步晚、底子薄、水平低，城镇密度小，差异大；文化水平低，人口素质差。[②] 刘芯宇（2010）认为，新疆城镇化发展中存在的问题有：经济结构不合理；区域发展不平衡；生态脆弱，结构性缺水；基础设施建设滞后；经济缺乏聚集效应；资金匮乏，投资能力有限。[③] 沈茂英（2010）认为，四川涉藏地区小城镇发展面临以下约束：城镇体系发展滞后与空间分布失衡；单体建制镇服务半径过大；建制镇发展的产业支撑；城镇发展的人口规模；城镇发展的自然环境约束。[④]

　　与此同时，少数民族和民族地区的城镇化也有其独特的优势和强劲的动力。如赵敏、向剑凛（2003）认为云南城镇化发展具有地缘优势、资源优势、民族文化优势、政策优势等特色优势。[⑤] 丁生喜、王晓鹏（2012）对环青海湖少数民族地区城镇化进行了 SWOT 分析，认为其发展优势在于：资源基础优势、区位优势、区域的品牌和知名度优势、城镇化的后发优势。[⑥] 李澜（2005）分析了沿边城市的发展优势：矿产资源、生物资源、旅游资源等丰富的自然资源，交通条件、民族亲缘、文化交流、经贸往来等优越的地缘条件。[⑦]

[①]　江明生：《贵州少数民族地区城镇化的难点及解决对策》，《贵州师范大学学报》（社会科学版）2009 年第 5 期。

[②]　王新萍：《甘肃民族地区城镇化现状及战略》，《甘肃行政学院学报》2007 年第 4 期。

[③]　刘芯宇：《新疆维吾尔自治区城镇化发展研究》，《福建党史月刊》2010 年第 20 期。

[④]　沈茂英：《少数民族地区人口城镇化问题研究——以四川藏区为例》，《西藏研究》2010 年第 5 期。

[⑤]　赵敏、向剑凛：《新时期的云南城镇化发展道路探索》，《学术探索》2003 年第 4 期。

[⑥]　丁生喜、王晓鹏：《青藏高原少数民族地区特色城镇化动力机制分析——以环青海湖地区为例》，《地域研究与开发》2012 年第 1 期。

[⑦]　李澜：《西部民族地区城镇化：理论透视、发展分析、模式构建》，民族出版社 2005 年版，第 346—356 页。

五　人口城镇化

(一)　国内研究状况

对人口城镇化的概念界定，从人口学、社会学、经济学等不同角度界定有不同的观点。我们通常认为，人口城镇化不仅指农村人口变城市人口、农业人口变非农业人口的转化过程，还包括人口的生产方式、生活方式和居住方式的改变过程。[①] 由此可见，人口城镇化可以说是以人为本的城镇化，是新型城镇化的核心要求，是将城乡居民的政治、经济、文化等利益放在首位、不断实现城乡公平与统一的城镇化。

1. 人口城镇化的现象描述与因果分析

针对人口城镇化的研究，对现象描述和因果分析的研究较多，主要集中在人口城镇化的地区比较以及人口城镇化与土地城镇化的比较上。学者王金营 (2003) 在《经济发展中人口城市化与经济增长相关分析比较研究》中，站在国际视角分析和比较了典型国家时间序列数据，发现初始城市化水平越高的国家，其后的经济增长和发展速度越快；高收入国家伴随着高城市化水平，低城市化水平则对应低收入水平，城市化有利于拉动社会经济的持续增长；中国、印度这种人口基数大的国家，人口城市化水平明显落后于其经济发展水平，城市化对经济增长的拉动效应并不明显而且有相对较长的滞后时间。[②] 秦佳、李建民 (2013) 从全国的视角探讨了我国人口城镇化的空间差异和影响因素，指出我国人口城镇化"东高西低"的整体格局，并发现，人口城镇化水平的空间正自相关性是造成中国人口城镇化空间差异的一个主要原因，并且会改变其他因素对人口城镇化的影响；文中利用控制了空间自相关性的空间误差模型进行回归分析发现，地区之间土地城镇化水平，第二、三产业就业水平和产值水平，以及人均 GDP 的差距是造成人口城镇化水平空间差异的主要原因，并且第三

---

① 项继权：《城镇化的"中国问题"及其解决之道》，《华中师范大学学报》(人文社会科学版) 2011 年第 1 期。

② 王金营：《经济发展中人口城市化与经济增长相关分析比较研究》，《中国人口资源与环境》2003 年第 5 期。

产业就业水平的提升对中西部地区人口城镇化的促进作用大于其在东部的作用。[1] 陈春（2009）提出了人口城镇化是健康城镇化的关键因素，健康城镇化应是人口城镇化、经济城镇化、土地城镇化、社会城镇化4个方面的协调发展，其中，人口城镇化要以经济城镇化为基础。[2] 段禄峰、张沛（2009）指出，人口城镇化与工业化有着密不可分的关系，城镇化与工业化的区际差异性，要求在不同的区域实行不同的政策，促进城镇化与工业化的协调发展。[3] 姚士谋、吴建楠、朱天明（2009）主要集中研究人口城镇化与非农化的关系，对农村人口非农化过程推动我国有特色的城市化、城镇化发展的动力机制以及城乡统筹与城镇化的策略等方面进行深入研究，分析探索农村人口非农化与我国城市化的相互关系，并用科学发展观指导我国城市化可持续发展的进程。[4] 胡伟艳、张安录（2008）运用协整检验、Granger 因果检验和误差修正模型对湖北省人口城镇化与农地非农化的因果关系进行了分析检验，指出二者具有协整关系、人口城镇化关于农地非农化的弹性为0.53（即建设占用耕地面积每变动1%，人口城镇化将变动约0.53%）。由此表明湖北省城镇化方式为先土地非农化再带动人口城镇化，土地非农化作为人口城镇化的引擎在推进城镇化速度方面非常明显，是一种粗放、摊大饼式的土地高消耗、人口低吸收的城镇化方式。因此指出必须建立城镇集约化指数控制农地非农化速度和加快人口城镇化进程，以协调人口城镇化与农地非农化的关系，促进城镇化健康发展。[5] 陈凤桂等（2010）着重研究人口城镇化与土地城镇化的关系，通过时间序列演算，发现人口城镇化指数与土地城镇化指数均呈现持续上升的趋势，并且从2002年开始土地城镇化指数增长速度明显加快，在2007年土地城镇化指数超过人口城镇化指数；并由空间分析得出结论为我国人口

　　① 秦佳、李建民：《中国人口城镇化的空间差异与影响因素》，《人口研究》2013年第2期。

　　② 陈春：《健康城镇化发展研究》，《国土与自然资源研究》2009年第4期。

　　③ 段禄峰、张沛：《我国城镇化与工业化协调发展问题研究》，《城市发展研究》2009年第7期。

　　④ 姚士谋、吴建楠、朱天明：《农村人口非农化与中国城镇化问题》，《地域研究与开发》2009年第3期。

　　⑤ 胡伟艳、张安录：《人口城镇化与农地非农化的因果关系——以湖北省为例》，《中国土地科学》2008年第6期。

城镇化与土地城镇化协调发展空间格局具有水平总体偏低、阶段差距大、区域分异明显等特点。[1]

2. 人口城镇化的政策研究

针对人口城镇化的政策对策研究较少，且主要聚焦在人口城镇化的发展策略方面。马庚存、冷静（2001）提出，由于中等城市在城市进程中推动力量大、城市化成本低、吸纳农村剩余劳动力能力强，人口城镇化应以发展中等城市为重点。[2] 桂江丰、马力、姜卫平等（2012）重点分析了我国人口城镇化中的中国特色，认为人口城镇化将成为我国未来社会发展的基本国情将对未来繁荣发展的源泉和动力产生重大影响；目前中国人口城镇化面临滞后于工业化、土地城镇化，户籍人口城镇化滞后于常住人口城镇化等问题；"十二五"期间中国人口城镇化发展方向将由单纯速度向速度与质量并重转变，改革进入以推进深度人口城镇化为特征、促进城乡一体化的新阶段；我国需要把人口城镇化作为深化改革的主导力量，以扩大城镇就业、户籍制度改革为基本导向，大力提高人口城镇化水平和质量，推动城乡公共服务均等化，走出一条中国特色人口城镇化道路。[3]

（二）国外研究状况

国外对人口城镇化的研究大致可以分为三阶段。第一阶段的研究主要集中在 20 世纪以前，这一时期西班牙率先出现了"Urbanization"的提法，即城市化这一概念出现，尽管当时并没有出现有关城市化的专门著作，但对于城市的起源、发展和人口的流向及其出现的后果都有了一定认识，很多论述至今依然有很大影响力，例如亚当·斯密的《国富论》，马克思的《资本论》和《政治经济学批判》、恩格斯的《工人阶级状况》，等等。

第二个阶段则是自 1900 年至第二次世界大战结束后。由于工业革命的浪潮推进，世界很多国家在这一时期实现了初步推动了人口城市化，实现了用机器解放人类的双手，于是这些工业化的国家基本人口城市化水平都达到了 50%，城市化速度提升的同时也产生了一些问题，这对于城市化的理论需求也是与日俱增，因此也出现了许多城市化方面的著作，但这

---

① 陈凤桂、张虹鸥、吴旗韬等：《我国人口城镇化与土地城镇化协调发展研究》，《人文地理》2010 年第 5 期。

② 马庚存、冷静：《略论中等城市的城市化道路》，《理论学刊》2005 年第 6 期。

③ 桂江丰、马力、姜卫平等：《中国人口城镇化战略研究》，《人口研究》2016 年第 3 期。

一时期大多针对具体问题进行研究，学者还没有意识到城市化的研究具有世界意义的普遍性。

第三阶段则是第二次世界大战后建立在现代工业化基础上的全球城镇化阶段。布赖恩·贝利的《比较城市化——20 世纪的不同道路》是西方发达国家 1980 年左右城市化研究最重要的代表作。[①] 此书最重要的贡献在于根据对世界不同国家城市化发展的比较，发现了城市化的发展道路是有很大区别的，这些区别背后尽管有很多共性，但由于文化和发展基础不同，不同的发展道路也给它们带来了不同的结果。

综上可见，国内外学者对新型城镇化、牧区城镇化、民族地区城镇化、人口城镇化等问题展开了较为深入的研究，也形成了一些极具参考价值的研究成果，为本项目继续深入研究一个民族的城镇化打下了很好的基础。但是，关于特殊地区、特殊人群城镇化研究也有不足，以往的研究更多地集中在发达地区以及中国城镇化模式的研究上，极少关注民族地区城镇化的特殊性。例如，现有成果中很少有关于某一民族的城镇化研究，缺乏将一个民族作为整体，去研究它的城镇化问题以及城镇化后对其生活、生产的影响。而且，在已有研究成果中，也缺乏从城镇化的视角去系统研究一个民族的变迁与发展。因此，本项目的研究也弥补了学术界对少数民族城镇化研究的理论不足，选择了内蒙古东、中、西部具有代表性的六个蒙古族聚居区旗（县）为研究对象，通过它们的城镇化过程透视整个蒙古族的城镇化问题，极具理论和现实意义。

第三节　研究内容

一　研究内容

（一）城镇化与新型城镇化的概念界定

对于城镇化概念的界定，目前较为流行的有常住人口城镇化及户籍人

---

① 布莱恩·贝利：《比较城市化——20 世纪的不同道路》，商务印书馆 2008 年版，第78 页。

口城镇化两种。而随着社会经济的发展，尤其是新时期《国家新型城镇化规划（2014—2020）》的发布，城镇化又有了新的理解与阐述。因此，对城镇化进行新形势下的概念界定非常有必要。

（二）调研区蒙古族城镇化状况

本课题选定的具有代表意义的调研区为通辽市库伦旗、赤峰市阿鲁科尔沁旗、兴安盟科尔沁右翼中旗（科右中旗）、锡林郭勒盟苏尼特右旗（锡苏旗）、鄂尔多斯鄂托克前旗（鄂前旗）、阿拉善盟阿拉善右旗（阿右旗），研究的主要内容包括：一是调研区蒙古族城镇化的整体状况，以探讨调研区人口城镇化的发展状况，同时搜集相关经济方面的资料，以分析研究调研区蒙古族城镇化的成效及问题；二是调研区不同区片的蒙古族城镇化状况，摸清城镇化发展的地域分布及空间均衡性，并为分析城镇化驱动因素奠定基础。

（三）城镇化对蒙古族居民生产生活状况的影响

针对已经实现城镇化的居民主要调查以下几方面内容：一是居住环境，包括基础设施的配套程度；二是经济状况，与未实现城镇化相比是否有所提高，经济方式是否有所转变及现在从事的行业；三是文化融入，是否能适应现在的生活环境，在生活习俗、行为方式等方面与以前相比有何种改变；四是"返乡"意愿，即是否存在想返回牧区生活的意愿，以及导致该意愿产生的内外部原因；五是城镇化对民族文化传承的影响。

（四）蒙古族居民城镇化意愿

调查城镇周边地区尚未实现城镇化居民的生产生活状况，包括居住环境、生产方式、经济收入等；调查该地区居民对城镇化的意愿及原因，同时摸清其在城镇化后最担心及关注的问题，探讨在城镇化过程中，作为主体对象的居民对城镇化过程的心理反应状况。

（五）城镇化驱动因素

调查不同区域城镇化的自然、经济、文化、政策及社会等多方面的因素，结合前期调查成果，分析推动城镇化的驱动因素，为政府制定相关决策提供依据。

（六）蒙古族城镇化进程中应注意的几个问题

根据以上调查与分析，归纳总结同类地区在推进城镇化过程中，需要注意的问题与妥善处理的方面，以保证城镇化进程的顺利开展。

二　研究框架

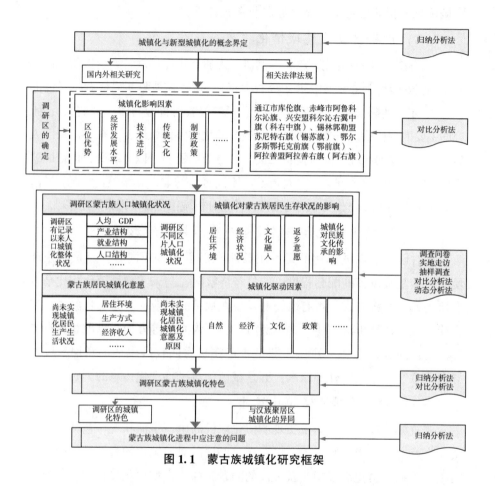

图 1.1　蒙古族城镇化研究框架

第四节　研究思路和研究方法

一　研究思路

首先，参考国内外相关研究及国家相关法律法规，对城镇化的内涵与外延进行界定。在此基础上，根据现有研究成果制定出本项目的研究大纲，并选定通辽市库伦旗、赤峰市阿鲁科尔沁旗、兴安盟科尔沁右翼中旗

(科右中旗)、锡林郭勒盟苏尼特右旗（锡苏旗）、鄂尔多斯鄂托克前旗（鄂前旗）、阿拉善盟阿拉善右旗（阿右旗）这六个蒙古族聚居区为调研对象。其次，明确本项目调查的具体对象及问题，即调研区人口城镇化状况、已实现城镇化居民的生活状况、蒙古族居民城镇化意愿及城镇化驱动因素调查四大块，针对不同的调查对象及问题，设计不同的调查问卷及调查路线与策略。最后，根据调查结果与搜集到的相关资料，分析调研区城镇化存在的问题与经验，归纳与汉族地区城镇化的异同，并提出同类地区城镇化进程中应注意的问题与措施。具体研究框架如下图 1.1 所示：

二　研究方法

（一）动态分析方法

城镇化本身就是一个发展变化的动态过程，对于城镇化过程中人口以及相关配套设施等的调整变化，都要求用动态的方法来探索和分析其中的机理。

（二）系统分析方法

对于城镇化这一动态过程而言，任何相关要素的变动都会影响城镇化的进程。因此，从系统论的观点出发，着重从研究区的总体和部分、城镇化的主体和客体的相互关系以及城镇化的内部与外部影响因素出发，全面系统地调查与探讨研究区城镇化的发展问题。

（三）对比分析方法

通过将自治区内相关旗县进行比较分析，确定本课题的研究区域。同时，将城镇化前后生态状况进行对比分析，探讨城镇化带来的影响与存在的问题。

（四）归纳分析法

在大量相关参考文献研读的基础上界定城镇化的概念。通过对研究区进行大量的调查研究，在掌握了研究区城镇化实际情况的基础上，归纳分析研究区城镇化的特色及存在的成效与不足。

（五）多形式实地调查方法

通过实地走访、问卷调查、座谈会等多形式的调查方式，对研究区人口城镇化、已城镇化居民、未城镇化居民进行深入详细的调查，为后期分析提供依据。

第二章 相关概念及基础理论

第一节 概念界定

一 城镇化

1867年，西班牙工程师赛瑞德在其著作《城镇化基本理论》中首先使用了"Urbanization"概念，即我们现在所说的城镇化。在我国有多种称呼，如城镇化、城市化、都市化等。城镇是乡村的相对词，除乡村聚落以外的各种人类聚落，如建制市、建制镇、普通镇等。对城镇化理论与实证的研究发展到今日，城镇化的概念也日趋成熟和科学，现在提到的城镇化一般是指农村人口不断向城镇转移，第二、第三产业不断向城镇聚集，从而使城镇数量增加，城镇规模扩大的一种历史过程。

城镇化与城市化同样翻译自英文单词，在日本和我国的台湾地区也翻译成"都市化"。马克思在《政治经济学批判》中第一次提及"城镇化"这一概念，他以"现代的历史是乡村城镇化，而不像在古代那样，是城市乡村化"来论述城乡分离和城市发展。城镇化这个概念的提出过程，就是一个汲取了各种不同意见的讨论和妥协的过程，体现了中国理论界在政策制定方面要实现自主创新的长期性和复杂性。从1978年中国进入市场经济并在中国共产党十五届三中全会明确"小城镇，大战略"后，学术界对城镇化与城市化的讨论就一直在进行着。城镇化是一个中国城镇化研究者和政府工作者经常用到的概念。一种关于城镇化与城市化定义的观点认为应译为"城市化"，这一词语中的聚集除了"城市"外，还有镇，城市又可细分为一般的城市和大城市（不宜简单地译为"城镇化"）。从中国的现实来看是一个人口大国，很多镇的规模相当于甚至大于外国的小城市，中国城镇化的进程不仅包括人口向城市集中，而且还涵盖向大量的城镇转移和聚集，所以，无论是"城市化"还是"都市化"都能准确地概括中国城市和镇的"转移、集中与聚集"的整个过程内容，适宜的选择是用"城市化"更能反映中国的实际状况。

另一种则认为应翻译成"城镇化"。因为"城镇化"当中所包含和提倡的"乡镇化"导向是"离土不离乡"农村化导向。从规范分析和实证分析相结合的角度，就人口发展的效率和质量而论，农村化不如乡镇化，乡镇化不如小城镇化，小城镇化不如城市化，城市化不如城镇化。还有一种观点则认为城市化与城镇化本质上并无一致，至于将其翻译成"城市化"还是"城镇化"，要从实际需要出发，不宜强调二者必取其一或者孰优孰劣问题。《中华人民共和国国民经济和社会发展第十个五年计划纲要》中首次提出："要不失时机地实施城镇化战略"，此后的政府文件中均以"城镇化"为基本概念。我国采取"城镇化"发展战略与根据西方现代化过程中的"城镇化"道路，在城乡人口比重这个基本概念上本无不同，但为了规避其他发展中国家在城镇化迅速发展中出现的大型贫民窟问题、社会失衡问题，根据工业化的不同阶段，我国选择了中国特色的实现方式——以农村"城镇化"发展作为缓解"三农"困境和推进人口城镇化的路径。中国的小城镇兼具农村的某些优势和城市的一定功能。合理的规划建设会使小城镇对周围农村剩余劳动力产生巨大的吸引力，并逐步升级改造为小城市、中城市。最近几年，国家建设部已经开始把重点放在巩固、提高现有小城镇优势和功能方面，并在这个基础上建设起一批起点较高、经济和社会效益俱佳的新型小城镇，逐步形成以中心城市为依托、县城为龙头、小城镇为网络的城镇化体系。这就是理想的中国特色的城镇化之路。综合以上观点，本书与国家公布的正式文件的提法相一致，在表述上使用了城镇化。本书认为"城镇化"是指农村人口向城镇集中，城镇人口增多的过程；是第二、第三产业不断向城镇聚集，经济结构转化的过程；是城镇数量增多、城镇用地规模扩大的过程；是城市文明和价值观在内的城市生活方式向农村的传播扩散过程。

城镇化是一个历史范畴、一个动态过程，作为一种社会历史现象，它既是物质文明进步的体现也是精神文明前进的动力。具体来讲，它包括以下几点含义：

（一）人口变动

城镇化是指人口城镇化，即农村人口转变为城镇人口的过程，人口由分散的乡村向城镇的集中，通常有两种方式，一是人口集中场所即城镇数量的增加，二是城镇人口数量的增加。就每一个城镇而言，人口城镇化过程无非取决于两个途径，一是机械增长，即农村人口向城镇迁移；二是自然增长，即城镇新出生人口超过死亡人口。

（二）经济领域

城镇化是指各种非农产业发展的经济要素向城镇集聚的过程，它既包括农村劳动力向城镇第二、第三产业的转移，还包括非农产业投资及其技术和生产能力在城镇的集聚。

（三）社会领域

城镇化被认为是一个城镇性生活方式的发展过程，在这个过程中人们不断被吸引到城镇中，并被纳入城镇的生活组织，并且还意味着随着城镇的出现而出现的城镇生活方式的不断扩散与强化，也就是人们不仅在城镇中居住或工作，而且城镇也通过交通和信息等手段，对居住在其中的人们给予影响而出现的具有城镇特色的生活方式转变过程。城镇生活方式，不仅包括有别于农村的日常生活习俗，还涵盖了制度、规划和方法等结构方面的内容。

（四）地域空间

城镇化是居民聚落和经济布局的空间区位再分布，并且呈现出日益集中化的过程。更具体地说，是第二、第三产业在具备特定地理条件的地域空间集聚，并在此基础上形成消费地域，其他经济和生活用地也相应建立，多种经济用地和生活空间用地集聚的过程就是城镇化过程。

二 新型城镇化

新型城镇化的理论内涵，是从三个角度界定出来的。从世界城镇化的发展史看，中国的新型城镇化是现代化的城镇化，有别于发端于近代的传统城镇化。从不同国别看，新型城镇化是基于中国国情的城镇化，有别于其他国家的城镇化。从城镇化进程来看，新型城镇化是城镇化的新阶段，有别于过去时期的城镇化。

党的十九大报告从促进区域协调发展的战略层面提出，"以城市群为主体构建大中小城市和小城镇协调发展的城镇格局，加快农业转移人口市民化"。推动城镇格局协调发展，就要聚焦城市群中，大、中小城市和小城镇间发展不平衡问题，补短板、强弱项，从中拓宽发展空间、增强发展后劲，实现全面协调可持续发展。而产城融合发展有利于促进产业与城镇空间整合，促进生产、生活、生态功能融合，可以说是推动城镇格局协调发展的有效路径。

（一）以习近平总书记系列重要讲话精神为指导

城镇化是现代化的必由之路。党的十八大以来，党中央就深入推进新型城镇化建设作出了一系列重大决策部署。习近平总书记多次强调新型城镇化的时代意义，并在讲话中作出"坚持以创新、协调、绿色、开放、共享的发展理念为引领促进中国特色新型城镇化持续健康发展"的重要指示。新型城镇化的下一步，关键是要凝心聚力抓落实，蹄疾步稳往前走。2016年是"十三五"开局之年，新型城镇化建设一定要站在新起点、取得新进展。要坚持以创新、协调、绿色、开放、共享的发展理念为引领，以人的城镇化为核心，更加注重提高户籍人口城镇化率，更加注重城乡基本公共服务均等化，更加注重环境宜居和历史文脉传承，更加注重提升人民群众获得感和幸福感。要遵循科学规律，加强顶层设计，统筹推进相关配套改革，鼓励各地因地制宜、突出特色、大胆创新，积极引导社会资本参与，促进中国特色新型城镇化持续健康发展。

因此，新型城镇化必须以科学发展为路径指导，以共享发展为理念指引。科学发展涵盖的"以人为本""全面、协调、可持续"的原则，都是推进和实现城镇化的基本原则。从"以人为本"的基本原则看，城镇化是实现"中国梦"的重大举措。而实现中华民族伟大复兴的"中国梦"，说到底是为了中国人民共同享受发展的成果，过上更加幸福的生活。人是城镇化的核心要素，推进城镇化不能见物不见人，应该既见物，更见人。城镇化的主体内容是人的就业和身份的转变，这个转变过程，同时也是造福人民的过程。因此，不能以牺牲人的利益，特别是农民的利益去推进城镇化。是否"以人为本"是衡量城镇化的最基本的标准。

从"全面、协调、可持续"的原则看，"创新、协调、绿色、开放、共享"的五位一体新型城镇化体现了"全面"的原则，"四化协调"的新型城镇化就体现了"协调"的原则。中国经济和中国社会发展到尽头，只有坚持"全面、协调"的原则才能持续健康的发展。中国的城镇化到了尽头，也只有坚持"全面、协调"的原则，才能持续健康发展。

（二）遵循"四化协调"原则

新型城镇化是协调同行的战略平台，新型工业化是协调同行平台的根本支柱，农业现代化是协调同行平台的战略堡垒，新型信息化是协调同行平台、支柱和战略堡垒提升水平的重要手段。在绘制新型城镇化路线图中，必须统筹考虑和安排"四化"同步发展，充分发挥新型城镇化的战略平台、新型工业化根本支柱、农业现代化战略堡垒和新型信息化重要手段作用。

1. 城镇化要与工业化协调同步

城镇化和工业化同步似乎是个老问题，是世界各国城镇化的共同经验。但是，中国的新型城镇化是在世界工业化新形势下进行的，如今的工业化又有了新的内容和要求。新型城镇化与工业化的协调和同步，包含着新的内容和新的要求。

2. 城镇化要与信息化协调同步

信息产业的兴起和互联网的普及，主要是21世纪的事情，信息化当然是一个新课题。信息化发展改变了经济领域，改变了工业模式、商业模式和经济规则。以互联网和移动通信为载体的信息化，改版了空间关系，缩短了各种距离，降低了交易成本，过去的工业和商业的"集中型规模"正向"分散型规模"转变。网上购物迅猛发展，中小企业有了平等竞争的机会。信息化也必然扩展到城市建设和城市管理上，现代的城市管理应该是信息化的管理。新型城市群建设、"智能城市"建设，信息化在城市建设、公共服务和城市管理中的广泛运用如新型城市群建设、"智能城市"建设等，都是在信息化大背景下衍生出来的新课题。

3. 城镇化要与农业现代化协调同步

当今农业劳动生产率的提高意味着要实现农业现代化需要有新的认识和理解。过去，人们对农业现代化的理解，更多是通过机械化、化学化、企业化改造农业，使之成为"农业工业"。现在看来，这样的现代化带来许多问题。例如，农业生产消耗大量的石油资源，土地板结问题日益突出，农产品农药残留难以解决，生物多样性遭到破坏。所以，必须重新审视农业现代化的内涵。以自身生物链循环为主的传统农业模式，其特殊优势重新引起人们的关注。人们对农产品的需求水平也在提高，不再是仅仅填饱肚子，更要求享受和健康。我们要看到，城镇化并非仅仅是发展城镇，它的重要目标是实现城乡一体化。

（三）体现"五位一体"要求

新型城镇化必须是经济建设、政治建设、文化建设、社会建设、生态文明建设"五位一体"的城镇化。

1. 城镇化与经济建设

城镇化离不开经济建设，没有第一产业、第二产业、第三产业的发展，就没有城镇化；没有经济的协调持续发展，就没有城镇化的持续健康推进。

2. 城镇化与政治建设

城镇化建设，国家和各级政府占据着统领全局的地位。国家的制度和政策、政府的行为和举措，对城镇化的顺利和健康推进起着关键作用。城镇化既要遵守市场经济规律，又要发挥政府应有的作用，必须善于把"无形的手"和"有形的手"结合起来。而且，城镇化带来的经济变化、社会变化、文化变化，特别是社会阶层的变化，必然带来新的政治诉求，出现新的政治生态，必须提出政治建设的问题。

3. 城镇化与文化建设

社会的变化，必须要求文化的变化。传统的农耕文化，既不能适应城镇化发展起来的城镇，也不能适应城镇化中发展起来的现代化的农村。人的文化素质水平与城镇化发展不相适应，将会成为城镇化顺利进行的巨大障碍。从城镇文化的发展到乡村文化的提升，城乡人口文化素质的建设和提升，成为迫切需要解决的问题。如果没有职业意识的树立，没有一定的素质技能，没有对城市运行规则的认同，农民即使进了城，也是难以适应的。毛泽东早就提出"严重的问题是教育农民"，指的便是个体农民向集体农民转变的文化适应问题。现在看来，还必须解决从传统农民向现代市民转变的文化适应问题。

4. 城镇化与社会建设

城镇化绝不仅仅是经济方面的事情。城镇化的直接内容是农村人口向城镇人口的转移。这个人口大转折，必然带来城乡人口结构的变化，人口结构的变化必然带来社会结构的变化，带来人与人的关系、各个阶层关系的变化，带来生活方式的变化。

5. 城镇化与生态文明建设

在城镇化过程中，环境和生态面临新的挑战。工业化发展的同时必然会对环境和生态造成一定程度的破坏。人口向城镇的聚集，尤其会产生新的环境和生态问题。人口分散的农村，一家一户的垃圾、废水，不会成为大问题，能源消耗中所产生的各种污染物的排放，也不会成为大问题。但在城镇中，几万户、几十万户、几百万户的垃圾和废水集中起来，各种能源消费所排放的污染物集中起来，对环境和生态的影响就十分巨大，解决这些问题就变得非常困难。我们提出"美丽中国"，在与大自然紧密结合的农村，"美丽中国"相对比较容易实现，在人工建设的"水泥森林"构成的城镇则较难实现。但没有美丽的城镇，便没有美丽的中国。这就必然提出生态文明建设的问题。

三　蒙古族城镇化

城镇化是经济发展的产物，是区域系统发生变化的动态过程。由于专业化分工协作和规模经济的需要，工业开始向城市集聚，随之产生了人口集聚，并衍生了第三产业的发展。在城市生活中，城市居民的文明程度不断提高，人口素质得到提升。因此，城镇化不仅是一种经济现象，也是社会结构变迁的重要环节，其本质是变传统落后的乡村社会为现代先进的城市社会。在蒙古族地区现代化的过程中，城镇化有着不可替代的作用。

蒙古族是我国的少数民族之一，蒙古族人口为 581.39 万人（2010 年人口普查）。主要分布在内蒙古自治区、东北三省、河北、青海，其余散布于河南、四川、贵州、北京和云南等地。蒙古族自称"蒙古"。"蒙古"这一名称较早记载于《旧唐书》和《契丹国志》，其意为"永恒之火"，别称："马背民族"。蒙古族发祥于额尔古纳河流域，史称"蒙兀室韦""萌古"等。畜牧业是蒙古族人民长期赖以生存发展的主要经济，此外，还从事加工业、耕种业和工业。蒙古包和勒勒车是他们游牧生活的伴侣。蒙古族拥有自己的语言文字，蒙古语属阿尔泰语系蒙古语族，有内蒙古、卫拉特、巴尔虎布利亚特、科尔沁四种方言。现在通用的文字是 13 世纪初用回鹘字母创制；14 世纪初，经蒙古学者却吉·斡斯尔对原有文字进行改革，成为至今通用范化的蒙古文。

（一）蒙古族城镇化的内涵

一般地，城镇化意味着人口的城镇化、地域的城镇化、经济活动的城镇化和生活方式的城镇化。由于蒙古族地区的特殊性，对蒙古族来说，城镇化的含义更为广泛，具体包括五个方面。

第一，蒙古族人口的城镇化。城镇化的表现形式就是人口的城镇化，是作为经济要素的乡村人口向城市转移的过程。蒙古族城镇化也不例外，在城镇化过程中，原来居住在乡村、牧场的蒙古族人口向城市转移，从事第二、第三产业的生产活动。城市人口不断增加，乡村人口不断减少，城镇化率不断提高。

第二，蒙古族经济生活方式的转变。产业结构的调整是城镇化的核心动力，城市第二、第三产业的发展是其主要表现。蒙古族传统的经济生活方式以农牧业为主，城镇化的发展促进了蒙古族经济方式向非农方式的转变，推动了蒙古民族经济的发展，促使相对落后的传统经济生活方式发生转变。

第三，蒙古族社会生活方式的转变。城镇化改变了蒙古族的生活空间，培养了城市生活意识，扩大了社会活动范围，使蒙古族传统的生活方式更加趋向现代化，促进了蒙古族地区社会的进步。

第四，蒙古族传统观念的转变。城市思想、城市观念、城市意识、城市生活方式的传播与扩散是城镇化的重要内容，蒙古族由于经济社会发展相对落后，伴随着贫困落后还保留着较多的落后思想和观念，这在一定程度上成了蒙古族发展过程中的阻碍。城镇化过程促进了上述先进思想和现代化意识在蒙古族中的传播与扩散，对蒙古族传统观念的转换起到了推动作用。

（二）蒙古族城镇化的作用

由于自然条件以及历史的原因，目前我国大部分蒙古族地区还属于经济社会发展相对落后的地区，城市发展也处于落后的水平，城乡之间和地区之间的发展也不平衡。要加快民族地区经济社会发展的步伐，就要坚持城镇化的发展道路，以城镇化推进蒙古族地区的社会发展进程。城镇化对蒙古族地区的经济社会发展具有全方位的积极意义。

第一，城镇化改变了蒙古族传统的生活方式和思想观念，推动了蒙古族地区的社会进步。很多蒙古族群众生活在边远的农村、牧区和山区，经济社会基础较为落后，导致生产上和生活中还保留着一些传统落后的生活方式和思想观念。随着市场经济体制的确立和发展完善，城镇化现象在蒙古族地区兴起，给少数民族带来了新的发展机遇。城市所代表的先进的现代文明，推动了现代化思想意识在蒙古族群众中的传播，也加速了蒙古族传统生活方式和价值观念的变化。因此，城镇化的过程，也是蒙古族改变固有的价值观念和文化传统的过程，是蒙古族地区摆脱贫困、走向文明的过程。

第二，城镇化加强了民族之间的密切联系。蒙古族进入城市，传统的居住方式发生改变，社区结构也随之产生了变化。不论是集中居住，还是分散居住，城市大系统使蒙古族群众的生活范围扩大，而信息化的发展和现代化的生活方式也促使蒙古族群众的社会关系出现新的调整，各民族之间的联系加强了。因此，城市生活的过程，实质上就是不同民族之间相互了解、密切联系的过程。通过交往，各民族可以加深了解，增进理解，这对于协调好民族关系、加强民族团结、维护社会稳定具有积极的意义。

第三，城镇化促进了蒙古族地区经济的发展和产业结构的转换。随着民族地区城镇化进程的加快，民族地区的产业结构得到了调整。蒙古族人口转移到非农产业，同时，产业结构的调整又可以扩大蒙古族农民的就业领域，增加收入，实现城乡良性互动，促进民族地区经济社会的发展。

第四，城镇化可以促进蒙古族地区生态环境的改善。城镇化不仅具有经济、社会进步意义，而且对那些土地资源、水资源有限的蒙古族地区来说，城镇化还具有重要的生态效应。蒙古族大多居于边远地区，可利用的土地及其他资源有限，近年来随着经济的发展和人口的增加，蒙古族地区的经济提升和资源匮乏之间的矛盾越来越突出。城镇化的发展减少了农业生产对土地的消耗，提高了土地的有效利用率，而第二、第三产业的发展也为蒙古族提供了更为广泛的就业领域，避免了落后生产方式对自然资源的过度开发。同时，城市的规模效应也使环境的治理更加有效。因此，城镇化对保护蒙古族地区的生态环境具有积极意义。

第五，城镇化为民族传统文化的保护利用和发展提供了更多的可能。

城镇化有利于蒙古族对传统文化的理性选择，有助于各民族以开放宽容的眼光看待异质文化，在继承本民族文化的同时，也接受异质文化，进而进行文化创新。城市中博物馆、文化馆等各项文化设施还为民族传统文化的继承发展提供了物质条件。

（三）蒙古族城镇化的特殊性

由于自然条件、经济发展水平以及文化基础等方面的差异，蒙古族城镇化不同于其他概念的城镇化，蒙古族城镇化有以下特殊性：

首先，蒙古族城镇化进程受自然条件的制约明显。我国的蒙古族大多分布在西北的边远地区，部分地区存在着土地资源、水资源短缺的情况，历史上的过度开发又使这些地区大都面临一定程度的生态问题。城市发展与土地资源的矛盾日益凸显。此外，在市场经济体制下，深处内陆的少数民族地区距离国际市场和国内主要市场都比较远，不具备经济发展的区位优势，如何在大市场体系中找到自己的位置也是一个重要的问题。因此，蒙古族城镇化必须研究在特殊的自然条件和地理状况下的特殊途径。

其次，蒙古族生活地区的经济相对落后，城镇化的基础薄弱。蒙古族生活地区的经济发展水平较低，现代产业数量少。经济发展是城镇化的核心动力，蒙古族地区经济落后的状况导致城镇化的内生动力不足，因此城市的发展对外力的依赖性较强。当前，国内普遍存在着遵照市场规律，变"计划型城市化"为"市场型城镇化"的呼声，但蒙古族城镇化是否能够完全按照市场规律，不依靠政府来进行，还需要进行认真研究。

再次，蒙古族城镇化面临改变传统生产和生活方式的问题，二者的关系如何协调统一，是必须认真研究的问题。城镇化意味着人口向城市的集中，然而蒙古族传统的农牧业生产方式，形成了密切附着于土地和草场的经济文化特点。目前，蒙古族群众仍然主要从事牧业生产，生活的流动性很大，其居住点季节性游移的特征明显。这种传统的生产和生活方式与城市发展所要求的人口和产业的聚集形成了矛盾，如何协调好这一矛盾，通过何种方式完成蒙古族生活地区的产业升级，是蒙古族城镇化过程中需要认真研究和解决的问题。

最后，蒙古族城镇化过程中还面临着传统文化的保护的问题。蒙古族民族文化是一种独特的民族文化，是宝贵的历史文化遗产。城镇化过程中，现代文化伴随城市发展而来，在改变着人们生产和生活方式的同时，也逐渐渗透到了民族文化之中，使蒙古族文化面临着变异和被替代的困境。如何在城镇化的过程中保护和传承蒙古族文化，使之成为现代多元城市文明的组成部分，也是应当引起重视的问题。

第二节　基础理论

一　国内相关理论

（一）城镇化进程的四个注重

城镇化是现代化的必由之路，是我国最大的内需潜力和发展动能所在。2016 年，中共中央总书记、国家主席、中央军委主席习近平就深入推进新型城镇化建设作出重要指示，强调坚持以创新、协调、绿色、开放、共享的发展理念为引领促进中国特色新型城镇化持续健康发展，提出"四个注重"的工作要求。

党的十八大以来，习近平总书记就深入推进新型城镇化建设作出了一系列重要论述，形成了指导中国迈向城市社会的纲领性框架思路，为"十三五"中国城市发展指明了方向。"四个注重"是指在要坚持以创新、协调、绿色、开放、共享的发展理念为引领，以人的城镇化为核心，更加注重提高户籍人口城镇化率的前提下，更加注重城乡基本公共服务均等化，更加注重环境宜居和历史文脉传承，更加注重提升人民群众获得感和幸福感。要遵循科学规律，加强顶层设计，统筹推进相关配套改革，鼓励各地因地制宜、突出特色、大胆创新，积极引导社会资本参与，促进中国特色新型城镇化持续健康发展。

（二）新型城镇化发展五大理念

2016 年中共中央总书记、国家主席、中央军委主席习近平对深入推进新型城镇化建设作出重要指示，强调城镇化是现代化的必由之路。党的十八大以来，党中央就深入推进新型城镇化建设作出了一系列重大决策部署。下一步，关键是要凝心聚力抓落实，蹄疾步稳往前走。2016 年是"十三五"开局之年，新型城镇化建设一定要站在新起点、取得新进展。要坚持以创新、协调、绿色、开放、共享的发展理念为引领，以人的城镇化为核心，更加注重提高户籍人口城镇化率，更加注重城乡基本公共服务均等化，更加注重环境宜居和历史文脉传承，更加注重提升人民群众获得感和幸福感。要遵循科学规律，加强顶层设计，统筹推进相关配套改革，鼓励各地因地制宜、突出特色、大胆创新，积极引导社会资本参与，促进中国特色新型城镇化持续健康发展。

城镇化是现代化的必由之路，是我国最大的内需潜力和发展动能所在。各地区、各部门要牢固树立五大发展理念，按照统筹城乡发展的要求，围绕稳增长、调结构、惠民生，紧紧抓住人的城镇化这个核心和提高质量这个关键，用改革的办法和创新的精神，全面推进新型城镇化建设，着力推动农业转移人口市民化，着力增加适应居民需求的公共产品和公共服务供给，着力构建与农业现代化相辅相成、相互促进的体制机制，惠及更多城乡群众，为促进经济中高速增长、迈向中高端水平注入强劲动力。

（三）城镇化与逆城镇化

近年来，中国城镇化进展有目共睹。然而随着农村劳动力涌向城市，乡村留守儿童问题日益突出，"空心化""老龄化"逐渐显现。与此同时，随着农村人口的不断涌入，一些城市尤其是特大型城市的需求在发生改变。个别城市开始对不符合城市功能定位的产业和人口进行疏解，以减轻人口膨胀和资源环境的压力。在城镇化的进程中，农村问题逐渐突出。

习近平总书记在参加广东代表团审议时强调，一方面要继续推动城镇化建设。另一方面，乡村振兴也需要有生力军。要让精英人才到乡村的舞台上大施拳脚，让农民企业家在农村壮大发展。城镇化、逆城镇化两个方面都要致力推动。城镇化进程中农村也不能衰落，要相得益彰、相辅相成。逆城镇化于城镇化而言是吐故纳新。借助逆城镇化的力量，既可助力乡村振兴，也可推动解决"城市病"，促进城乡同发展、共繁荣。习近平总书记指出，我们现在推动城镇化建设，千方百计让进城务工人员能够在城市稳定地工作生活，孩子能进城的随着进城，解决留守问题。同时，也要让留在农村的老年人在乡村振兴战略中找到归宿。家庭人伦等值得珍惜的东西，在城镇化过程中，在农民进城的大迁徙中受到了冲击。这个冲击不可避免，但在这个过程中不能泯灭良知人性。

二　马克思主义相关理论

中国实施城镇化战略，不仅顺应了马克思、恩格斯所揭示的现代化进程的一般规律，而且符合马克思主义关于推动生产力发展和人的全面发展的基本精神。

（一）城镇化是现代化的必然趋势

18 世纪工业革命以来，现代化逐渐成为席卷世界的巨大历史潮流。马克思早在《政治经济学批判（1857—1858 年草稿）》中就明确指出："现代的历史是乡村城镇化，而不像在古代那样，是城市乡村化。"[①] 工业革命以来的历史告诉人们，一国特别是大国要成功实现现代化，就必须在推进工业化的同时推进城镇化，这是世界各国实现现代化的一般规律。城镇化过程，实际上也是生产要素再分配的过程。与农村相比，城镇往往在资本、技术、人力资源、交通运输、通信设施、居住条件、商品交换等方面具有更多比较优势，从而吸引大量劳动力和生产活动不断地向城镇聚集。对此，恩格斯在《英国工人阶级状况》一书中分析指出："大工业企业需要许多工人在一个建筑物里面共同劳动；这些工人必须住在近处，甚至在不大的工厂近旁，他们也会形成一个完整的村镇。他们都有一定的需要，为了满足这些需要，还须有其他的人，于是手工业者、裁缝、鞋匠、面包师、泥瓦匠、木匠都搬到这里来了。这种村镇里的居民，特别是年轻的一代，逐渐习惯于工厂工作，逐渐熟悉这种工作；当第一个工厂很自然地已经不能保证一切希望工作的人都有工作的时候，工资就下降，结果就是新的厂主搬到这个地方来。于是村镇就变成小城市，而小城市又变成大城市。"[②] "工业的迅速发展产生了对人手的需要；工资提高了，因此，工人成群结队地从农业地区涌入城市。"[③]

---

① 马克思、恩格斯：《马克思恩格斯全集（第 46 卷）》，人民出版社 1998 年版，第 480 页。

② 马克思、恩格斯：《马克思恩格斯全集（第 2 卷）》，人民出版社 1977 年版，第 300—301 页。

③ 马克思、恩格斯：《马克思恩格斯全集（第 2 卷）》，人民出版社 1977 年版，第 295—296 页。

马克思在《资本论》第三卷中也指出："城市工业本身一旦和农业分离，它的产品一开始就是商品，因而它的产品的出售就需要有商业作为媒介，这是理所当然的。因此，商业依赖于城市的发展，而城市的发展也要以商业为条件，这是不言而喻的。"①

（二）城镇化是推动生产力发展的强大力量

马克思主义认为，生产力是人类社会发展的最终决定力量，如果没有生产力的发展，"那就只会有贫穷、极端贫困的普遍化；而在极端贫困的情况下，必须重新开始争取必需品的斗争，全部陈腐污浊的东西又要死灰复燃"②。只有生产力的高度发展，"才能为一个更高级的、以每个人的全面而自由的发展为基本原则的社会形式创造现实基础"③。

城镇化不仅促进城市产生显著的集聚效益、规模效益和分工协作效益，成为城市生产力发展的强大引擎，而且还能产生辐射带动效应，促进农业和农村的发展。马克思、恩格斯早就深刻地认识到城镇化对提高劳动生产率的特殊效应。马克思在 1861 年 8 月至 1863 年 7 月所写的《经济学手稿》中指出："分工的基本前提同扩大资本的基本前提一样，是协作，是工人在同一地方的密集，而这种密集一般来说只有在人口密度达到一定程度的地方才有可能。同时也只有在把分居在农村的人口集中到生产中心的地方才有可能。"④

在《资本论》第一卷中马克思又分析指出："劳动者集结在一定的空间是他们进行协作的条件。"⑤"在大多数生产劳动中，单是社会接触就会引起竞争心和特有的精力振奋，从而提高每个人的个人工作效率。"⑥"一方面，协作可以扩大劳动的空间范围……另一方面，协作可以与生产规模相比相对地在空间上缩小生产领域。在劳动的作用范围扩大的同时劳动空

---

① 马克思、恩格斯：《马克思恩格斯全集（第 25 卷）》，人民出版社 1974 年版，第 371 页。

② 马克思、恩格斯：《马克思恩格斯选集（第 1 卷）》，人民出版社 1995 年版，第 115 页。

③ 马克思、恩格斯：《马克思恩格斯选集（第 2 卷）》，人民出版社 1995 年版，第 275 页。

④ 马克思、恩格斯：《马克思恩格斯全集（第 32 卷）》，人民出版社 1998 年版，第 367 页。

⑤ 卡尔·马克思：《资本论（第 1 卷）》，人民出版社 2004 年版，第 400 页。

⑥ 卡尔·马克思：《资本论（第 1 卷）》，人民出版社 1985 年版，第 398 页。

间范围的这种缩小，会节约非生产费用，这种缩小是由劳动者的集结、不同劳动过程的靠拢和生产资料的积聚造成的。"①

恩格斯也在《英国工人阶级状况》中明确论述了城镇化的集聚效应。他指出："城市愈大，搬到里面来就愈有利，因为这里有铁路，有运河，有公路；可以挑选的熟练工人愈来愈多；由于建筑业中和机器制造业中的竞争，在这种一切都方便的地方开办新的企业，比起不仅建筑材料和机器要预先从其他地方运来而且建筑工人和工厂工人也要预先从其他地方运来的比较遥远的地方，花费比较少的钱就行了；这里有顾客云集的市场和交易所，这里跟原料市场和成品销售市场有直接的联系。这就决定了大工厂城市惊人迅速地成长。"② "像伦敦这样的城市……这种大规模的集中，250 万人这样聚集在一个地方：使这 250 万人的力量增加了 100 倍。"③

由此可见，城镇化与工业化的良性互动，带来人口、产业和资本不断向城市聚集，非常有利于形成产业集群化，加强分工协作，降低生产、交易和管理成本，提高劳动者素质和劳动生产率。最重要的是，这种集聚有利于通过思想交流和切磋技艺而加快观念创新和技术进步，从而推动生产力的飞跃式发展。城镇化不仅能够产生集聚效应，而且也能够产生辐射带动效应。通过城镇化与工业化的良性互动，在壮大城市经济实力、实现城市繁荣发展的同时，也有利于实现城市现代生产要素向农业农村延伸，城市文明向农村渗透，推动农业现代化和农村繁荣发展。对此，恩格斯曾经指出："城市的繁荣也把农业从中世纪的简陋状态中解脱出来了。"④

（三）城镇化是促进人的全面发展的重要因素

人的全面发展是科学社会主义的核心价值。马克思、恩格斯在《共产党宣言》中指出："代替那存在着阶级和阶级对立的资产阶级旧社会

① 卡尔·马克思：《资本论（第 1 卷）》，人民出版社 2004 年版，第 399 页。

② 马克思、恩格斯：《马克思恩格斯全集（第 2 卷）》，人民出版社 1977 年版，第 300—301 页。

③ 马克思、恩格斯：《马克思恩格斯全集（第 26 卷）》，人民出版社 1973 年版，第 360 页。

④ 马克思、恩格斯：《马克思恩格斯全集（第 7 卷）》，人民出版社 1959 年版，第 416 页。

的，将是这样一个联合体，在那里，每个人的自由发展是一切人的自由发展的条件。"① 将近半个世纪以后，恩格斯仍然认为，这是最能"概括未来新时代的精神"的一段话。人的全面发展既是社会历史活动的结果，也是衡量社会历史进步的根本尺度。城镇化不仅通过推动生产力发展和提高人们收入水平进而促进人的全面发展，而且还通过促进人的普遍交往推动人的全面发展。马克思在《政治经济学批判》中指出："交往的普遍性，从而世界市场成了基础。这种基础是个人全面发展的可能性。"②

城镇化改变了人们在农业社会那种自给自足、孤立封闭的生活方式，使人们在社会化大生产活动中形成普遍的交往关系，促进了人类文明成果的传播和交流，为实现人的全面发展开辟了道路。恩格斯在《英国工人阶级状况》中指出："人口的集中固然对有产阶级起了鼓舞的和促进发展的作用，但是它更促进了工人的发展。"③ 马克思、恩格斯在《共产党宣言》中指出："资产阶级使农村屈服于城市的统治。它创立了巨大的城市，使城市人口比农村人口大大增加起来，因而使很大一部分居民脱离了农村生活的愚昧状态。"④

城镇化还可以通过促进教育事业发展推动人的全面发展。在教育中坚持"生产劳动同智育和体育相结合"⑤，"不仅是提高社会生产的一种方法，而且是造就全面发展的人的唯一方法"⑥。

城镇化带来的集聚效益和规模效益，有利于优化配置教育资源，扩大教育规模，提高教育质量，促进教育与生产的互动，进而更好地推动人的全面发展。总之，在城镇化进程中，随着乡村变为城市，"生产者也改变着，炼出新的品质，通过生产而发展和改造着自身，造成新的力量和新的

①　马克思、恩格斯：《共产党宣言》，人民出版社 2014 年版，第 83 页。

②　马克思、恩格斯：《马克思恩格斯文集（第 8 卷）》，人民出版社 2009 年版，第 191 页。

③　马克思、恩格斯：《马克思恩格斯全集（第 2 卷）》，人民出版社 1957 年版，第 407—408 页。

④　马克思、恩格斯：《马克思恩格斯选集（第 1 卷）》，人民出版社 1995 年版，第 312 页。

⑤　马克思、恩格斯：《马克思恩格斯全集（第 3 卷）》，人民出版社 1995 年版，第 673 页。

⑥　马克思、恩格斯：《马克思恩格斯全集（第 23 卷）》，人民出版社 1972 年版，第 530 页。

观念，造成新的交往方式，新的需要和新的语言"。①

　　因此，城市是推动人的全面发展的"熔炉"，城镇化是促进人的全面发展的重要因素。

---

① 马克思、恩格斯：《马克思恩格斯全集（第 46 卷）》，人民出版社 1979 年版，第 494 页。

第三章 调研对象地区概况

本次调研综合考虑历史、地理、经济等因素，结合实际情况，选取通辽市库伦旗、赤峰市阿鲁科尔沁旗、兴安盟科尔沁右翼中旗（科右中旗）、锡林郭勒盟苏尼特右旗（锡苏旗）、鄂尔多斯鄂托克前旗（鄂前旗）、阿拉善盟阿拉善右旗（阿右旗）等6个旗作为调研区域，通过田野调查方式探索蒙古族城镇化的现状、问题和发展思路。在田野调查过程中，研究团队深入蒙古族聚居区和基层政府，以问卷和访谈方式获取大量一手资料。由于6个调研区横跨内蒙古东西部，既有内蒙古西端阿拉善盟的阿右旗，也有位于内蒙古东部的通辽市库伦旗。6个旗历史沿革各具特色，自然地理不同，社会经济发展程度也不尽相同。

第一节 库伦旗概况

库伦旗是内蒙古自治区通辽市下辖的一个旗，旗人民政府驻库伦镇，位于通辽市西南部，库伦旗铝、锌、石灰石、大理石、高岭土、铁等储量丰富，盛产荞麦和杂粮杂豆，被誉为"中国荞麦之乡"。2010年，库伦旗总人口17.8万人，其中农业人口13.8万，蒙古族人口11.4万。库伦旗是一个以蒙古族为主体，包括汉、回、满等11个民族居住的旗。库伦旗辖7个苏木107个嘎查村，80个村，8个社区居委会，598个居民小组。全旗下辖：库伦镇、扣河子镇、白音花镇、六家子镇、额勒顺镇、茫汗苏木、先进苏木、水泉乡。库伦，系蒙古语，意为庭院。早在春秋战国时期就有人类在库伦旗征战、游牧。库伦旗建置始于清初。1633年，西藏高僧阿兴希日巴传教至此，划定疆界，为其领地，称曼殊希礼库伦。清顺治三年（1646年），建锡埒图库伦札萨克达喇嘛旗，为漠南蒙古地区唯一实行政教合一体制的旗，历时近300年。1931年政教分治，锡埒图库伦扎萨克达喇嘛旗改称库伦旗。1946 年 4 月至 1949 年 9 月先后属辽西省、辽吉省、辽北省哲里木盟。1949 年 10 月后隶属于内蒙古自治区哲里木盟。1969 年 7 月至 1979 年 7 月随同哲里木盟划归吉林省。1979 年 7 月又重新划归内蒙古自治区。1999 年 1 月哲里木盟撤盟设市，库伦旗隶属于通辽市管辖。

　　库伦旗位于内蒙古自治区通辽市西南部。东邻科尔沁左翼后旗，南接辽宁省阜新蒙古族自治县和彰武县，西连奈曼旗，北临开鲁县。地处东121°09′—122°21′，北纬 42°21′—43°14′之间。总面积 4716 平方千米。库伦旗地处燕山北部山地向科尔沁沙地过渡地段。燕山山脉自旗境西南部延入，在中部与广袤的科尔沁沙地相接，构成旗境内南部浅山连亘，中部丘陵起伏，北部沙丘绵绵的地貌。整体地势呈西南高，东北低，海拔最高点为 626.5 米，最低点为 190 米。境内土石浅山面积 150 万亩，占总面积的21.2%，黄土丘陵沟壑 120 万亩，占总面积的 17%，沙化漫岗 89.75 万亩，占总土地面积的 12.7%。沙沼坨甸 330 万亩，占总面积的 46.7%。旗境南部为土石浅山区，属燕北山地的边缘地带。区内沟谷交错，低山连绵，海拔 500 米以上的山峰有十几座。阿其玛山海拔 541.1 米，达录山海拔 518.1 米。库伦旗属大陆性气候。年平均气温 6.6°C，年降水量 400—450 毫米，无霜期 140—150 天。库伦旗资源丰富，已探明的矿产有 27种，其中铝、锌、石灰石、大理石、高岭土、铁等储量丰富。有林地达146 万亩，森林覆被率为 34%，林木储积量 280.3 万平方米，草牧场 398万亩。

　　2015 年，库伦旗地区生产总值完成 68.6 亿元，是 2010 年的 1.6 倍，年均增长 9.8%；公共财政预算收入完成 3.33 亿元，是 2010 年的 2 倍，年均增长 14%；500 万元以上项目固定资产投资完成 64.24 亿元，是 2010年的 3 倍，年均增长 24.5%；社会消费品零售总额完成 14.8 亿元，是2010 年的 1.7 倍，年均增长 11.7%；城乡常住居民人均收入和人均可支配收入分别达到 20295 元和 8466 元，较 2010 年分别增加 8770 元和 3955元，年均分别增长 12%和 13.4%。

　　2015 年，工业企业实现增加值 24.2 亿元，是 2010 年的 1.5 倍，年均增长 8.2%。规模以上企业达到 25 户。累计引进国内市外资金 120 亿元，引进工业项目 65 个，其中投资 1 亿元以上项目 21 个。农村经济稳步发展。实现了 12 种农畜产品绿色有机认证。2015 牧业年度，全旗牲畜总头数达到 155.7 万头（只、口），较 2010 年增加 43.4 万头（只、口）。全旗新增高产高效粮食功能区 28 万亩，新增设施农业 5.3 万亩、沙地衬膜水稻 2 万亩、沙地西瓜 5 万亩，食用菌发展到 3000 万棒。第三产业蓬勃发展。实施了投资 10.5 亿元的银沙湾旅游景区项目、投资 1.6 亿元的锡勒图生态度假村项目；启动了投资 10 亿元、占地 10 万平方米的三大寺文化旅游产业园项目前期工作；库伦镇被评为"中国历史文化名镇"和"中国特色景观旅游名镇"，是通辽市唯一一个、全自治区第二个同时拥有这两张名片的城关镇。引进开发了日新花园等住宅小区，开发建筑面积达到 98 万平方米。成立各类合作经济组织 685 个。建设了库伦镇北山农贸市场、南山农资交易中心和额勒顺黄牛交易市场、龙王庙驴交易市场，引进了"可意网""好意买"等电商企业，农村电子商务发展实现破题。

根据库伦旗 2016 年政府工作报告，库伦旗累计投入城市建设资金 29 亿元，实施了南环路桥、库伦镇城镇供水改扩建、东出口连接线等工程。常住人口城镇化率达到 38.5%，较"十一五"期末提高了 1.5 个百分点；库伦镇区建成区面积达到 9.91 平方千米，较"十一五"期末增加了 2.33 平方千米。

根据政府报告，2016 年蒙古族城镇化新增人口 648 人、共 205 户。现在，库伦旗已经被城镇化的蒙古族主要是来自俄勒顺镇、白音塔拉嘎查、赛音塔拉嘎查。这三个地区的蒙古族农牧在城镇化之后分别居住在库伦旗的吉祥家园小区、东梁小区 7 号楼以及养畜牧社区。

第二节　阿拉善右旗概况

阿拉善右旗是阿拉善盟下属的一个旗，旗人民政府驻巴丹吉林镇，位于阿拉善盟中部，辖 3 个镇、4 个苏木：巴丹吉林镇、雅布赖镇、阿拉腾敖包镇，曼德拉苏木、阿拉腾朝克苏木、巴音高勒苏木、塔木素布拉格苏木，总人口 2.5 万人，全旗有蒙、汉、回、藏、达翰尔、鄂温克等 10 多个民族，是一个以蒙古族为主体的少数民族边境旗。旗府所在地巴丹吉林镇，常住居民 1.5 万人，占全旗总人口的 60%。阿拉善右旗，古为禹贡雍之域，清王朝时期，将阿拉善和硕特部按内蒙古 49 旗之例，编为阿拉善和硕特旗，阿拉善旗由此始建，驻定远营（今巴彦浩特）。1949 年 9 月，阿拉善旗和平解放，和硕特旗人民政府成立，归宁夏省管辖。1954 年 9 月，宁夏省建制撤销，合并于甘肃省，改称甘肃省蒙古自治州。1956 年 4 月，巴彦淖尔盟成立，下辖阿拉善旗、额济纳旗、磴口县和巴彦浩特市，归内蒙古自治区管辖。1960 年 8 月，中共阿拉善旗西部地区工作委员会成立，筹建阿拉善右旗，由巴彦淖尔盟、阿拉善旗双重领导。1969 年 7 月，划归甘肃省武威地区管辖。1979 年 7 月，重新划归内蒙古自治区，同年 11 月，额肯呼都格镇成立，旗府所在地地名由此沿用至今。1980 年 4 月，阿拉善盟成立，阿拉善右旗归阿拉善盟管辖。2006 年，阿右旗将原有的 9 个苏木镇调整撤并为 5 个。2011 年 5 月 24 日，阿右旗旗府所在地额肯呼都格镇被批复更名为巴丹吉林镇。

阿拉善右旗地处内蒙古自治区西部，位于北纬 38°38′ — 42°02′，阿拉善右旗东经 99°44′ — 104°38′。北与蒙古人民共和国交界，国境线长 38.76 千米，东接阿拉善左旗，南邻甘肃省金昌、山丹、张掖、高台、临泽、金塔诸市县，西连额济纳旗。全旗地势南高北低，总趋势西高东低，中间地段趋于缓和，平均海拔 1200—1400 米。南、西南部有龙首山脉、合黎山，中部有雅布赖山脉，西北部为巴丹吉林沙漠，在山地与沙漠之间有戈壁、丘陵、滩地纵横交错，其中沙漠占 46.6%、山地占 6.5%，丘陵占 33.4%，戈壁、滩涂占 13.5%。阿拉善右旗四季分明，年均气温 8.4℃，年平均降水量 113 毫米，年平均蒸发量 3100 毫米，年平均大风 78 天。阿拉善右旗土地总面积 10768.94 万亩，其中耕地面积 3 万亩，林地面积 484.7 万亩，天然草场面积 6346.7 万亩。已探明储量的有盐、硝、煤、铁、金、镍等 44 种。阿拉善右旗境内有国家一级保护动物野驴、天鹅等，国家二级保护动物石貂、鹅喉羚、盘羊、岩羊等。

2015 年，阿拉善右旗地区生产总值（GDP）完成 29 亿元，较上年增长 8%，是"十一五"末的 1.5 倍，年均增长 8.6%；公共财政预算收入完成 1.82 亿元，较上年增长 11%，是"十一五"末的 1.4 倍，年均增长 6.5%。其中：第一产业增加值 2.15 亿元，较 2014 年增长 3.7%；第二产业增加值 16.65 亿元，较 2014 年增长 8.2%；第三产业增加值 8.72 亿元，较 2014 年增长 6.0%。人均地区生产总值达 103444 元，较 2014 年增长 6.8%。第一、第二、第三产业结构由上年的 8.7：61.0：30.3，演进为

7.8：60.5：31.7。阿拉善右旗 2015 年全旗地区生产总值完成全旗农作物总播种面积 4.45 万亩，牧业年度牲畜总头数稳定在 26 万头（只）左右。五年累计完成工业固定资产投资 58.9 亿元，是"十一五"的 2.9 倍，年均增长 23.4%。旅游产业持续升温，五年累计接待国内外游客 199 万人（次），实现旅游综合收入 18.7 亿元，年均分别增长 26% 和 43%。传统服务业稳步发展，金融保险、社区服务、物流运输等新兴服务业快速兴起，"十二五"期间全旗公路交通货运量达到 825 万吨，较"十一五"增加了 100 万吨，年均增长 2.6%。民族工艺地毯、蒙古族服饰、马头琴、沙画、银器等远销区内外。社会消费品零售总额达到 6.9 亿元，较上年增长 11%，是"十一五"末的 1.9 倍，年均增长 13.8%。金融机构各项存贷款余额分别达到 17.3 亿元和 4.7 亿元，同比分别增长 12% 和 19%，较"十一五"末分别增加了 5.3 亿元和 2.1 亿元。

"十二五"累计投入城镇建设资金 13.6 亿元，是"十一五"的 3 倍，年均增长 24.2%。集中实施了沙漠植物园、泰隆综合市场、文体馆等 77 个城镇建设项目，人居环境显著改善，城镇品位、服务功能和承载能力大为提高。《巴丹吉林镇总体规划》完成修编论证，《苏木（镇）嘎查"十个全覆盖"建设规划》等村镇体系规划编制完成。政府主导供热，投资 1.5 亿元实施了巴丹吉林镇和雅布赖镇集中供热工程，从根本上彻底改变了镇区居民冬季取暖难的问题。特色小城镇建设扎实推进，生产生活环境和投资环境显著改善，巴丹吉林镇公共绿地面积达到 2585 亩，绿化覆盖率提高到 36.8%。城镇污水和生活垃圾处理能力大幅提升，巴丹吉林镇污水处理率和生活垃圾无害化处理率分别达到 80% 和 97.7%。巴丹吉林镇荣获第三批"全国特色景观旅游名镇""全区首批美丽宜居小镇"，雅布赖镇巴丹吉林嘎查入选第三批国家级"传统村落保护名录"，阿拉腾敖包镇查干努如嘎查入选"全国一村一品示范村镇"。

第三节　苏尼特右旗概况

苏尼特右旗位于内蒙古自治区中部，全旗辖 3 个苏木 3 个镇，赛汉塔拉镇、朱日和镇、乌日根塔拉镇和额仁淖尔苏木、桑宝拉格苏木、赛罕乌力吉苏木。总面积 2.23 万平方千米，总人口 6.87 万，由蒙、汉、回、满等 11 个民族组成。赛汉塔拉镇为旗政府所在地，是全旗政治、经济、文化、交通中心。历史上，苏尼特右旗曾是北方游牧民族繁衍生息的辽阔草原。苏尼特右旗秦汉时期为上谷代郡之北境，后汉乌桓鲜卑居之，晋为拓跋氏地，隋唐为突厥所居，辽为抚州，金属西京路。元朝期间，始创立行省制度，归兴和路，建行省区划。清朝统一漠南蒙古后，在清崇德七年（1642 年）正式设旗的建制，成为右翼苏尼特旗。1946 年，中国共产党领导下的新民主政权取代了世袭的右翼苏尼特封建政权。1948 年 2 月成立牧民会，同年 8 月成立苏尼特右旗人民政府。1949 年 8 月政府迁至温都尔庙，1958 年再迁至赛汉塔拉镇。1969 年 11 月，苏尼特右旗划归乌兰察布盟管辖，1980 年 5 月，苏尼特右旗重新划归锡林郭勒盟管辖。

苏尼特右旗位于内蒙古自治区中部，锡林郭勒盟西部，是锡盟的西大门，东邻苏尼特左旗、镶黄旗；南靠乌兰察布市察右后旗、商都县；西接乌兰察布市的四子王旗；东北与本盟二连浩特市接壤；北与蒙古国交界，国境线长 18.15 千米。地理位置为东经 111°08′—114°16′，北纬 41°55′—43°39′。总面积 2.23 万平方千米。苏尼特右旗地质构造属于古湖盆上升而成的层次剥蚀高平原，海拔 900—1400 米，最高 1670 米，地势由南向北倾斜，区内有面积不大的盐湖、碱湖低地，整个地形南高北低，中北部为坦荡的高平原和丘陵，南部多山、东部为浑善达克沙地延伸部分。境内无长年河流，地表水贫乏，地下水资源分布不均匀且埋藏较深。苏尼特右旗地处北温带，属干旱性大陆性气候，平均气温为摄氏 4.3℃，年降水量平均为 170—190 毫米，蒸发量平均为 2384 毫米；2013 年盛行西北风，风力一般在 3—5 级，最大 9—10 级，平均风速 5.5 米/秒，是国内最佳的风能区；平均日照时数为 3231.8 小时。

"十二五"时期，苏尼特旗地区生产总值由 2010 年的 36 亿元增加到 59.5 亿元，年均增长 10.6%；五年累计完成固定资产投资 197.6 亿元，年均增长 12.5%，是"十一五"时期近 1 倍；地方财政总收入年均增长 5%，地方财政预算总支出年均增长 15.4%；城镇常住居民人均可支配收入由 15219 元增加到 29413 元，年均增长 14.1%；农牧区常住居民人均可支配收入由 5140 元增加到 8405 元，年均增长 10.3%；社会消费品零售总额由 8.5 亿元增加到 15.8 亿元，年均增长 13.2%。三次产业结构比重由 7.3∶70.5∶22.2 调整为 8.6∶66.9∶24.5。"十二五"时期苏尼特右旗产业结构调整优化成效明显。牧业年度牲畜存栏由 2010 年的 141 万头、只增加到 187 万头、只，年均增长 5.9%；五年冬羔补饲提前出栏累计达到 50 万只，肉食品精深加工比重由 60% 提高到 75%。非公有制经济健康发展，占地区生产总值比重达到 66.1%，比 2010 年提高了 5 个百分点。

"十二五"时期苏尼特右旗累计投入资金 4.55 亿元，赛汉塔拉镇"一城三区"框架基本形成，城镇面貌、功能和宜居性持续改善。赛汉塔拉镇给排水管线和供热管网分别达到 162 千米和 54.5 千米，分别是 2010 年 1.4 倍和 1.3 倍。全旗城镇化率达到 66.6%，城镇人均住房面积达到 38.5 平方米。

截至 2017 年底，全旗常住人口为 6.8 万人，其中：常住城镇人口为 4.45 万人，常住人口城镇化率为 65.44%。全旗户籍总人口为 67373 人，比上年末下降 1.1%。户籍总人口中，城镇人口 36267 人，乡村人口 31106 人，户籍人口城镇化率为 53.83%。

第四节　阿鲁科尔沁旗概况

阿鲁科尔沁旗为蒙古语，阿鲁是山北之意，科尔沁意为弓箭手。简称阿旗。阿鲁科尔沁旗位于内蒙古自治区中部，赤峰市东北部。东邻内蒙古通辽市扎鲁特旗，南与通辽市开鲁县和赤峰市翁牛特旗交界，西与赤峰市巴林右旗、巴林左旗毗邻，北与内蒙古锡林郭勒盟西乌珠穆沁旗接壤，面积 14277 平方千米。2011 年末阿鲁科尔沁旗公安户籍总户数 125120 户，总人口 300315 人。其中非农业人口 55277 人，占总人口 18%。在总人口中，男性为 152671 人，女性为 147644 人；总人口中汉族 172100 人，少数民族 128215 人。阿鲁科尔沁旗历史悠久，底蕴深厚。早在新石器时代就有人居住，奴隶社会时期是北方游牧民族重要的繁衍生息地，春秋战国秦汉时代，先后属东胡、匈奴、乌桓、鲜卑地。明嘉靖二十五年（1546 年），成吉思汗仲弟哈布图哈萨尔第十五代孙昆都伦岱青率阿鲁科尔沁部迁居今阿鲁科尔沁之地，始名阿鲁科尔沁，意即北方弓箭手。民国前期隶属热河省，民国 22 年（1933 年）7 月，阿鲁科尔沁旗沦陷，划归伪满兴安西省，1942 年，隶属伪满兴安总省。1945 年 8 月 16 日解放，1945 年 10 月成立阿鲁科尔沁旗人民政府，隶属热河省，1946 年 6 月 10 日，中共阿鲁科尔沁旗委员会成立，1949 年 5 月 20 日，划归内蒙古自治区，1969 年 8 月 1 日，随昭乌达盟划归辽宁省，1979 年 7 月 1 日，划归内蒙古自治区。

　　阿鲁科尔沁旗位于内蒙古自治区中部，赤峰市东北部。地理位置在北纬 43°21′43″—45°24′20″，东经 119°02′15″—121°01′。东部与通辽市扎鲁特旗、开鲁县接壤，西与巴林左旗、巴林右旗为邻，南与开鲁县、翁牛特旗隔河相望，北和锡林郭勒盟西乌旗、东乌旗毗连。阿鲁科尔沁旗南北狭长最长达 232 千米，东西最宽约 114 千米，总面积为 14277 平方千米。阿鲁科尔沁旗苏木乡镇最新行政规划为 14 个乡（苏木）、镇，1 个办事处，245 个村（嘎查）。7 个镇分别为：天山镇、双胜镇、天山口镇、昆都镇、绍根镇、巴彦花镇、扎嘎斯台镇。3 个乡分别为：新民乡、先锋乡、乌兰哈达乡。4 个苏木分别为：罕苏木苏木、赛罕塔拉苏木、巴拉奇如德苏木、巴彦温都尔苏木。1 个办事处：天山办事处。阿鲁科尔沁旗总土地面积为 14277 平方千米，土壤以粟钙土为主占 36%，其次风沙土占 27%、黑钙土占 12%，其他不足 5%。阿鲁科尔沁旗耕地 155 万亩，其中旱坡地占 83%，水浇地占 17%。旗草原面积 1831 万亩，可利用面积 1560 万亩。阿鲁科尔沁旗发现的矿种有 40 多个，其中非金属矿产较为丰富，开采条件较好。如：石灰石、大理石、珍珠岩、膨润土、花岗石、叶蜡石、萤石、陶土、玄武岩等。金属矿产点较多，相对前期工作程度低，目前开发的有 2 处，做勘探工作的多处。能源矿产有煤、石油，年开采规模分别为 5 万吨和 12 万吨。

　　2015 年，地区生产总值达到 109 亿元、增长 8.7%，公共财政预算收入达到 3.48 亿元、增长 7.2%，城镇和农村牧区常住居民人均可支配收入分别达到 20738 元和 7390 元、增长 9% 和 8.2%。"十二五"阿鲁科尔沁旗地区生产总值突破百亿元大关，是"十一五"期末的 1.9 倍，公共财政预算收入是"十一五"期末的 2.9 倍，城镇和农村牧区常住居民人均可支配收入年均增长 12.4% 和 11.9%。累计引进旗外资金 239.4 亿元。金属矿山日处理矿石能力达到 2.42 万吨，粮食产量连续四年在 10 亿斤以上。"阿鲁科尔沁牛肉""阿鲁科尔沁羊肉""阿鲁科尔沁小米"成功注册国家地理标志证明商标，"阿旗草业"注册为集体商标。益民购物广场温州友谊商城等一批商贸项目建成使用。包行、邮储、工行等 3 家银行落户运营。蒙古汗廷音乐列入国家级非物质文化遗产。阿鲁科尔沁草原游牧系统被确定为中国重要农业文化遗产，该旗被命名为"中国草都"。

"十二五"期间城市总体规划修编完成，建成区 15 平方千米，全旗城镇化率达到 40.5%。城市建设投资 66 亿元，天元体育馆、博物馆、天山路、天元东街、益民路、和平西桥、天山西河和红星沟治理建设完成。实施棚改 27.5 万平方米、改造危房 1.2 万户，解决 8.5 万人的饮水安全问题。交通建设投资 13.2 亿元，建设桥梁 13 座，新建通村油（水泥）路 1156 千米，硬化街巷 1383 千米。新建 220 千伏变电站 2 座、66 千伏变电站 15 座。

第五节　科尔沁右翼中旗概况

科尔沁右翼中旗隶属于内蒙古自治区兴安盟。全旗辖 14 个苏木镇、工作部，总人口 25.7 万人，其中，蒙古族人口占总人口的 85%，是全区乃至全国蒙古族人口比例最高的少数民族聚居旗。科尔沁右翼中旗辖 6 个镇、9 个苏木：巴彦呼舒镇、高力板镇、吐列毛都镇、巴仁哲里木镇、好腰苏木镇、杜尔基镇，巴彦茫哈苏木、巴彦淖尔苏木、新佳木苏木、西日嘎苏木、代钦塔拉苏木、额木庭高勒苏木、巴扎拉嘎苏木、坤都冷苏木、哈日诺尔苏木。境内有：扎木钦管理区、布敦化铜矿管理区、孟恩套力盖银铅矿管理区、布敦化牧场、吐列毛杜农场。科右中旗历史悠久，人文璀璨，是中国古代北方少数民族历史活动舞台之一隅，东胡、匈奴、鲜卑、蒙古、突厥、霫、契丹、女真等民族曾在这里留下了历史的足迹。科尔沁，系蒙古族部落名，意为带弓箭的侍卫，蒙古语称西为右。元朝时为亲王封地。明代是科尔沁部游牧地。清崇德元年（1636 年）设置科尔沁右翼中旗。1969 年至 1979 年曾一度划归吉林省，1980 年复归兴安盟管辖。

科尔沁右翼中旗（简称科右中旗），位于内蒙古自治区东北部，地处大兴安岭南麓科尔沁草原腹地。境内有大小湖泊 78 个、大小河流 21 条，流域面积 11473 平方千米，年均流量 3.9 亿立方米。同时，境内已探明地下矿产有金、银、铜、铁、铝、铅、锌、煤、稀土、高岭土、硅石、叶蜡石、珍珠岩及建筑石材等二十余种；已查明的野生植物共有 6 种、279 属、566 种，药用植物有麻黄、甘草、防风、赤勺、桔梗、黄芩等 230 多种；野生动物有马鹿、野猪、狼、狍子、白鹳、丹顶鹤等近 200 种。其中，芦苇、山杏核等具有较高的经济价值，年产量达到 5000—10000 吨和 80 万—150 万千克，药材年产量达 1300 吨。

"十二五"期间，科尔沁右翼中旗地区生产总值由 31.1 亿元增加到 63.4 亿元，年均增长 15.3%；人均生产总值由 11828 元增加到 24624 元，年均增长 15.8%。公共财政预算收入由 0.99 亿元增加到 2.06 亿元，年均增长 15.8%。社会消费品零售总额由 13.4 亿元增加到 18.2 亿元，年均增长 6.3%。城镇常住居民人均可支配收入由 10513 元增加到 20018 元，年均增长 13.7%。农村牧区常住居民人均可支配收入由 3577 元增加到 7325 元，年均增长 15.4%。累计完成固定资产投资 396 亿元，是"十一五"时期的 3.2 倍。产业结构进一步优化，三次产业比例由 40.4∶26.1∶33.5 调整为 28.7∶37.9∶33.4。

2017 年末，全旗户籍总人口为 252762 人，同比下降 1.1%，其中非农人口 72504 人。在总人口中，少数民族人口为 222574 人，其中蒙古族人口为 218844 人，蒙古族人口占总人口比重为 86.58%。据 2017 年人口变动抽样调查资料测算，年末全旗常住人口 24.88 万人，出生率为 10.23‰，死亡率为 5.96‰，人口自然增长率为 4.27‰。城镇化率为 43.21%，比上年提高 0.91 个百分点。

第六节　鄂托克前旗概况

鄂托克前旗于 1980 年 8 月建旗，位于内蒙古自治区鄂尔多斯市西南部。境内主要由毛乌素沙地和鄂尔多斯梁地两大地貌构成，土地总面积 1.218 万平方千米。全旗辖 4 个镇，68 个嘎查村，总人口 7.5 万人，其中蒙古族人口约占总人口的 31%，是一个以蒙古族为主体，汉族占多数的少数民族地区。早在旧石器时期，鄂前旗就有人类活动。史料记载，鄂托克前旗地在夏朝，曾为北羌、熏、鬻、鬼方、猃狁、义渠、朐衍、匈奴、鲜卑、乌桓、羌等部族的游牧或驻牧地；自秦始，隶属北地郡、上郡、朔方郡、大夏幽州、灵武郡、灵州、宥州、研绥路、宁夏卫；明朝成化以后，蒙古族鄂尔多斯各部陆续进驻，鄂托克前旗为扣克特·锡巴固沁和乌拉特·唐古特部落的驻地；清初，将上属右翼诸部划为一旗，称鄂尔多斯右翼中旗；民国时期改为鄂托克旗，鄂托克前旗为鄂旗南境。1980 年 8 月 12 日，国发 208 号文件批准析鄂托克旗南部地分设鄂托克前旗，同时增设敖勒召其镇。同年 11 月 1 日与鄂托克旗分开办公。1983 年 7 月 15 日搬迁至敖勒召其镇。同年体制改革时，将牧区公社改为苏木，大队改为嘎查；农区公社改为乡，大队改为村。

鄂托克前旗位于内蒙古自治区西南部，地处蒙陕宁三省区交界，即北纬 37°44′—38°44′，东经 106°26′—108°32′交汇点附近。北与鄂托克旗相依；东与乌审旗相连；南与陕西靖边、定边两县及宁夏盐池县毗邻；西与宁夏陶乐县、灵武县接壤。鄂托克前旗总面积 1.218 万平方千米。煤炭主要分布在上海庙镇境内，与宁夏宁东煤田属同一煤系，石炭二叠纪和侏罗纪两种含煤地层同处一地，分布面积 4000 多平方千米，截至 2013 年已探明储量 142 亿吨，远景储量 500 亿吨以上。世界级整装天然气田苏里格气田 60%以上分布在鄂前旗境内，已探明储量 7000 亿立方米。紫花苜蓿资源丰富，种植面积达 35.7 万亩，年产干草 5425 千克。药材资源非常丰富，素有"药材之乡"的美称。编织类植物有：乌柳、沙柳、红柳、芨芨、沙竹等。野生动物有：草兔、沙狐、沙鸡、黄鼠狼、马艾虎、刺猬等。

"十二五"时期地区生产总值年均增长 17.3%，五年累计完成 535 亿元；公共财政预算收入年均增长 25.69%，五年累计完成 62.74 亿元，在全区 102 个旗县中排名第 23 位；固定资产投资年均增长 10.5%，五年累计投资是"十一五"时期的 5 倍；社会消费品零售总额年均增长 14.3%，五年累计完成 81.52 亿元。

"十二五"时期累计新增绿化面积 330 万平方米，人均绿地面积达到 35 平方米，常住人口城镇化率达到 57.8%，被命名为"国家卫生县城"，成功创建自治区园林旗。城乡统筹发展，昂素、城川小集镇面貌焕然一新，建成新型村庄 7 个，平层别墅 1200 套，建设转移农牧民住房 5521 套，3116 户农牧民稳定转移。累计完成基础投资 10 亿元，高等级公路从无到有，新增乡村柏油路 446 千米，全旗公路通车总里程 2400 千米，城乡路网结构全面优化。累计完成电力投资 13.97 亿元，新建 110 千伏及以上输变电工程 6 座、35 千伏变电站 7 座，配网新建和改造 3939 千米，农牧户通电率达到 98%。累计完成生态建设 78 万亩，水土保持治理 86 万亩，森林覆盖率和植被覆盖度稳定在 23% 和 46%。

　　2017 年末全旗常住人口为 7.15 万人，增长 0.4 %。其中，城镇人口为 4.27 万人。全年出生人口为 0.13 万人，出生率为 9.85‰；死亡人口为 0.06 万人，死亡率 8.4‰；人口自然增长率 1.45‰。城镇化率 59.72 %。年末户籍人口为 80346 人，城镇人口为 24024 人，农村人口为 56322 人。

第四章　蒙古族城镇化发展综合分析

第一节　蒙古族城镇化发展问卷调查分析

一　调研对象地区选取的基本情况

本次调研对象是已经城镇化的蒙古族农牧民和未城镇化的蒙古族农牧民。选取通辽市库伦旗、赤峰市阿鲁科尔沁旗、兴安盟科尔沁右翼中旗（科右中旗）、锡林郭勒盟苏尼特右旗（锡苏旗）、鄂尔多斯鄂托克前旗（鄂前旗）、阿拉善盟阿拉善右旗（阿右旗）作为调研地点，随机抽取调研对象。本次调研采取调查问卷方法，并整理调查问卷，进行数据总结，发现其中问题。此次调研，针对已城镇化蒙古族居民共发放 324 份调查问卷，针对未城镇化蒙古族居民发放 133 份调查问卷，全部为面对面交流填写，调研可信度高。

通辽市库伦旗的调研过程中，研究人员选择了东梁社区、皂户沁社区作为已经城镇化的蒙古族调研地区，而将白音塔拉（嘎查）作为未被城镇化的蒙古族调研地区。东梁社区是库伦旗内的一处低保户集中的社区，也被称为"东梁低保楼"，由于库伦旗北部地区草场沙漠化而导致生态移民工程的实施，这部分移民的蒙古族居民便搬迁到东梁社区中，因此东梁社区作为蒙古族城镇化进程中刚刚实现城镇化的部分，具有一定的时态效应和变迁轨迹，在调研中能体现出更多问题。皂户沁社区则是库伦旗内已城镇化的蒙古族居民聚居地，并且已存在多年，因此可以体现出库伦旗已城镇化的蒙古族居民在生活、习俗、文化等方面的状况。而白音塔拉，则是通辽市库伦旗内最为著名的嘎查之一，2000 户的家庭中包含着 6600 位居民，其中蒙古族居民 5242 人，约占 78%。因此，从人口分布上讲，白音塔拉是库伦旗内典型的未被城镇化的蒙古族聚居地区，其农牧业结合的方式也较有代表性。

锡林郭勒盟苏尼特右旗的调研过程中，研究人员选取了白音小区、杭盖社区孵化小区和乌日根塔拉巴彦敖包嘎查作为调研对象地区。白音小区的选择具有一定的代表性，白音小区的居民多为以前牧区内的牧民，由于朱日和训练基地设址在这些牧民的居住范围内，苏尼特右旗将这部分牧民全部迁往白音小区，因此白音小区作为刚经历城镇化的蒙古族聚居地区，具有一定的代表意义。而富华小区的蒙古族居民城镇化原因较为复杂，禁牧政策、随子女就学、养老等原因都有所涉及。因此在富华小区，蒙古族居民的城镇化现状和需求最为复杂和特殊。而乌日根塔拉镇巴彦敖包嘎查实行自愿整体搬迁政策以来，有 16 户牧民自始至终都没有搬迁，也有部分城镇化后返乡的农牧民，这些不愿城镇化的牧民以及返迁的牧民能够反映出当地政府在蒙古族城镇化过程中工作的不足和欠缺。

阿拉善盟阿拉善右旗调研过程中，研究人员选长山社区、满达社区、阳光社区、巴彦高勒苏木、阿拉腾朝格苏木、查干通格嘎查、额肯呼都格嘎查、阿日毛道嘎查等地区作为调研对象。这些地区是阿拉善右旗城镇化和未城镇化比较典型的代表，它们分布于巴丹吉林镇周边，由点及面辐射整个阿拉善右旗。诸如长山社区等城镇社区，多为农村牧区的拆迁社区，内部均为蒙古族居民，具有一定的城镇化动态特征。而诸如巴彦高勒苏木等牧区则是阿拉善右旗内典型的尚未被城镇化的地区，苏木内部居住分散，仍然保留着传统的牧区特征，并且在这些地区由于青壮年人口实现了城镇化，人口老龄化相对严重，具有显著的调查意义。

赤峰市阿鲁科尔沁旗调研过程中，研究人员选取了巴彦花镇的五一村、扎嘎斯台镇的查干诺尔嘎查、乌兰哈达乡的宏发村等地区作为调研对象。阿鲁科尔沁旗总土地面积 14277 平方千米，辖 14 个苏木乡镇、2 个街道办事处、245 个嘎查村，总人口 30 万，其中蒙古族近 12 万。蒙古族人口占常住人口的三分之一以上，所选地区均为蒙古族较为聚集的地区。现有高格斯台罕乌拉、阿鲁科尔沁湿地 2 个国家级自然保护区，区内植被茂盛，野生动植物资源丰富。北部蒙古族牧民一直延续着"逐水草而居"的传统游牧习惯，根据季节变化、雨水丰歉和草场长势安排游牧线路，是全国现存唯一一处保留完好的原生态草原游牧区。将蒙古族城镇化作为典型研究对象，充分体现了蒙古族聚集的民族地区城镇化的必要性。

兴安盟科尔沁右翼中旗调研过程中选取巴彦哲里木镇呼斯楞社区、索根嘎查，杜尔基镇的敖日格勒社区、巴彦乌拉嘎查等地区作为调研对象。所选地区近年来积极引导第二、第三产业向城镇及周边集聚。支持农畜产品加工、商贸物流等特色小城镇创建，培育一批规模大、主导产业突出、核心企业竞争力强以及对区域经济、相关产业和农牧民增收辐射带动作用大的农畜产品加工物流园区，形成产业集聚融合发展的示范区、先行区。全面放开城区人口 100 万以下城市和建制镇落户限制，引导 40 万左右农牧民就近城镇化，稳步推进农牧业转移人口和其他常住人口落户城镇，并且建立了城镇建设用地增加规模同吸纳农牧业转移人口落户数量挂钩机制。

鄂尔多斯鄂托克前旗调研过程中选取敖勒召其镇赛罕社区、满都拉社区、巴朗庙村等地区作为调研对象。多年来所选地区的经济发展一直受困于城乡二元体制，最典型的是城市乡村。在户籍制度、劳动就业制度、农村土地使用制度、社会保障制度、教育制度和金融信贷制度等方面的存在差异，而正是这些在政策和制度上的差异导致城乡问题产生，成为城乡发展不协调的根源。伴随着国家对农村体制的改革，这些束缚城乡经济发展的体制反而成为城乡统筹发展的关键和突破点。因此对所选地区进行调查研究有利于促进城镇公共服务向农村延伸，改善农村公共服务设施，加快教育、医疗、福利、文化等社会事业发展，完善农村社会保障制度和新型农村合作医疗制度，推动蒙古族城镇化全面发展。

二　蒙古族已城镇化受访者问卷调研分析

为保证调研结果的科学性以及不同人群对蒙古族城镇化的满意程度，在问卷的发放中，尽量平衡男女性别比例。针对已城镇化的群体共发放问卷 324 份，男性受访者 161 人，占比 49.7%；女性受访者 163 人，占比 50.3%。所针对的受访者性别分布基本均衡，这能够更好地分析、反映相关问题。见图 4.1。

城镇化进程中，不同年龄阶段所面临的压力不同，对于城镇化的理解

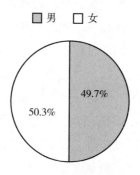

图 4.1　蒙古族已城镇化受访者性别分布

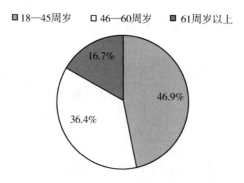

图 4.2　蒙古族城镇化受访者年龄分布

与看法也不尽相同。此次调研在问卷的基础上，针对不同的年龄群体进行了深度访谈，以保证此次调研能够真正了解到蒙古族城镇化的进展情况。此次调研中我们发现，城镇化过程中老龄化现象严重，受访老年人比例高达 16.7%，许多老年人因为年龄、身体等不具备劳动能力，收入方面更多依靠政府政策相应的补助或养老金维持生活；中青年是城镇化进程中的主要力量，他们对城镇化进程中的各种看法与态度直接影响到城镇建设未来的发展与方向。蒙古族城镇化调研中针对已城镇化的群体 18—45 周岁的受访者 152 人，占比 46.9%；46—60 周岁的 118 人，占比 36.4%；61 周岁以上的 54 人，占比 16.7%。

此次调研，对回收的问卷进行了整理与分析，已城镇化的受访者中初中及以下学历的受访者高达 53.1%，这其中大部分为老年人，以及从牧区搬到城镇生活的牧民，在问卷过程中出现了部分受访者不识字或汉语沟通不流利的现象，为保证调研结果的科学性以及针对性，调研人员针对不

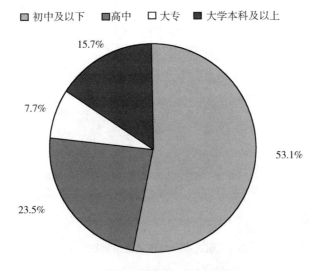

图 4.3　蒙古族已城镇化受访者学历分布

识别汉语的蒙古族群众发放了蒙语问卷。接受高等教育的受访者仅占比
15.7%，大多数已城镇化的居民学历不高。在后续的问卷中我们发现，这
部分群体也成为城镇化后无法找到合适工作的重要原因之一。此次调研
中，已城镇化的受访者中初中及以下学历172人，占比53.1%；高中学历
76人，占比23.5%；大专学历25人，占比7.7%；大学本科及以上学历
51人，占比15.7%。

　　此次调研问卷基本涵盖了各个行业的受访者，每位受访者都对新型城
镇化有自己切实的感受，并通过各自的行业看到蒙古族城镇的变化。
33.3%的无业受访者中大部分为女性，调研员在走访的过程中发现，这些
女性大多刚刚生育或照顾孩子上学、赡养老人等，是全职家庭主妇；还有
一部分无业受访者因为在牧区不再从事放牧、养殖等工作，来到城镇生活
后缺乏生活技能，又因为这部分群体学历较低，体力劳动收入较少，所以
大多处于失业状态；其中部分无业受访者为老年人，主要依靠政府的补贴
或养老金生活。由于城镇化的影响，各行各业自主经营的人也在不断增
多，有9.9%的受访者为自主创业者。自主经营的个体大多集中于物流、
农家乐、羊绒羊毛加工等行业，不仅带动了当地经济发展，自身的生活水
平也得到了提升；9.6%的非正式工作群体大多因为城镇就业岗位不足，
其中年轻的受访者大多属于社区民生、大学生西部计划等服务项目，服

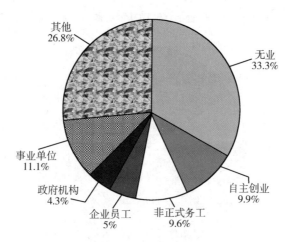

图 4.4　蒙古族已城镇化受访者职业情况

务期满后工作依旧不稳定，其余的非正式工作群里属于没有正式工作，在镇上打零工生活，经济收入不稳定，经常更换工作；15.4%在政府、事业单位工作的受访者工作比较稳定，工资待遇较高；还有26.8%的受访者选择其他选项，一部分受访者在教育部门或社区工作，有着自己独特的行业性质，这部分受访者比较受人尊重，贴近基层同时工资水平较高；一部分为进城务工的农民工，没有固定的工作地点；还有部分下岗工人，再就业问题一直没有解决；剩下的一部分属于服务行业的从业者，这部分人群属于第三部门，做公益活动或在民办非企业单位工作。综上，拥有正式、稳定收入来源的人群较少，大部分人群处在温饱的边缘。此次调研中，已城镇化受访者无业人数为108人，占比33.3%；自主创业32人，占比9.9%；非正式务工31人，占比9.6%；企业员工16人，占比5%；政府机构工作人员14人，占比4.3%；事业单位工作人员36人，占比11.1%；其他87人，占比26.8%。

此次调研中，已城镇化的受访者不仅包括农牧区户口的受访者，还包括非农牧区户口的受访者，户籍已经不再成为限制农牧民生活居住地点选择的主要条件，63%牧区户籍的受访者搬入城镇生活多年，同时享受城镇公共服务，包括教育、医疗等，但依旧是农牧区户口；37%的受访者为城镇户口，由于近年来开展的城镇化建设，使得这部分受访者能够明显感受到城镇建设和发展带来的巨大变化，是城镇化的受益者。已城镇化的受访

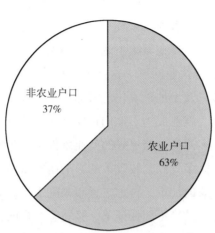

图 4.5　蒙古族已城镇化受访者户籍情况

者中农业户口 204 人，占比 63%；非农业户口 120 人，占比 37%。

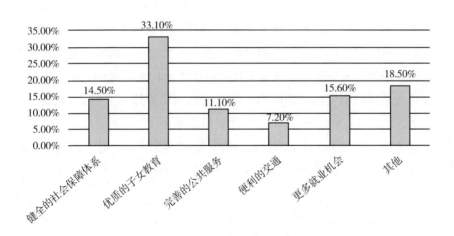

图 4.6　蒙古族已城镇化受访者选择城镇生活的原因

　　城镇不仅拥有完善的公共服务，而且还有宜居的生活环境、便利的交通等；而城镇化致力于优化资源配置、调整经济结构、完善基本公共服务，着力提升当地居民的生活幸福指数。14.5% 的受访者来到城镇生活是因为城镇良好的社保体系，阿拉善右旗、苏尼特右旗不仅完善了城镇居民的社会保障体系，同时也实现了农牧区农牧民的社保全覆盖，让更多的农牧民享受到了社会发展与改革开放的成果；33.1%的受访者选择城镇生活的重要原因是因为城镇中有良好的教育条件，由于苏木、嘎查中小学校的合并或拆除，上学成为了农牧民家长主要考虑的问题，许多家庭为了子女能够接受良好的教育，选择在城镇生活；15.6%的受访者群体来到城镇居住生活的最重要原因是就业问题，这部分群体大多集中在 18—45 周岁，随着禁牧政策的实施以及土地荒漠化现象加重，许多年轻人不能再继续从事农牧业相关的行业，就业成为了他们首要考虑的问题。选择来到城镇生活，是因为城镇有更多的机会与更好的就业条件；18%的受访者选择其他选项，这部分受访者大多受到禁牧政策的影响而到城镇生活，生态环境比较脆弱与土地沙化现象的加重，再加之近年来降水量的减少，草场上基本只见砂石，草量很少，已经不能保证羊、骆驼等牲畜的日常食草量，很多草场已经并不再适合放牧，内蒙古自治区实行禁牧政策，以解除因放牧对植被产生的压力，改善植物生存环境，促进植物恢复生长；18.3%的受访者选择城镇生活是因为城镇有着良好的公共服务与便利的交通条件，随着城镇化建设的不断推进，许多城镇修建了广场、公园等居民休闲场地，城市环境道路干净整洁，社会治安良好，到政府、社区办事情都比较方便，并且拥有电影院、体育馆等基础设施，为市民文化生活增添了色彩，基本公共服务的便利成为吸引农牧民禁牧后进城生活的重要原因之一。已城镇化受访者选择城镇生活的原因中，健全的社会保障体系共有 52 人选择这个答案，占比 14.5%；119 人选择优质的子女教育，占比 33.1%；40 人选择完善的公共服务，占比 11.1%；26 人选择便利的交通，占比 7.2%；选择更多就业机会的 56 人，占比 15.6%；66 人选择其他选项，占比 18.5%。

通过对受访者的调研发现，此次受访者认为自己收入提高的占比39.6%，认为自己收入比之前降低的占比 27.2%，认为自己收入基本没什么变化的占比 13.1%，此次也对提高的额度以及降低的额度也进行了调研。调研发现，增加的额度集中在 1000—5000 元，降低的额度集中在20000—50000 元，通过实地走访发现，城镇化让许多农牧民进城生活，部分农牧民进城后找对了路子、发现了商机快速致富，但是有些农牧民的收入受到了影响，没有找到新的合适的工作，只能依靠政府补贴、存款、借债生活；同时也有 13.1%的农牧民的收入没有受到影响；总体来说，

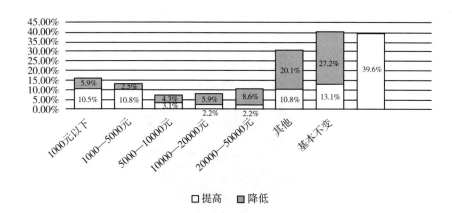

图 4.7　蒙古族已城镇化受访者城镇化后收入变化

城镇化让农牧民享受到城镇基本公共服务的同时，也相对提升了大部分群体的生活水平，但是部分地区在城镇化过程中民生问题解决的不够彻底，许多关系群众民生的政策没有落到实处。已城镇化的蒙古族受访者中，收入提高 1000 元以下 34 人，占比 10.5%；提高 1000—5000 元 35 人，占比 10.8%；提高 5000—10000 元 10 人，占比 3.1%；提高 10000—20000 元 7 人，占比 2.2%；提高 20000—50000 元 7 人，占比 2.2%；提高其他额度 35 人，占比 10.8%。降低 1000 元以下 19 人，占比 5.9%；降低 1000—5000 元 8 人，占比 2.5%；降低 5000—10000 元 14 人，占比 4.3%；降低 10000—20000 元，占比 5.9%；降低 20000—50000 元 28 人，占比 8.6%；降低其他额度 65 人，占比 20.1%。收入基本没有变化 127 人，占比 13.1%。

在此次调研的受访者中，76.2%的受访者表示自己拥有一套以上的住房，住房问题已经不再是影响生活质量提升的主要问题，23.8%的受访农牧民表示自己没有住房。通过走访发现，有一些农牧民因为城镇住房拆迁，拆迁补偿款项或新建房屋未到位；有一部分牧民是因为进城时年纪较大，没有再另行购买房屋，而是选择与子女居住；还有一部分农牧民因为生活困难，租住在城镇中，生活较为艰辛，无力购买房屋。总体来说，城镇化基本实现了大部分居民的"住有所居"，但同时也不能忽视部分牧民生活确实困难的事实。蒙古族已城镇化的受访者没有住房的 77 人，占比 23.8%；拥有 1 套住房的 225 人，占比 69.4%；拥有 2 套住房的 15 人，

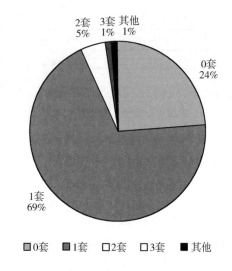

图 4.8　蒙古族已城镇化受访者城镇住房情况

占比 4.6%；拥有 3 套住房的 3 人，占比 0.9%；拥有其他住房数量的 4 人，占比 1.3%。

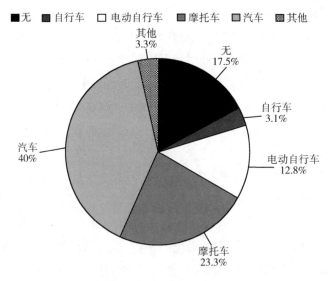

图 4.9　蒙古族已城镇化受访者拥有交通工具的情况

　　根据实地调研发现，蒙古族城镇化后汽车保有量较高。针对受访人群来说，40% 的受访人群拥有汽车，出行较为方便；39.2% 的受访群体表示出行依靠自行车、电动车、摩托车等交通工具，相对较方便；但是有17.5%的受访者表示自己没有交通工具，这部分受访群体年龄集中在60周岁及以上，由于没有交通工具，这些老年人出行只能依靠步行，极不便利，但在几个调研城镇中，公共交通并不方便，公共交通设施缺乏。此次调研中，没有交通工具63人，占比17.5%；自行车拥有者11人，占比3.1%；电动车拥有者46人，占比12.8%；摩托车拥有者84人，占比23.3%；汽车拥有者143人，占比40%；其他13人，占比3.3%。

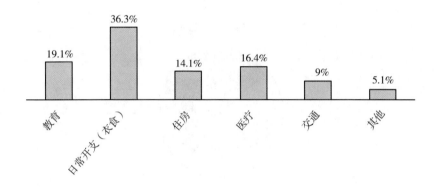

图 4.10　蒙古族已城镇化受访者城镇化后家庭支出变化

由图4.10可以看出，蒙古族已城镇化的受访者在城镇化后支出最多的选项为日常开支，城镇消费水平较高，36.3%的受访者表示日常支出是家庭支出的主要支出；19.1%的受访者表示教育支出是家庭支出的最主要的方面，通过走访发现，这些城镇如阿拉善右旗现在已经实行了15年义务教育免费，但是随着家长越来越重视教育，对课余时间的教育投入较高，导致教育支出成为了这部分家庭中最主要的支出；16.4%的受访者表示医疗支出是现阶段家庭支出最主要的支出。通过走访发现，这部分家庭大多集中于家中有老人的家庭，虽然阿拉善右旗、苏尼特右旗已经实现了医疗保险全覆盖，库伦旗部分地区实现了医疗保险全覆盖，但因为只有住院才报销，所以针对一些慢性病来说，买药支出成为了家庭支出中最重要的部分；14.1%的受访者表示住房支出成为了家庭的主要支出，这部分受访者大多没有住房，租住在城镇中，加重了生活的负担；仅有9%的受访者表示自己在城镇化后交通支出所占比例较大，城镇公共交通不发达，汽车保有量不足，使得这部分群体出行困难。5.1%的受访者表示自己现阶段最大的支出是其他支出。通过走访发现，城镇化后城镇中各种机会增多，许多人自己投资进行自主创业与产业经营，对于相关产业的投入、投资成为了支出中的最主要的部分。受访者城镇化后家庭支出的变化，日常开支（衣食）答案入选率 36.3%，137 份问卷；教育选项入选率 19.1%，72 份问卷；医疗选项入选率 16.4%，62 份问卷；住房选项入选率 14.1%，53 份问卷；交通选项入选率 9%，34 份问卷；其他选项入选率 5.1%，19 份问卷。

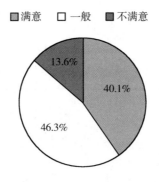

图 4.11　蒙古族已城镇化受访者对目前生活满意情况

课题组对受访者目前的城镇生活的满意度进行了调研，居民生活满意度体现着城市发展的宜居程度、人性化与现代化的程度，对构建和谐社会、创建文明、宜居城市具有重要意义。根据图 4.11 的数据显示，满意与一般满意的受访者占到此次调研的受访者总数的 86.4%，46.3% 的受访者表示自己对目前的生活感到一般满意，虽然城市建设、民生改善等还存在着问题，但是相信政府能够解决；不满意的虽然仅仅只占很少的一部分，但是政府也不能忽略这部分人的感受，这部分受访者大多因为经济收入无法保障、各方面的基本公共服务无法享受，政府在改善民生、提升居民满意度还有较大上升空间。蒙古族已城镇化受访者对目前生活满意的人数为 130 人，占比 40.1%；一般满意 150 人，占比 46.3%；不满意 44 人，占比 13.6%。

通过调研发现，在蒙古族城镇化过程中，已城镇化的受访者在就业过程中政府给予帮助的占比 40.4%，政府大多通过开设技能培训班等方式来帮助到城市中生活的农牧民获得生存技能，帮助他们获得经济收入，尽

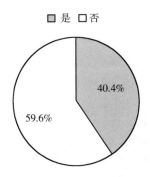

图 4.12　蒙古族已城镇化受访者在就业中政府是否给予帮助

快适应城市环境生活。还有部分地区政府通过创业产业孵化园等方式，提供场地，减免税收、提供贷款，帮助大学毕业生、下岗再就业、失地农牧民等提供创业的相关条件；但是 59.6%的受访者表示自己在就业的过程中政府没有提供帮助或提供帮助过于简单，并没有使自己获得真正在社会中生存的技能，还有一些受访者表示虽然自己接受了再就业培训，但是由于培训完毕后，无法获得各种就业信息，依旧没有工作，在家待业，这种现象在库伦旗等旗县十分普遍。政府对就业扶持的力度不够，是这部分人就业困难的重要原因。在此次调研中，政府提供就业帮助的受访者 131人，占比 40.4%；政府未提供就业帮助的受访者 193 人，占比 59.6%。

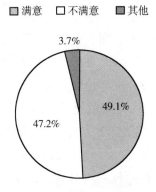

图 4.13　蒙古族城镇化已城镇化受访者对城镇规划的满意程度

从问卷中发现，49.1%的受访者对于城镇化后的城镇设计还算满意，城镇设计基本上满足了人们日常生产生活的需要，城镇规划有行政区域、

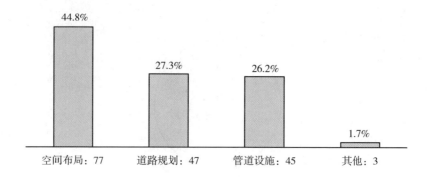

44.8%

27.3%　　　26.2%

1.7%

空间布局：77　　道路规划：47　　管道设施：45　　其他：3

图 4.14　蒙古族已城镇化受访者对城镇设计不满意的原因

餐饮商业区域、市民文化活动区域等，规划较为全面，方便城镇居民出行、上班与购物等，部分地区的城市规划还融入了蒙古族文化元素的特点，让城市更加具有民族文化魅力。但也有 44.8% 的受访者认为城镇规划不合理，有需要改进的地方，其中 44.8% 的问卷选择了空间布局不合理，规划时还是以最初城镇的布局进行规划，但是随着城市功能的增多，许多功能区需要扩展，使得原本功能区的空间变得狭小拥挤。27.3% 的问卷选择了道路规划不合理，随着经济的发展，汽车保有量的增加，许多家庭的汽车拥有量在一台以上，这就对原本不宽的道路造成了拥堵，尤其在早晚上下班时间，堵车现象时有发生，给生活在城镇中的居民带来不便。剩下的 26.2% 的问卷选择了管道设施铺设不合理，需要政府对于城市的下水管道等基础设施建设再多下功夫，雨雪天气由于下水管道设施不完善，容易出现城市内涝等灾害。剩下 1.7% 的问卷答案选择了"其他"这个选项，在调研员询问具体原因时表示现阶段由于许多苏木、嘎查的中小学被合并或拆除，教育资源分配不均衡，上学不方便，家庭对于教育投入太大。此次调研中，159 人认为城镇设计合理，占比 49.1%；153 名受访者认为城镇设计不合理，占比 47.2%；12 名受访者选择了其他，占比 3.7%。在不合理的选项中，77 个选项选择了空间布局不合理，占比 44.8%；47 个选项选择了道路规划不合理，占比 27.3%；45 个答案选择了管道设施不合理，占比 26.2%；3 个答案选择了其他，占比 1.7%。

　　从图 4.15 中看出，城镇化后对于到城镇中生活的农牧民来说，生活方式的差异是最显著差异，虽然现在生活在草原上的牧民不再是逐水草而居，但是依旧会在春秋之际倒换牧场，城镇化使这些牧民来到城镇生活，

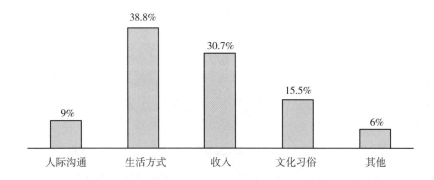

图 4.15　蒙古族已城镇化受访者的现生活与原生活的差异

远离了牧场与牲畜，对于城镇中的现代化与快节奏并不是非常适应，在走访的过程中，生活在城镇中的农牧民纷纷表示，来到城市中最舍不得的是羊和骆驼以及草原生活环境；收入水平的变化差异也尤为显著，城镇有着与牧区不一样的生产经营方式与消费习惯，很多受访者表示城镇中需要花钱的地方比生活在牧区要多，这对于到城镇生活中的农牧民的感触是巨大的；15.5%的问卷显示文化习俗与原来的牧区生活有所差异，牧区的节日庆祝、文化活动比较传统，并且具有强烈的归属感，但是现在搬到城镇中生活，社区虽然也会经常举办各项各类活动，但是由于人数较多，仪式大于内容，众多农牧民并不能感觉到强烈的归属感；9%的问卷表示之前在牧区生活比较独立，方圆几十里就一户人家，互相之间往来较少，现在来到城镇生活人际关系比较复杂，相比之前在牧区生活的人际关系现阶段适应起来比较困难；剩余6%的问卷选择"其他"选项，在走访的过程中了解到，这部分农牧民表示生活与之前相比并没有什么差异，虽然生活在城镇中生活琐事增多，但是比生活在牧区更加方便。此次调研中，选择生活方式的问卷 125 份，占比 38.8%；选择收入差异的问卷 109 份，占比 30.7%；选择文化习俗的问卷 55 份，占比 15.5%；选择人际沟通的问卷 32 份，占比 9%；选择其他的问卷 34 份，占比 6%。

　　根据调研发现，65.7%的受访者表示自己来到城镇中生活已经建立了朋友圈，日常生活并不孤单；而 34.3%的受访者表示自己还未在城镇中建立朋友圈，对于融入城镇生活有一定的困难，要想快速适应城镇生活，还需要政府努力，创造条件，帮助这部分农牧民尽快找到归属感，快速适

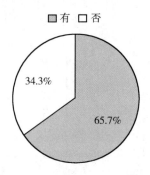

图 4.16　蒙古族已城镇化受访者在城镇中拥有朋友圈的情况

应城镇生活，开展相应的学习和工作。对于该问题，213 人选择在城市中已经建立了朋友圈，占比 65.7%；111 人选择了在城市中还未建立朋友圈，占比 34.3%。

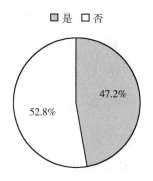

图 4.17　蒙古族已城镇化受访者所在城镇是否有非正式组织情况

　　根据图 4.17，其中 47.2% 的受访者表示在自己生活的社区有相应的非正式组织，例如广场舞队、歌唱队等，社区活动也比较丰富多彩；52.8% 的受访者表示自己的周围并没有相应的非正式组织，对一些社区举办的社区活动，受访者表示自己并不知情。对于该问题，153 人生活的社区有非正式组织，占比 47.2%；171 人生活的社区没有非正式组织，占比 52.8%。

　　根据调研发现，近半数的受访者表示自己愿意参与到这些非正式组织当中，但是也有 50.3% 的受访者表示自己并不愿意参与到这些非正式组织当中。部分老年人表示由于自己腿脚不灵便，身体健康状况较差，身体

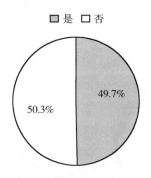

图 4.18　蒙古族已城镇化受访者参加社会组织的意愿

素质不允许自己参与相应的活动；部分年轻人表示自己平日工作比较忙，闲暇时间更多的是陪伴家人，对社区活动并不感兴趣也没有时间参加，并且表示一些社区活动的举办流于形式，并不能真正地适合年轻人提升自我或休闲娱乐。对于蒙古族城镇化受访者参加社会组织的意愿，161 人愿意参与相关的社会组织，占比 49.7%；163 人表示自己对社会组织并不感兴趣，占比 50.3%。

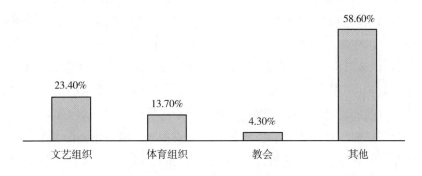

图 4.19　蒙古族已城镇化受访者居住的社区举办活动的情况

在已城镇化的社区中，44.1%的受访者表示自己生活的社区经常举办活动，通过对受访者与社区工作人员的交谈对比发现，部分地区的社区活动举办的还是比较好的，活动类型多、内容丰富，不仅有歌唱、乐器、舞蹈等比赛、演出，还有棋牌、乒乓球、羽毛球等活动，但是参与的人员大多是中老年人，青年人参与度较低；49.4%的受访者表示自己生活的社区缺乏各种活动，相应的基础设施配套也不够完善，同时缺乏相应的了解渠道；部分群众表示自己有组织活动的想法但是缺乏向社区反映的渠道。蒙古族已城镇化受访者居住的社区经常参加活动的 143 人，占比 44.1%，不经常参加活动的占比 49.4%，160 人；不清楚的占比 6.5%，21 人。

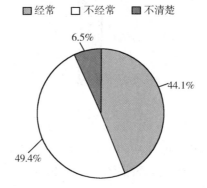

图 4.20　蒙古族已城镇化受访者参加社区活动的情况

从图 4.21 中我们可以看到，按顺序排列分别是文艺类（26.8%）、体育类（21%）和棋牌类（12%），歌舞乐器依旧是居民愿意参加的活动，选择体育类的活动者大多从健康的角度出发，棋牌类活动是一些不擅长歌舞、腿脚不灵便的居民愿意参加的项目。在走访中我们也发现，部分社区还建有棋牌室，有专门的工作人员负责管理；不感兴趣的受访者（25.7%）表示自己工作比较忙或由于身体原因，参加各类活动比较少；选择"其他"选项（15.5%）的受访者表示社区现阶段举办的活动不能够满足自己的要求，希望能够有一些培训或自我提升的活动，如可以举办一些股票投资、技能提升的讲座等活动。蒙古族已城镇化受访者参加社区活动类型的意愿不感兴趣的人数为 88 人，占比 25.7%；文艺类答案的入选 92 份，占比 26.8%；体育类答案入选 72 份，占比 21%；棋牌类答案入选 41，占比 12%；其他答案入选 49 份，占比 15.5%。

社会保险是民生问题的基础，蒙古族已城镇化受访者拥有社会保险的人数占总人数的七成，其中阿拉善右旗、苏尼特右旗实现了社会保险的全覆盖，库伦旗部分地区实现了社会保险全覆盖，剩下的一部分地区由于政策执行不到位、社保资金缺乏等原因，社会保险的覆盖面并没有达到 100%。

根据图 4.22 我们看到，48.1% 的受访者表示蒙古族文化的传承并没

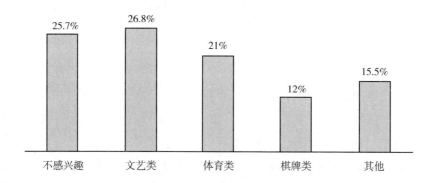

图 4.21　蒙古族已城镇化受访者参加社区活动类型的意愿

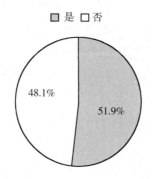

图 4.22　蒙古族城镇化后对蒙古族文化传承的影响

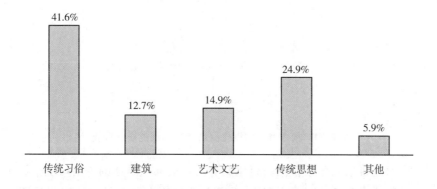

图 4.23　蒙古族已城镇化受访者认为蒙古族文化传承缺失方面

有因为城镇化而受到影响，51.9%的受访者表示蒙古族文化的传承因城镇化而受到了影响，具体的方面可以根据图中得出，由于城镇化的影响，传统习俗（41.6%）与传统思想（24.9%）所受到的影响最大。受访的农牧民纷纷表示，城镇对于蒙古族文化的弘扬与传承较农牧区还有所差别，城镇的生活方式与生产方式与农牧区不同，环境的改变也影响了思想的改变；选择"其他"选项（5.9%）的受访者表示受影响最大的是语言，城镇化的发展使得蒙古语言的使用场合在减少，日常交流大多使用汉语，蒙古语流失比较严重；在艺术文艺方面（14.9%）受访者表示一些大草原上的服饰、歌曲、舞蹈等与城镇差距很大，这部分的艺术文艺在来到城市居住后由于很少接触正在慢慢失传，有很多家长表示，为了让自己的子女学习本民族的文化，会让孩子在蒙小读书，接受蒙古族文化的熏陶；在建筑方面（12.7%），在走访的过程中发现，除阿拉善右旗的城镇规划与城镇建设带有浓郁的蒙古族文化特点，其他地区的城镇建设都属于现代化建设，城镇规划与建设的过程中缺乏具有民族特点的建筑。认为蒙古族城镇化后对蒙古族文化传承产生影响的有168人，占比51.9%；认为没有受到影响的148人，占比48.1%。其中影响最大的是传统习俗，92人选择了该选项，占比41.6%；55人选择了传统思想，占比24.9%；33人选择了艺术文艺，占比14.9%；28人选择了建筑，占比12.7%；其他选项的13人，占比5.9%。

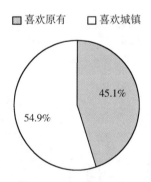

图 4.24　蒙古族已城镇化受访者最喜欢的居住环境

　　根据调研结果显示，已城镇化的受访者最喜欢居住的生活环境中城镇占比54.9%，优质的教育条件、完善的基本公共服务设施、便捷的交通等是吸引受访者选择城镇生活的重要原因，而将近有45.1%的受访者表示原有的生活环境好，在空气质量、居住空间、人际交往等方面农牧区生活更惬意一些，城镇生活节奏快、开销多等是这部分受访者不喜欢城镇生活的重要原因。喜欢城镇生活环境的 178 人，占比 54.9%；喜欢原有生活环境的 146 人，占比 45.1%。

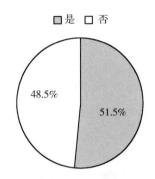

图 4.25　蒙古族已城镇化受访者返乡意愿

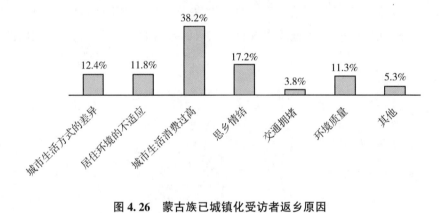

图 4.26　蒙古族已城镇化受访者返乡原因

根据图 4.25 显示，在调查返乡意愿时，竟有 51.5% 的受访者表示愿意返乡，排在前三位的原因是：城市生活消费过高（38.2%）、思乡情结（17.2%）、生活方式的差异（12.4%），这部分受访者表示，由于到城镇中生活，没有了放牧养殖的收入使得他们在城镇生活非常困难，城镇生活各项开支较多，而进城的农牧民又缺乏相应的工作技能，没有稳定的收入来源使得在城镇的生活步履维艰；再加上远离家乡，思乡情结深厚，生活方式的改变使得这部分受访者更愿意返乡；城镇居住空间小，楼上楼下之间并不像在农牧区那样亲热，人际关系比较复杂，同时又由于城镇工业发展，空气污染严重让这部分受访者更加愿意回到农牧区去；选择其他选项

（5.3%）的这部分受访者大多数的年龄段在 18—44 周岁之间，他们更愿意回到农牧区发展畜牧业，挣得更多的收入，认为农牧区有着比城镇更好的挣钱机会。在返乡意愿中，167 名受访者表示愿意返乡，占比 51.5%；157 名受访者表示不愿意返乡，占比 48.5%。在返乡原因调研中，71 份问卷选择了城镇生活消费过高，占比 38.2%；32 名受访者选择了思乡情结，占比 17.2%；23 人选择了城镇生活方式的差异，占比 12.4%；22 份问卷选择了居住环境的不适应，占比 11.8%；21 份问卷选择了环境质量，占比 11.3%；10 份问卷选择了其他，占比 5.3%；7 份问卷选择了交通拥堵，占比 3.8%。

第二节　蒙古族未城镇化受访者调查问卷分析

此套调研问卷针对蒙古族未城镇化的受访者，被调研者性别比例上基本上分布均匀，能够保证此次城镇化调研的数据的科学性，为之后问题的分析奠定基础。其中，男性 84 人，占比 63.2%；女性 49 人，占比 36.8%。

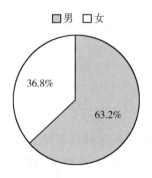

图 4.27　蒙古族城镇化未城镇化受访者性别分布

此次调研对生活在农牧区的未城镇化的受访者年龄分布基本均衡，这对其他问题的分析奠定了基础，可以更好地了解到每个年龄段对于城镇化以及牧区相关情况的了解。同时在走访时发现，牧区老龄化现象严重，大多老年人在牧区生活缺乏基本生活保障，医疗卫生条件较差。此次调研中，18—45 周岁的受访者 53 人，占比 39.8%；46—60 周岁 50 人，占比 37.6%；61 周岁以上的受访者 30 人，占比 22.6%。

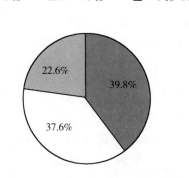

图 4.28 蒙古族未城镇化受访者年龄分布

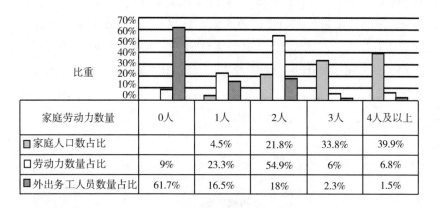

家庭劳动力数量	0人	1人	2人	3人	4人及以上
☐家庭人口数占比		4.5%	21.8%	33.8%	39.9%
☐劳动力数量占比	9%	23.3%	54.9%	6%	6.8%
■外出务工人员数量占比	61.7%	16.5%	18%	2.3%	1.5%

图 4.29 蒙古族未城镇化受访者家庭人口、劳动力数量、外出务工人员数量

根据图 4.29，蒙古族未城镇化受访者中家庭人口数 1 人的仅占 4.5%，这部分人群大多是独居老人，这样的家庭大多属于独居老人家庭，子女不在身边或老伴去世，这样的独居家庭属于少数，但是在社会中问题却很多，隐患大，孤寡老人的生活问题、安全健康问题是老龄化社会所必须考虑的问题；未城镇化的受访者的家庭大多在两人及两人以上，大多数家庭为核心家庭或主干家庭，这样的家庭结构模式属于比较传统的家庭结构模式，能够快速适应草原放牧生活的生产、迁徙等；放牧、养殖等需要的劳动力较多所以大多数家庭劳动力均在 1 人及 1 人以上。9% 的受访者表示家中无劳动力，通过询问发现，一部分由于年纪比较大，已经领取了政府的退休金或政府补贴等，能够安心颐养天年；另一部分虽然暂时没有工作，但是依靠政府退牧还草或生态公益项目领取了补贴，可以维持日常生活开支。61.7%的受访者表示家中无外出务工人员，大多未城镇化的农牧民依靠传统的种植业或畜牧业可以获得收入，近年来，由于牛羊肉价格下跌，加之中间商收取大部分差价，导致农牧民收入偏低，许多农牧民养牛羊都处于亏损状态，往往是养了一年，却没有收入，生活非常艰辛，而家庭由于入不敷出，需要家中有劳动力到周边大城市打工获得收入，以满足家中的各项支出。在此次调研中，家庭人口数量1人的受访者6人，占比4.5%，家庭人口数量2人的受访者29人，占比21.8%；家庭人口数量3人的受访者45人，占比33.8%；家庭人口4人及以上的受访者53人，占比39.9%。家庭无劳动力12人，占比9%；家庭中劳动力数量1人的受访者31人，占比23.3%；家庭中劳动力数量2人的受访者73人，占比54.9%；家庭劳动力3人的受访者8人，占比6%；家庭劳动力4人及以上的受访者9人，占比6.8%。家中无外出务工人员的家庭受访者82人，占比61.7%，家中外出务工受访者22人，占比16.5%；家中2人外出务工受访者24人，占比18%；3人以上外出务工3人，占比2.3%；4人及4人以上外出务工2人，占比1.5%。

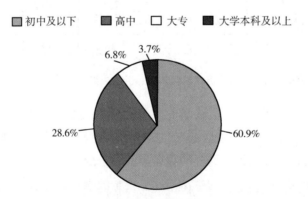

图4.30　蒙古族未城镇化受访者文化程度

　　在蒙古族城镇化未城镇化的受访者中普遍学历偏低，60.9%受访者仅有初中及以下文化，拥有大专及以上的人数仅占总人数的10.5%，在牧区受教育程度偏低并且年龄偏低的现象较为突出。受访者中拥有初中及初中以下文化水平81人，占比60.9%；高中文化38人，占比28.6%；大专9人，占比6.8%；大学本科及以上5人，占比3.7%。

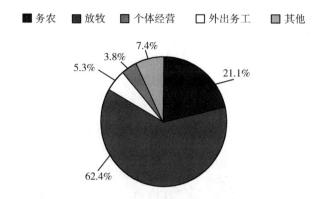

图 4.31 蒙古族未城镇化受访者家庭收入来源

通过实地调研走访，蒙古族未城镇化受访者 62.4%的家庭收入来源依靠传统放牧；21.1%的受访者依靠务农获得收入，放牧与务农收入仍旧是未城镇化农牧民的主要收入来源，虽然现在许多草场实行了禁牧政策，但依旧有部分牧民通过圈养等方式，继续依靠畜牧业取得收入；7.4%的受访者选择"其他"选项，这部分受访者由于所生活的地区的草场自然环境恶劣，国家实行禁牧相关政策，以促进环境的恢复，政策性补贴也成为退牧还草的众多牧民主要的收入来源；随着经济的发展，农家乐等特色产业不断发展，部分农牧民抓住商机，依托农牧区良好的环境特点，发展旅游业等增加收入，促进了个体经营的发展（5.3%）。蒙古族未城镇化受访者家庭收入来源依靠务农 28 人，占比 21.1%；依靠放牧 83 人，占比 62.4%；依靠个体经营 7 人，占比 5.3%；依靠外出务工获得收入 5 人，占比 3.8%；其他选项 10 人，占比 7.4%。

蒙古族未城镇化受访者家庭年收入在 3 万以上的占到了 33.1%，基本能够满足日常的生活开支；但也有 12.8%的家庭还处于温饱边缘，家庭年收入仅在 1 万元以下，近年来，为避免草场沙化，国家对草场的养殖量、禁牧等都作出相关规定，又随着牛羊肉价格的下跌，生活在农牧区的群众收入并没有提高，如果家中有人生病、上学等，更是让这一部分家庭雪上加霜，关于困难家庭的温饱问题，是脱贫攻坚、改善民生最重要的问题。在图 4.33 中，未城镇化的家庭支中出日常开支（30.3%）仍然是家庭支出最主要的部分，接下来是教育（29.7%）、医疗（23.8%）。物价

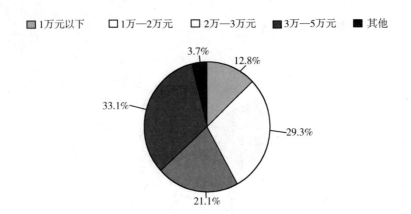

图 4.32　蒙古族城镇化未城镇化受访者家庭年收入

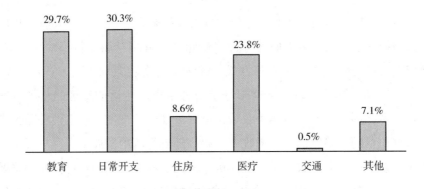

图 4.33　蒙古族未城镇化受访者家庭支出比重情况

水平、消费水平的提高使得部分家庭支出主要以日常支出为主；随着撤乡并镇政策的实施，许多中小学也被撤并，教育资源在牧区分布极不均衡，为了孩子的教育，一些生活在牧区的家长被迫租住在城市中，无形中增加了教育成本；医疗支出对于家中赡养老人的家庭来说，是入选概率比较高的选项。蒙古族城镇化受访者家庭年收入 1 万元以下 17 人，占比 12.8%；1 万—2 万元 39 人，占比 29.3%；2 万—3 万元 28 人，占比 21.1%；3 万—5 万元 44 人，占比 33.1%；其他选项 5 人，占比 3.7%。在家庭支出选项中，教育支出有 55 人选择，占比 29.7%；选日常开支有 56 人，占比 30.3%；选住房支出有 16 人，占比 8.6%；选医疗支出有 44 人，占比 23.8%；选交通支出有 1 人，占比 0.5%；其他选项有 13 人，占比 7.1%。

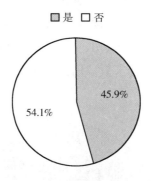

图 4.34　蒙古族未城镇化受访者对草场禁牧的了解情况

由于自然环境、各地区因地制宜等因素的影响，各地区的禁牧政策也是不同的。生态环境脆弱的阿拉善右旗，如果继续过度放牧，会导致土壤沙化、环境恶化，实行禁牧政策以来，阿右旗引入水源，大力种草退牧，保证生态环境平衡，在当地，种植梭梭这种耐旱植物有利于环境的改善、水土的保持，同时为当地苁蓉产业的发展提供了有利的基础条件。而库伦旗部分地区实行了禁牧政策，苏尼特右旗并没有实行禁牧政策，这与当地草场质量好、降水多有着重要的关系。总体来看，61 名受访者表示草场实行禁牧政策，占比 45.9%；58 名受访者表示草场未实行禁牧政策，占比 54.1%。

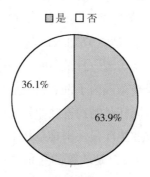

图 4.35　蒙古族未城镇化受访者对草场沙化的了解情况

根据图 4.35，在调研走访的过程中发现，63.9% 的受访者表示草场出现沙化现象，并且沙化现象严重，影响了牛羊的生长，瘦弱多病卖不上好价钱，个别受访者表示，自己草场多砂石、多山，根本没有草，自然条件非常恶劣，已经不再适合放牧；而 36.1% 的受访者表示草场沙化现象并不严重，这部分草场大多集中在雨水丰沛的内蒙古东部地区，草场承载量较大，能够养活更多的牛羊。其中，85 人表示草场已经沙化不适合放牧，占比 63.9%；34 人表示草场未被沙化，还可继续放牧，占比 36.1%。

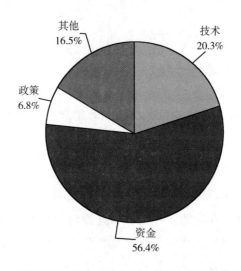

图 4.36　蒙古族未城镇化受访者在农牧业生产中最大的困难

由于内蒙古自治区面积大、草场分布广，对于农牧业生产中的最大困难，不同地区的草场有着不同的困难。但是共同的困难比如资金（56.4%）是所有草场所面临的共同问题；由于生活在农牧区的居民科学文化水平低，畜牧养殖都靠传统经验，技术（20.3%）成了在畜牧也生产过程中的第二大难题；其他（16.5%）选项中，由于地域性的不同，在对阿拉善右旗未城镇化受访者进行调研时，均表示近年来雨水较少，草量并不丰富，干旱的气候缺草成为了发展畜牧业最大的障碍；其余受访者表示政策、资金与技术也同样是制约畜牧业发展的重要因素。蒙古族未城镇化受访者中，认为农牧业生产最大困难是技术的有 27 份，占比 20.3%；是资金的 75 份，占比 56.4%；是政策的 9 份，占比 6.8%；是其他的 22 份，占比 16.5%。

蒙古族未城镇化受访者对于国家新型城镇化相关政策大概了解及以上的占比 75.9%，许多农牧民对于国家的相关政策还是非常关注的，而很多受访者又是国家新型城镇化的受益者；但是依旧有 24.1% 的受访者表

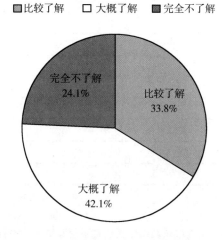

图 4.37　蒙古族未城镇化受访者对于国家新型城镇化相关政策的了解情况

示完全不了解相关政策，一方面是因为政策落实不到位，没有给人民群众真正带来实惠，另一方面，是因为政策宣传不到位，以至于很多受访者虽然得益于国家相关政策，但却不了解、不清楚。其中，比较了解 45 份，占比 33.8%；大概了解 56 份，占比 42.1%；完全不了解 32 份，占比 24.1%。

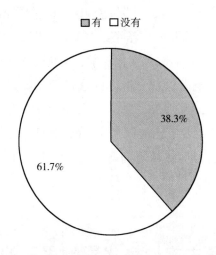

图 4.38　蒙古族未城镇化受访者城镇化意向

根据图 4.38 显示，38.3%的未城镇化的受访者有城镇化的意愿，在

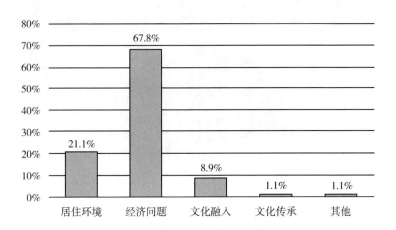

图 4.39 蒙古族未城镇化受访者不愿意城镇化的原因

访谈中这部分受访者表示，城镇完善的基本公共服务设施让生活可以变得更加便捷，良好的教育条件与医疗条件可以为子女上学、老人养老提供便利；但同时 61.7% 的受访者表示不愿意城镇化，经济问题（67.8%）是这部分受访者首要考虑的问题，农牧区生活虽然艰辛，但是城镇生活各项开销比较大，尚未掌握其他技能，在城镇中暂时不能找到其他工作，经济问题无法解决是他们不愿意城镇化的最重要的原因；21.1% 的受访者表示居住环境的改变是这部分农牧民并不想城镇化的重要原因，农牧区居住空间大，自然环境、空气质量好，已经习惯了牧区生活的这部分群体不愿意搬离农牧区；10% 的受访者表示文化传承、文化融入城镇比较困难，语言问题、生活习惯等影响着这部分群体的选择。在城镇化意愿调研中，51人表示有城镇化意向，占比 38.3%；82 人表示并没有城镇化意向，占比61.7%。同时在不愿意城镇化的原因中，61 份问卷首选经济问题，占比67.8%；19 份问卷选择居住环境问题占比 21.1%；8 份问卷选择文化融入，占比 8.9%；1 份问卷选择文化传承，占比 1.1%；1 份选择其他，占比 1.1%。

第三节　蒙古族城镇化影响因素的实证研究

多种因素影响到城镇化发展，因此，准确分析与判断城镇化对不同经济社会发展指标的依赖程度及其对城镇化发展的贡献程度，是有的放矢地选择城镇化模式的必要准备。关于城镇化影响因素的分析，学者们主要采用回归分析、灰色关联度计算、方差分析等方法，本书参考学界关于蒙古族城镇化影响因素的指标体系，采用主成分分析方法，探讨影响蒙古族城镇化的主要因素。

一　指标的选取及研究方法

如上所述，农村城镇化发展是一个系统的长期的动态过程，涉及人口变动、经济社会发展、制度变迁等诸多方面，本书遵循通用的城镇化评价指标选取原则，并结合蒙古族城镇化发展的特点，全面、准确、科学地选取相关指标，对蒙古族城镇化的影响因素进行评价。

二　指标选取的原则

能够影响农村城镇化因素很多，但它们与城镇化发展的紧密程度不尽相同，故此如何选取、选取何种指标对于实证分析的结果优劣就显得十分重要。在选取指标时必须遵循的原则是：

（一）科学性

要求指标的选取应以科学的调查研究为基础，要符合经济社会发展的客观实际，能够科学地反映农村城镇化的发展水平。也就是说，指标要能够客观真实地反映出经济社会发展水平和居民生活水平对农村城镇化的影响。

（二）完整性

要求指标的信息量既必要又充分，农村城镇化是一个动态的整体过程，既包括乡村型地域向城镇型地域的转化，也包括城镇功能的进一步强化，涉及方方面面，只用几个简单的指标是不能做出正确和客观的评价的。所构建的指标应反映出农村城镇化过程中经济社会居民生活等各个方面，由若干指标构成一个完备的指标体系。

（三）可获得性

要求指标数据不仅具备获取方便的可得性，还要具备较高准确度的可信性。指标数据的准确程度直接影响到之后的分析及结论，如果指标数据准确度不高，将会导致结论的失真；即便使用的方法再好，也无法消除数据错误对结论的影响。在选取影响农村城镇化因素时，要尽量选取可量化、准确度高且易于获取的指标数据，以利于进一步对指标的分析和评价。

本书根据以上选取指标的原则及内蒙古经济社会发展和蒙古族城镇化的特点，从众多社会经济发展指标中选取了最能体现蒙古族城镇化发展影响因素的指标表。这些指标数据来源于《内蒙古统计年鉴》及内蒙古相关厅局的统计数据。

表 4.1 影响蒙古族城镇化的主要指标

指标	代码
人均 GDP	X1
农牧民人均纯收入	X2
工业化水平	X3
农牧民人均生活收支比	X4
人均社会固定资产投资	X5
城镇人均住房面积	X6
教科文卫费占财政支出比率	X7
外商投资金额	X8
农村人口非农业就业比重	X9
农业就业人员比重	X10
城镇登记失业率	X11
初中以上文化程度人口比重	X12
新型农村基本养老保险基金支出	X13
农产品生产价格指数	X14
人均牧场面积	X15
人均水资源量	X16
森林覆盖率	X17
公路里程	X18

三 研究方法

由于考察的影响蒙古族镇化的因素众多，这些影响因素间具有一定的联系，如人均与农民人均纯收入之间本身就具有相关性，最好能用较少的指标包含原有较多指标的大量信息，以达到用少数指标解释城镇化影响因素的目的。主成分分析就是把多个变量化为少数几个综合变量的多元分析方法，其目的是用有限的不可观测的隐变量来解释原始变量之间的关系。本书运用主成分分析法对影响蒙古族城镇化的因素进行分析。

四 蒙古族城镇化影响因素的实证分析

考虑到影响城镇化水平因素的单位不统一，为了消除回归变量不同单位的影响，使各因素对城镇化的作用具有可比性。本书采用对数线性模型：

$$\ln y_t = \beta_0 + \sum_{j=1}^{11} \beta_j \cdot \ln X_{jt} + \varepsilon$$

其中，$\ln y_t$ 代表不同年份蒙古族城镇化水平，用蒙古族城镇人口占常住人口的比重来衡量。β_0 是常数项，X_{jt}（j=1，2，……，12）代表因素 β_j（j=1，2，……，12）对城镇化的弹性系数，即每增长1%所引起的城镇化增长率为 $\beta_j\%$，ε 为随机误差项，表示模型未能考虑的其他随机因素影响。

在做主成分分析之前都要进行巴特利特球形检验，用于判断变量是否适合用于做主成分分析。巴特利特球形检验是以变量的相关系数造成矩阵为出发点的。它的零假设相关系数矩阵是一个单位阵，即相关系数矩阵对角线上的所有元素都是，所有非对角线上的元素都为零。巴特利特球形检验的统计量是根据相关系数矩阵的行列式得到的。如果该值较大，且其对应的相伴概率值小于用户心中的显著性水平，那么应该拒绝零假设，认为相关系数不可能是单位阵，即原始变量之间存在相关性，适合于做主成分分析，相反不适合做主成分分析。根据此原理对以上数据进行适用性检验，通过计算得到 KMO 值为 0.79，巴特利特球形检验统计量对应的值为

0.00，说明满足主成分分析的前提条件。根据主成分分析原理，建立相关系数矩阵并计算其特征根和特征向量，前三个公因子的累积方差贡献率为91.46%，能够代表原始数据的大部分信息，故提取三个主成分加以分析。为使提取的因子更具命名可解释性，采取方差最大法进行因子旋转，简化因子载荷矩阵的结构，经旋转之后的因子载荷矩阵。

从表 4.2 可见，第一公因子在 $X1$，$X2$，$X3$，$X5$，$X11$ 上有较大的负载，主要反映 GDP、工业化水平、产业结构等因素对城镇化的影响，可将其命名为经济因素，它解释了总体信息的 62.181%。第二公因子在 $X9$，$X12$，$X15$，$X18$ 有较大的负载，主要反映农业资源、人口状况等因素对城镇化的影响，可将其命名为资源因素，它解释了总体信息 12.670%。第三公因子在上 $X4$，$X7$，$X8$，$X13$ 有较大的负载，主要反映消费观念、社会保障状况、对外开放度等社会因素对城镇化的影响，可将其命名为制度因素，它解释了总体信息的 6.612%。

表 4.2　　　　　　　　　　旋转后的因子负载矩阵

Table 4.2　　　　　　**Factor loading matrix after rotating**

	公因子		
	$F1$	$F2$	$F3$
$X1$	0.856	0.251	0.113
$X2$	0.751	0.113	−0.314
$X3$	0.914	−0.215	0.069
$X4$	0.216	0.034	0.351
$X5$	0.683	0.102	0.081
$X6$	0.225	0.261	0.116
$X7$	0.157	0.024	0.438
$X8$	−0.216	−0.051	0.361
$X9$	0.318	0.682	0.068
$X10$	0.032	0.204	0.105
$X11$	0.859	0.196	−0.022
$X12$	0.167	0.594	−0.107
$X13$	−0.145	0.221	0.309
$X14$	0.038	0.135	0.064
$X15$	0.301	0.601	0.106

续表

	公因子		
	*F*1	*F*2	*F*3
*X*16	0.221	−0.152	0.008
*X*17	0.182	0.035	0.054
*X*18	−0.021	0.532	−0.105

表 4.3　　　　　　　　　　　因子得分系数矩阵

Table 4.3　　　　　　　**Factor score coefficient matrix**

	公因子		
	*F*1	*F*2	*F*3
*X*1	0.123	0.050	0.309
*X*2	0.120	0.069	−0.147
*X*3	0.092	−0.096	−0.022
*X*4	0.113	0.037	0.640
*X*5	0.115	−0.029	0.181
*X*6	−0.094	0.804	0.160
*X*7	−0.025	−0.347	−0.038
*X*8	0.138	−0.204	0.361
*X*9	0.133	−0.080	0.068
*X*10	0.119	0.072	0.105
*X*11	0.121	0.062	0.113
*X*12	0.102	0.004	0.108
*X*13	−0.415	0.201	0.054
*X*14	0.132	0.311	−0.105
*X*15	0.231	−0.101	0.181
*X*16	0.221	0.051	−0.314
*X*17	−0.080	−0.151	0.162
*X*18	0.121	−0.032	0.301

要分析各个因子对城镇化的弹性大小，得求出各个因子得分系数：

$$F_1 = 0.123ZlnX_1 + 0.12ZlnX_2 + 0.092ZlnX_3 + \cdots + 0.12ZlnX_{18}$$

$$F_2 = 0.05ZlnX_1 + 0.069ZlnX_2 - 0.096ZlnX_3 + \cdots - 0.032ZlnX_{18}$$

$$F_3 = 0.309ZlnX_1 - 0.147ZlnX_2 - 0.022ZlnX_3 + \cdots + 0.301ZlnX_{18}$$

根据各个因子得分系数计算 $F1$、$F2$、$F3$ 的值，用之与 lny1 回归，估计得到以下结果：

$$lnY_1 = 3.886 + 0.35F_1 + 0.098F_2 + 0.063F_3$$

$$R^2 = 0.969，F 值为 8.904$$

以上实证分析结果均通过检验，将 F_1、F_2、F_3 代入上述回归结果，得到城镇化各影响因素的弹性估计值见表 4.4。

表 4.4 　　　　　　　　　各因素对城镇化影响程度

Table 4.4 　　　　　　degree of factors influencing urbanization

回归系数									
估计值	0.0381	0.0502	0.0464	0.0169	0.0371	0.0085	0.0231	0.0116	−0.0356
排序	3	1	2	9	4	13	7	11	5
回归系数									
估计值	−0.028	−0.0082	0.0031	0.0006	0.0061	0.0096	−0.0002	0.0128	0.0196
排序	6	14	16	17	15	12	18	10	8

根据上述实证分析，我们可以发现：（1）从影响蒙古族城镇化各因素的弹性系数绝对值排序结果看：各因素对蒙古族城镇化影响程度明显不同，对蒙古族城镇化影响较为明显的是农牧民人均纯收入、工业化水平、人均社会固定资产投资、城镇人均住房面积、第三产业比重、人均耕地面积、农村人口非农业就业比重等，除农村人口非农业就业比重、农业就业人员比重、城镇登记失业率外，其他因素与蒙古族城镇化水平都成正向关系。从现实来看，这也符合城镇化建设的实际。城镇化的发展意味着非农产业的发展和城镇就业机会的增加，而这在很大程度上依赖着农牧民收入的增加而带来的农牧购买力和投资能力的提高，城镇化发展与农民收入增长之间互相制约又互相促进；工业化与城镇化联系密切，两者之间相辅相成，工业化为城镇化提供基础和原动力，主导着城镇化的发展方向，而城镇化是工业化的必然结果；人均 GDP 是反映一个城市经济发展水平的重要指标，对城镇化水平起着推动作用，人均 GDP 越高，表明该城市的经济发展水平越高，也就越有能力提升城镇化质量。从主成分分析结果看，虽然影响蒙古族城镇化因素众多，但可以划分为三大因素，即经济因素、

资源因素和制度因素。

第四节　基于问卷与实证研究的蒙古族城镇化影响因素分析

从实证分析来看，蒙古族城镇化的影响因素主要有三点：经济因素、资源因素和制度因素。而问卷调查中则由于不同的地区实际情况而体现出不同的问题，但也能大致归结于以下几点：

一　产业结构对蒙古族城镇化的影响

首先是产业因素，产业因素可以说是蒙古族城镇化影响因素中最显著的一环，因为它不仅决定了地区的经济发展，也决定了蒙古族城镇化过程中的基础设施建设水平、政府补贴程度等方面。从产业结构的角度进行分析，六个调研对象地区的第三产业和第一产业占比之和基本与第二产业相当，第二产业占据着绝对的比重，第一产业和第三产业的比例都在减少。第一产业的减少说明政府的城镇化工作正在推进，在农牧区进行农牧业生产的人减少了。但是现在从事第一产业的农牧民在城镇化过程中出现了问题。蒙古族城镇化是一个自愿的过程，在保障其城镇化的同时也要尊重其返乡的意愿。而现在蒙古族居民一旦城镇化之后，就失去了以前在农牧区拥有的土地和牲畜，当他们在城镇中找不到工作，想回到农牧区生活时已经失去了收入来源。随着这样一个不可逆过程的持续进行，调研对象地区第一产业的比重一直在降低。造成第一产业比值减少的原因还有近几年的生态保护问题。近几年的退耕还林、退牧还草等政策导致很多蒙古族农牧民无法进行农牧业生产，政府只能在治理环境的同时将这一部分的蒙古族农牧民迁入城镇之中，这样会导致这部分农牧民丧失劳动技能。

同时我们可以看到，第三产业的比值也在降低。第三产业比值的降低引发了两个问题。第一个是已经城镇化的失业蒙古族居民的再就业问题。第三产业比例的减少意味着自主创业的减少。很多受访者都表示，政府在就业方面缺乏指导。有些人表示在接受再就业培训之后依然找不到工作，一方面是政府没有提供就业岗位，另一方面是政府没有提供服务信息平台。第二个问题是从事第一产业的蒙古族农牧民很难寻找到工作。由于蒙古族农牧民的文化水平限制，一般他们在城镇内都是从事第三产业，第三产业比值的减少意味着从事服务业的企业和个人数量的减少，从而导致了就业岗位的减少，这就切断了一部分城镇化进程中的蒙古族农牧民的经济收入来源，进一步使城镇化受阻。

而且我们可以发现，三次产业比值的调整很大一部分是由于政府的干预造成的。政府大量的财政和精力投入到第二产业中，但是由于工业生产的自动化和专业化特性，其并不能给当地带来很多就业岗位，而且，现在的第二产业还在前期的投入建设之中，对于政府的财政并没有多大帮助。由于政府将大量的资源倾斜给第二产业，造成了第三产业不受重视的现状，导致很多私人企业和小型企业破产，直接减少了工作岗位的提供，从而进一步增加了蒙古族城镇化的难度。

二　就业结构对蒙古族城镇化的影响

从就业结构来看，就业成为了影响蒙古族城镇化的重要因素之一，因为这决定了农牧民是否能够自食其力地在城市中生存下去。从调研的数据分析中不难发现，除去无业的情况，已经城镇化的蒙古族居民的就业情况以自主创业和非正式务工以及事业单位为主。企业员工的数量则少得可怜。这是一种就业结构的不平衡。

首先是无业的居民。之前说到，文化水平成为了蒙古族农牧民城镇化之后就业的一个阻碍。文化水平低下导致他们难以找到好工作，普通工作又不如他们在农牧区的收入高，所以他们陷入了一种尴尬的境地。而且，这部分居民由于语言和文字原因，来到城镇之后需要一定的适应过程，在就业方面缺乏优势。第二种无业的居民是以前有工作但是现在失业的蒙古族居民。由于产业转型，一些从事第三产业的蒙古族居民就失去了工作。政府一定要考虑如何将新来的人口安排到已经成熟的就业体系中去，而不能让失业成为城镇化的代名词。

其次是自主创业人员。在被调研的对象中，约有10%的人选择自主创业。其实自主创业是解决城镇化之后蒙古族农牧民就业的一个重要途径。现在，库伦旗已经建立起专门的创业园区，为大学生和农民工提供创业服务。但是，这些创业服务并没有针对已经被城镇化的蒙古族居民。创业园区首先会为创业人员提供培训，从前文中我们也可以发现很多已经城镇化的蒙古族居民也参加了创业培训，但是制约创业培训的效果有两点，第一是语言沟通和文化水平的制约，第二是创业培训没有结合地方特色。首先，从受访的对象来看，已经城镇化的蒙古族居民文化水平普遍低下，语言文字也是他们的一个大问题，所以在培训的效果上可能没有达到预期效果。其次，自主创业培训没有结合地方特色和实际。目前库伦旗的创业园区会提供焊接、新材料、计算机应用等技术培训班，但是这些培训的内容并没有结合当地的实际，而且没有考虑到被城镇化的蒙古族居民的文化层次。简而言之，现在库伦旗自主创业的服务一定要将被城镇化的蒙古族居民覆盖进来，为他们提供适合、有效的培训。

从企业员工的数量来看，政府在此领域还有很大的作为空间。被城镇化的蒙古族居民都依靠政府安排工作是不现实的，所以大力发展各类企业，也是增加就业岗位、促进蒙古族居民就业的好途径。现在，库伦旗政府大力发展第二产业，反而将第三产业的比重减少了，这是不科学的。第二产业的建设周期长，同时也很依靠当地的各种自然资源，现阶段对蒙古族居民城镇化的帮助不大。而各种企业的发展，不仅可以带来大量的工作岗位，同时也能提高政府的财政税收，实现政府财政能力的增加，从而可以完善城镇化后的蒙古族社区的基础设施。

三　教育对蒙古族城镇化的影响

从教育结构上看，蒙古族城镇化的居民教育水平普遍在高中以下。造成教育水平低下的原因主要是语言障碍。在调研区很多蒙古族学校，比如库伦旗蒙古族小学和库伦旗四中等，这些学校都是蒙语教学，学生的民族百分之百都是蒙古族。他们接受的都是蒙语教育，在高中之后如果想接受高等教育，他们就必须接受汉语教育或者是在仅有的几个蒙语专业中选择。以内蒙古大学为例，蒙授专业几乎都集中在蒙古学学院中，其他的专业都是汉语授课，这就造成了蒙古族学生接受高等教育、可选择专业较少的现实问题。

　　由于蒙古族居民教育水平较低的现状，引发了一系列问题。一方面，教育水平低下造成了蒙古族居民在城镇中务工困难，从而使蒙古族居民缺少生活来源。另一方面，教育水平低下导致了蒙古族居民在文化结构方面与城镇居民出现断层，从而影响民族文化融合，进一步降低蒙古族居民城镇化的意愿。

四　年龄结构对蒙古族城镇化的影响

　　在调研区中，研究人员前往各个牧区进行调研，发现了蒙古族农牧民的年龄结构对蒙古族城镇化也造成了很大的影响，具体原因有几条：第一，目前牧区的蒙古族农牧民年龄多在 60 岁以上，这部分农牧民对城镇化工作造成了一定的负担。由于进城务工、子女就学等需要，牧区内的农牧民年龄结构基本在 60 岁以上，这部分群体缺乏劳动能力，基本需要依靠政府补贴来完成城镇化，巨大的老年人群体给政府带来了一定的负担。第二，牧区内的蒙古族农牧民年龄较大，具有安土重迁的思想。从调研情况来看，在调研区内大部分不愿意城镇化的老年人多因为其具有安土重迁的思想，认为自己年岁已高，难以实现城镇化。

五　民族文化与习俗对蒙古族城镇化的影响

　　蒙古族作为少数民族，有着独特的民族文化和习俗，在一定程度上对蒙古族城镇化造成了阻碍。首先，蒙古族有本民族的语言文字，对日常交流造成一定的影响。因此，在城镇化之后，以蒙语为交流语言的蒙古族居民难以在汉语为主的城镇中交流生活。其次，蒙古族的传统文化在城镇化之后逐渐淡化，造成蒙古族居民的内心抵触。在城镇化后，进入城镇社区，蒙古族居民要接受以汉族生活方式为主的日常生活。以往蒙古族居民在农牧区有祭火、安代舞、祭天、那达慕等活动，但在城镇化后，这些大型活动在汉族生活为主的社区中难以开展，因此造成了一部分蒙古族居民的内心抵触，他们认为这些蒙古族传统文化在城镇化之后会逐渐丧失，所以对城镇化有所抵触。

六　制度因素对蒙古族城镇化的影响

制度因素是制约内蒙古特色城镇化进程的又一重要因素。与城镇化发展密切相关的制度因素主要包括户籍制度、土地制度、社会保障制度。我国的户籍管理制度以城乡分离为基本特征，产生于特定的历史时期，是我国在经济社会发展的特定时期采取的一种相应的制度选择。传统的户籍制度在特定历史时期对于控制城市人口过快增长、完善社会管理等方面发挥重要的作用。改革开放以来的户籍制度变迁，已大大淡化其负面效应，但是由于当前户籍仍然与就业制度、社会保障制度等相配合，对农村人口流动仍然具有很大的限制作用。由于户籍制度的存在，大量农牧民进入城市后，户口问题不能解决，在就业、医疗、子女教育、社会保障等诸多方面都会受到一定程度的局限，从而限制了人口的流动。

土地是农牧民赖以生存的基本，农牧民失去土地意味着失去最基本的生活工具。现有的土地制度下，土地作为农牧业生产中最重要的基础要素不能自由流动，必然影响农牧业经营规模和农牧业发展，降低农牧民非农牧业生产性投资预期，从而增强农牧民对农牧业和土地的依附感，降低农牧民非农就业的稳定性和阻碍农牧区剩余劳动力从农牧业部门向非农产业部门的自由转移，进而影响城镇化进程。社会保障制度对于城镇化进程同样具有重要的影响。农牧民能否转变为城镇居民，是对进城的机会成本、收益和风险比较的结果，是一个博弈的过程。城市优越的生活条件、完备的设施服务对农牧民来说有一定的吸引力。但同时农牧民又不得不考虑进城后的生活成本增加、负担加重以及养老等后顾之忧，导致农牧民的行为倾向于短期化，高估市场风险、低估未来收益，甚至泛起返乡的想法，进而影响城镇化步伐。从目前的情况来看，土地制度、社保制度的不完善对农牧民进城的抑制效应明显，阻碍了农牧民向城市转移的步伐，制约着蒙古族城镇化的进程。

七　生态环境对蒙古族城镇化的影响

内蒙古自治区是我国跨纬度最长的地区，具有较为复杂且多样的生态环境。在内蒙古自治区内，有着草原、森林、沙漠、湿地、高原等多种生态系统环境，因此在蒙古族城镇化的过程中也要相应地面对多样的生态环境问题。目前，内蒙古自治区内的蒙古族聚居地区已经基本形成相当规模的城镇以及基础设施，因此在蒙古族城镇化过程中基本只能依托两条路径：就地城镇化与现有城镇扩张。由此便会引发相应的生态问题。首先，就地城镇化会对农牧区的生态环境造成直接的破坏。目前，自治区内农牧区由于耕种以及放牧的生活方式需要聚居在草原、河流附近，如果在当地直接发展城镇化，大量的基础设施以及房屋建设便会对周边的生态环境造成影响，而一些生活垃圾等亦会破坏周边的环境。第二，在城镇周边进行扩张，也会对生态环境造成破坏。目前，随着城镇建设的成熟，对生态环境的重视逐渐成为政府的主要目标，因此城镇周边往往已经实现绿化或是退耕还林、封山禁牧。在这样的情况下，城镇的扩张势必要侵占目前的生态保护区域，造成生态环境的破坏。可以说，生态环境是制约蒙古族城镇化发展的重要因素之一。以通辽市库伦旗为例，调研人员在前往周边的牧区调研过程中了解到，库伦旗北部地区存在一块沙漠，由于城镇化的扩张导致土地沙化速度不断加快，从而阻碍了北部牧区与库伦旗的城镇化连接和建设，而且，沙化也阻碍了库伦旗城镇向北扩张，加之库伦旗南部的库伦河存在，城镇只能向东西方向扩张，导致现有的基础设施辐射不足。

第五章 蒙古族城镇化驱动力
与制动力分析

第一节 蒙古族城镇化的 SWOT 分析

SWOT 分析是 1971 年美国哈佛商学院的安德鲁斯在其所著的《公司战略概念》一书中提出的，SWOT 是 Strength、Weakness、Opportunity、Threat，即优势、劣势、机遇和威胁首字母的组合。这种分析方法综合了内部资源和外部资源，是确定发展战略的基础。SWOT 分析广泛应用于企业战略分析中，是企业管理的重要分析工具，随着企业家政府理念的推进，该分析方法同样应用于政府管理的各个领域，已经成为一种通用的管理分析工具，为各类分析提供分析支持。

一 蒙古族城镇化的优势

（一） 自然资源基础优势

根据前面调研区的概况分析可知，蒙古族人口聚居的旗县普遍拥有较为丰富的自然资源，人均耕地面积、草场面积高于全国平均水平，内蒙古自治区共有耕地 549 万公顷，人均占有耕地 0.24 公顷，是中国人均耕地的 3 倍，实际可利用的耕地面积超过 800 万公顷，人均耕地面积居中国首位。森林资源是重要的自然资源，内蒙古自治区是国家重要的森林基地之一，全区森林总面积约 2080 万公顷，占中国森林总面积的 11%，居中国第 1 位。森林覆盖率达 17.57%，高于中国 13.4% 的水平。森林总蓄积量 12.9 亿立方米，居中国第四位。树木种类繁多，全区乔灌树种达 350 多种，既有寿命长、材质坚硬的优良用材林树种，又有耐旱耐风沙运作防护林的树种，还有经济树种和列入国家保护的珍贵树种。内蒙古农作物多达25 类 10266 个品种，主要品种有小麦、玉米、水稻、谷子、莜麦、高粱、大豆、马铃薯、甜菜、胡麻、向日葵、蓖麻、蜜瓜、黑白瓜子等许多独具内蒙古特色的品种，其中莜麦、荞麦、华莱士瓜颇具盛名。还有发展苹果、梨、杏、山楂、海棠、海红果等耐寒耐旱水果的良好条件。全区有兽类 24 科 114 种，占中国兽类 450 种的 25.3%。兽类中有产业狩猎价值的50 余种，珍贵稀有动物 10 余种。鸟类 51 科 365 种，占中国鸟类 1186 种的 31%。被列入国家一、二、三类保护的兽类和鸟类共 49 种。

内蒙古地区普遍拥有较为丰富的矿产资源，具有较大的现有和潜在资源开发优势，是中国发现新矿物最多的省区。自 1958 年以来，中国获得国际上承认的新矿物有 50 余种，其中 10 种发现于内蒙古，包括钡铁钛石、包头矿、黄河矿、索伦石、汞铅矿、兴安石、大青山矿、锡林郭勒矿、二连石、白云鄂博矿。包头白云鄂博矿山是世界上最大的稀土矿山，到 1997 年已探明的稀土氧化物储量占世界稀土总量的 76%。该矿山含矿物 172 种，是世界上含矿物种类最多的矿山。至 2006 年，已发现各类矿种 135 种，探明储量的有 83 种，储量居中国第一的矿种有 5 种，居中国前三位矿种约有 28 种，居中国前十位的矿种有 67 种。稀土储量居世界之首，煤炭储量 7016 亿吨，居中国第一位，天然气地质储量 7903 亿立方米。鄂尔多斯盆地苏里格天然气田是截至 2010 年中国发现的为数不多的陆上特大型气田之一。可利用风能总功率 1.01 亿千瓦，居中国首位。内蒙古是世界最大的"露天煤矿"之乡。中国五大露天煤矿内蒙古有四个，分别为伊敏、霍林河、元宝山和准格尔露天煤矿。霍林河煤矿是中国建成最早的现代化露天煤矿。准格尔煤田是中国最大的露天开采煤田。东胜煤田与陕西神府煤田合称东胜—神府煤田，是世界七大煤田中最大的一个。锡林浩特市北郊的胜利煤田，是中国最大的、煤层最厚的褐煤田。煤层一般厚度 200 米以上，最厚处 400 米。含有 11 个煤层，13 个煤组。煤田长45 千米，宽 15 千米，面积 675 平方千米，已探明储量 159.32 亿吨，保有储量 159.31 亿吨。阿拉善盟二道岭煤矿的太西煤，属低灰、低硫、低磷的优质无烟煤，平均灰分 3.96%，挥发分 6.83%，含硫 0.2%—0.32%。发热量 7645—7711 大卡/千克，中国最高。锡林郭勒盟苏尼特右旗查干里门诺尔碱矿，是亚洲天然碱储量最大的碱矿。查干诺尔天然碱化工总厂是中国最大的天然碱开采及深加工联合企业。锡林郭勒盟锡矿储量居中国第一，保有储量4.67万吨以上，主要分布在东乌珠穆沁旗、太仆寺旗、镶黄旗的五个矿区。锡林郭勒盟锗储量中国第一。储量1600万吨，占中国已探明总储量的30%。内蒙古萤石储量居亚洲第一、世界第四。乌兰察布市四子王旗查干敖包萤石矿属于特大型萤石矿床，原矿氟化钙平均品位达到熔剂富矿的工业要求。石墨的远景储量为3亿—5亿吨，居中国首位。在西起阿拉善右旗，东至乌兰察布市兴和县长1000千米的地带，成矿面积达3000平方千米。其中兴和县石墨矿的产品，鳞片大，柔韧性好，是中国三大石墨生产基地之一。通辽市是中国最大的铸造砂和玻璃生产用砂基地，天然硅砂储量约为550亿吨。呼伦贝尔市莫力达瓦达斡尔族自治旗的宝山玛瑙矿储量2775吨，居中国第一。鄂尔多斯市达拉特旗埋藏着世界罕见的超大型芒硝矿。可以说，丰富的自然资源给内蒙古自治区的产业发展带来巨大的机遇，通过自然资源的开发和深加工，内蒙古能够形成以制造业为主的工业体系，为我国带来巨大的经济效益和就业机会。

通过地方政府的推进，区域旅游资源正在陆续被开发，成为地区发展的重要的推动力。内蒙古旅游资源丰富、类型多样，草原风情、民族文化、北国风光、口岸边境等旅游资源独具特色，在全国具有明显的优势。特别是近几年，内蒙古旅游业取得了快速发展，旅游基础设施和旅游服务设施得到显著改善，目前已初具产业规模，基本形成了以旅游中心城市为基础、以特色旅游产品为主导的良性互动发展格局，推出了草原、沙漠、森林、边境、民族风情、文化遗迹等独具特色的旅游项目，吸引了海内外大量游客，内蒙古将逐渐成为中国生态旅游的重要基地。

（二）产业转型潜力优势

城镇一般是一个地区的中心地带，因为城镇履行着商品集散中心和加工中心的职能，这就要求城镇要具有较好的区位条件。内蒙古位于祖国北部边疆，横跨东北、华北、西北地区，接邻八个省区，是中国邻省最多的省级行政区之一，北与蒙古国和俄罗斯联邦接壤，边境口岸众多，与京津冀、东北、西北经济技术合作关系密切，是京津冀协同发展辐射区。

内蒙古具有较大的经济发展潜力，这为蒙古族城镇化提供了经济支撑。内蒙古地区生产总值由2010年的1.17万亿元增加到2015年的1.8万亿元，年均增长10%；人均生产总值由7070美元增加到1.15万美元，居全国前列。一般公共预算收入由 1070 亿元增加到 1963.5 亿元，年均增长 12.9%；一般公共预算支出由 2273.5 亿元增加到 4352 亿元，年均增长 13.9%。累计完成固定资产投资 5.2 万亿元，是"十一五"时期的 2.6 倍，年均增长 18%。内蒙古在下行压力持续加大的情况下创新调控举措，稳住了经济增长，实现了新常态下的新发展。"五大基地"建设取得重要进展，三次产业结构由 9.4∶54.5∶36.1 演进为 9∶51∶40，初步形成了多元发展、多极支撑的产业格局。农牧业提质增效，粮食产量由 431.6 亿斤增加到 565.4 亿斤，牲畜存栏由 1.08 亿头/只增加到 1.36 亿头/只，牛奶、羊肉产量居全国首位，农畜产品加工转化率由 51% 提高到 58%。工矿业转型升级，由"一煤独大"向产业多元转变，煤炭对工业增长贡献率由 33.5% 下降到 11.3%，装备制造、高新技术、有色金属和农畜产品加工业贡献率由 31.7% 上升到 49%。电力装机由 6458 万千瓦增加到 1 亿千瓦，风电装机由 968 万千瓦增加到 2316 万千瓦，均居全国首位。现代煤化工、稀土新材料、云计算等产业规模居全国前列。服务业比重明显提高，现代物流、文化旅游、金融保险、电子商务等蓬勃发展。非公有制经济快速健康发展，占地区生产总值的比重由 43% 提高到 64%。

内蒙古自治区位于我国北部地区，风力充足且气候干旱，是当前中国发展大数据产业的理想区位之一。廉价的风电与干燥的气候是内蒙古巨大的优势，这也有利于大数据基础设施的运作和数据的存储。因此，当前内蒙古自治区在产业转型过程中以大数据产业为发展方向。在大数据产业发展的过程中，内蒙古自治区吸引了诸如苹果公司等经济实力雄厚的企业，这不仅为地区经济发展做出了巨大的贡献，也进一步带动了地区的人才发展和就业，从而为城镇化的推进助力。

（三）基础设施发展优势

基础设施是推动蒙古族城镇化的必备条件，随着近些年内蒙古基础设施发展的不断推进，基础设施发展成为内蒙古蒙古族城镇化建设的重要优势。内蒙古公路总里程"十二五"期间从 15.8 万千米增加到 17.5 万千米，高速公路突破 5000 千米，一级公路突破 6000 千米，高速和一级公路总里程居全国前列，建成 30 条高速和一级出区通道，94 个旗县市区通了高速或一级公路。铁路运营总里程由 9500 千米增加到 1.35 万千米，居全国首位。开工建设呼和浩特至张家口等 3 条高速铁路和锡林浩特至乌兰浩特铁路等一批重大项目，呼包集间动车组开行，结束了我区没有动车组的历史。民航机场由 12 个增加到 24 个，居全国前列。开工建设锡盟至山东等 4 条特高压外送电通道，蒙西电网变电容量突破 1 亿千伏安。建成黄河防洪一期、海勃湾枢纽等重大水利工程。国土资源保障能力进一步增强，资源节约集约利用水平不断提高。累计投资 886 亿元实施农村牧区"十个全覆盖"工程，全区 84.4% 的行政嘎查村实现全覆盖，农村牧区基本公共服务水平大幅提升，有力促进了城乡一体化、地区经济发展和农牧民增收。积极推进新型城镇化，常住人口城镇化率由 55% 提高到 60.3%。

二　蒙古族城镇化的劣势

（一）产业结构不合理

实际来看，内蒙古城镇产业结构仍需优化，结构性矛盾突出，产业结构低度化，主导产业水平低。主要表现在农牧业劳动力比重较高，工业经济高度依赖于煤炭采掘等初级产业，煤炭资源、畜产品等特色资源技工程度和层次都比较低，产业链短，增加值有限。产业结构偏离度过大，特别是第一、第二产业的比较劳动生产率差别过大，导致本地区产业结构效益较低。

（二）人口因素制约

相关研究表明，城镇只有达到 15 万人的规模时才会出现集聚效益，小城镇的镇区人口至少达到 3 万人以上时才能正常发挥集聚的功能，城镇规模深刻影响着经济的集聚，影响着综合实力的提升。从内蒙古实际来看，部分城镇人口规模还较小，市场规模小，市场需求不足，限制了城镇聚集效应的形成。尽管小城镇的落户条件已经放开，但小城镇的就业机会较少，对农牧民吸引不足，农牧区剩余劳动力被迫滞留或向外转移，制约地区城镇化水平提高。

而且，从蒙古族城镇化过程中来看，较为年轻的蒙古族居民早已实现城镇化，而在蒙古族城镇化进程中的蒙古族居民年龄结构均在 30 岁以上。在 30 岁到 60 岁之间，由于子女在城镇就学，导致父母跟随从而实现城镇化。而在 60 岁以上的群体中，由于年龄较大，导致政府负担加重，而且这部分群体本身的城镇化意愿较低，因此会有一定的制约。

（三） 大城市极化效应影响

资源或者生产要素向城市进行空间集聚，主要原因在于城市的预期收益远远高于乡村，大城市远远高于中小城市。这种收益的获得皆因城市，尤其是中心城市具有高度密集的市场信心，而且城市内在发育并形成一套为市场交易者提供利益保障的制度安排。企业和劳动力集中于大城市是降低搜索成本、节约交易费用的最好途径。因此，在条件允许的情况下，企业和劳动力总是希望配置在具有广泛影响力的中心城市。从内蒙古自治区的实际来看，大城市发展速度较快，而距离农牧民较近的中小城镇发展较为缓慢，这种大城市极化效应的产生将会影响到中小城镇的吸引力，影响城镇化水平的推进。

三　蒙古族城镇化的机遇

（一） 少数民族发展政策机遇

近些年，中国共产党第十八次全国代表大会、《中共中央关于全面深化改革若干重大问题的决定》、中央城镇化工作会议、《中华人民共和国国民经济和社会发展第十四个五年规划和 2035 年远景目标纲要》《国家新型城镇化规划（2021—2035 年）》、《全国主体功能区规划》不同程度上对城镇化进行规划和设计，为城镇化发展提供了方向指导。内蒙古自治区作为我国重要少数民族地区和少数民族聚集区域，城镇化不仅关系到地区社会的发展，也关系到少数民族地区稳定，对于少数民族地区城镇化发展中央和地方也给予了不同程度的政策支持。为此，内蒙古自治区针对自身的城镇化问题召开全区城镇化工作会议，出台《内蒙古自治区加快城镇化发展的若干规定》《内蒙古自治区新型城镇化规划（2021—2035 年）》等政策文件，地方政府也根据自身城镇化实际，出台《呼包鄂城市群规划》、《乌海及周边地区城镇规划》和《锡林郭勒南部区域中心城市建设规划》等地方城镇化发展规划。蒙古族作为内蒙古自治区重要的少数民族组成人口，是城镇化的主要受益群体。从政策角度来看，蒙古族城镇化受到从中央到地方各级政策的支持，城镇化是一项国家支持、省级推动、地方落实的重要政策，蒙古族城镇化拥有重要的政策机遇。

（二）人口迁移的动力

根据区域经济发展理论，城镇化在一定阶段与经济增长呈正相关。随着经济的快速发展，居民会对交通、教育、医疗等方面提出新的要求，而城镇相比于农牧区更具有比较优势，会吸引更多居民迁移至城市居住。但是，根据区域经济发展理论，城镇化必须具备以下条件才能吸引居民迁移，成为人口迁移的动力：一是地区有利于生产发展的条件必须与国家总体发展目标相一致；二是与其他地区相比，具有比较优势；三是地区的优势要与区域内其他相关的有利、不利条件综合协调运用，才能形成现实优势。随着蒙古族人口收入水平的提升，越来越多的人口会选择居住地迁移，这为蒙古族城镇化提供了人口迁移的动力。而且地方财政收入的增长，会促使地方政府加大对基础设施的投资，改善居住环境，形成良好的吸引条件，反作用于人口迁移动力。

四　蒙古族城镇化的挑战

（一）内蒙古自治区生态环境脆弱

蒙古族居住地区一般具有丰富的资源，但是与资源相对的是生态环境的脆弱，开发稍不注意就会带来不可挽回的损失，蒙古族城镇化面临较大的生态风险，这也使得城镇经济发展的外部成本增加，降低城镇对投资的吸引力。比如锡盟矿区，矿区内的草原具有涵养水源和保持物种多样性方面的生态功能和作用，如果草原植被一旦被破坏，就很难恢复。调研时发现，部分矿区开发中对地表植被破坏严重，矿石、矿渣露天随意堆放。

（二）蒙古族的恋乡情结

蒙古族是"马背上的民族"，生长于草原，对于草原具有浓厚的感情，近些年随着城镇化的发展，越来越多的蒙古族居民迁移至城镇居住。但是，从实际调研来看，许多蒙古族居民，特别是年长的蒙古族居民，对于草原和牧场具有深厚的感情，习惯于草原的生活方式，对城镇生活方式较为不适应，更倾向于在草原生活。城镇化是一个外在推动和个人主观意愿相结合的过程，即使外在条件不断改善，城镇化过程也取决于个人意愿，如果个人意愿不倾向于城镇化，城镇化也只是表面城镇化，城镇化并未改变居民的思维和生活方式。因此，蒙古族的恋乡情结将是蒙古族城镇化的潜在挑战。

（三）蒙古族传统文化在城镇化中如何传承和弘扬

蒙古族传统文化是中华民族优秀传统文化中的重要组成部分。蒙古族作为全国 56 个少数民族之一，也是内蒙古自治区的主体少数民族，有着独特的文化传统、语言文字、生活习俗。在城镇化推进的工作中，蒙古族居民如何从生活、文化、精神上融入城镇，成为城镇化工作应有的题中之义。而且，作为一种优秀的文化遗产，蒙古族传统文化也要进行保护和弘扬，因此如何在实现蒙古族城镇化的过程中进一步保护和弘扬蒙古族传统文化是重要的工作内容。

第二节　蒙古族城镇化驱动力分析

动力机制指事物发生、发展的动因及其构成，它是事物运行机制的重要方面。蒙古族城镇化的动力机制是影响城镇化发生和发展的诸多动力要素的综合和互动过程，而且随着社会生产力发展水平的不断变化，蒙古族城镇化的动力机制也在不断发生变化。

国内外学术界对于城镇化动力的研究，一般认为城镇化的发生与发展同时遵循着共同的规律，即受着农业发展、工业化和第三产业发展这三大力量的推动与吸引。城镇化的动力机制可以概括为农牧区的推力和城市的拉力，以及其相互作用所产生的共同的作用力。"十二五"时期内蒙古城镇化率由 55% 提高至 60.3%，城镇化进程不断加快。从内蒙古自身的发展来看，这种发展结果主要是由于农业、工业、第三产业发展以及比较利益、制度等动力因素的影响，并且各因素之间是相互联系、相互制约的，这些因素的共同作用推进西部城镇化进程。

一　三大产业发展的动力

（一）农牧区经济发展是蒙古族城镇化的初始动力

人类社会生存与发展的过程首先是一个农牧经济发展的过程，农牧业，特别是农业是一个国家和地区赖以存在和发展的基础，城镇化与农牧业经济发展密不可分。农牧业经济的发展既是城镇化的原动力，又是城镇化的基础。乔根森通过研究指出劳动力从农业部门向工业部门转移的充要条件就是农业剩余。

在城镇化的初期，农牧区作为城镇经济发展的腹地，首先为城镇非农产业和非农人口提供粮食、蔬菜、牲口等物质；其次农牧产品作为重要工业原料会支持城镇工业发展；再次农牧经济发展积累了社会财富，为工业发展提供资金；最后广大农村腹地和农牧人口又成为城镇非农业产品的消费者，为城镇经济发展提供广阔的市场，并且农牧经济越发展，农牧市场消费越发达。因此，一个国家和地区城镇化的初期，城镇化总是起源于农牧业基础良好的地区。随着农牧业的发展和技术水平的提高，农牧业报酬递减，农牧业中的剩余劳动力为寻求新的就业机会和发展空间，就会逐渐选择进入城镇从事非农牧产业。农牧业的经济发展不仅为城镇提供口粮、工业原料、资本，而且在为城镇经济发展提供劳动力。

农牧业劳动生产率的不断提高，耕地资源的短缺，使农业生产对劳动力的需求量始终处在一个狭小的范围内，农牧区的剩余劳动力将继续增加。更多的劳动力将从农牧业劳动中转移出来，进入非农业或城镇，形成城镇化源源不断的推力，推动西部地区城镇化水平提高。随着技术的进步和种植方式的改良，内蒙古主要农牧产品的产量也都在增长，有效供给大幅度增长，满足了市场多元化的需求，不仅保证城乡人口的粮食需求，也为城市工业提供丰富原料，一定程度上推动西部地区城镇化进程。伴随着人均收入水平的提高，农牧区居民人均消费水平也在不断提高，消费增加不仅用于食品开支，也会用于工业品和服务消费，农牧民生活消费水平的不断增长，为城镇化提供了市场基础。

（二）工业化是蒙古族城镇化的持续动力

工业化是城镇化的经济内涵，城镇化是工业化的空间表现形式；工业化是因，城镇化是果。如果没有体制、政策等方面的强制约束，工业化必然带来城镇化。工业化为城镇化发展提供物质技术基础和其他条件。首先，由于工业生产的规模经济和集聚经济效益，吸引更多产业的集中，进一步扩大了城镇的规模。其次，大机器工业自身的劳动生产率，也促进农牧业劳动生产率的提高，使更多农业劳动力释放出来，向城镇集聚，推动城镇产业机构发生变化。刘易斯的农业剩余劳动力转移模型认为，城市工业部门集中大量的资本，具有较高的劳动生产率，传统的农业部门缺乏资本，劳动生产率较为低下，只要工业部门需要，就可以从农业部门中获得无限的劳动力。当然，通过工业化带动城镇化发展也需要一些条件，比如工业化水平不断提高、工业结构高度化、规模化和专业化的发展以及鼓励更多的人参与其中。

（三）第三产业是蒙古族城镇化的后续动力

随着工业化的实现，工业发展对城镇化的促进作用减弱，而高度发达的社会化大生产以及大量消费人口的聚集，要求城镇提供更多更好的生产、生活和社会服务，于是以提供服务为特征的第三产业迅速发展，这不仅可以吸引大量的劳动力，还有利于不断提升城镇基础设施水平，改善人们的生活质量，优化城镇发展环境，进一步增强城镇的集聚经济效益和城市竞争力。并且第三产业发展空间极大，在传统第三产业的基础上，新兴第三产业已经成为城镇化发展的强劲后续动力。旅游业是第三产业的重要构成部分，随着国内收入水平的提高，人们对旅游的消费也在逐步增长。内蒙古拥有丰富的旅游资源，旅游业将是蒙古族城镇化新的推动力。

二　城镇对企业和居民的拉力

在一个经济系统中，如果距离集聚中心远近不同，其区位利益不同，则厂商的均衡决策也将随之出现差异。由于集聚经济的存在，在集聚利益的吸引下，城镇化就会产生。可见，区位集聚是一种不可避免的空间布局结果。城镇由于在交通、区位、经济等方面的优势所产生的集聚经济效益大于扩散效应，对于农牧区人口及生产要素产生一定的拉力，从而构成城镇化的基本动力。

（一）城镇对企业的拉力

城镇对企业的拉力，首先在于城镇有助于企业实现规模经济效益。根据规模经济理论，规模经济是指随着生产规模扩大所产生的长期平均成本不断下降的趋势。而市场规模以及配套生产条件优势决定生产规模的前提条件。因此，城镇对企业的空间配置具有强大的吸引力，也就是拉力。另一方面，多个企业的集聚可以大大节约企业的外部投资，能够以较低的成本获得外部相关产品和服务的供给。一般而言，集聚的规模越大，外部经济效益就越明显。越是大城镇，能够提供的基础设施和公共服务越完善，这使得城镇特别是大城镇能够产生集聚经济效益，对企业产生强大的吸引力。

（二）城镇对居民的拉力

在城镇化过程中，主要表现为人口大规模向城镇集中，这种集中主要来源于城镇两个方面的拉力：一是工业化造就足够多的就业机会，为农牧区富余劳动力提供广阔的发展空间。如果没有工业化，没有城镇就业机会的增加，城镇化是不可能的。二是城镇文明能够为进入城镇的人口提供更高的生活质量。一个劳动者是否进入城镇，一方面取决于城乡收入的实际差异，另一方面取决于城镇的就业率，即城镇为农牧业人口提供就业的机会。对于农牧区居民而言，选择居住在乡村还是城镇，都是通过比较利益决定的，在哪里能够获得最大利益，他们就会流向哪里。按照经济人假设，居民的选择是理性的，正是由于他们对客观环境的认识，加上主观感受的判断，最后决定是否进行迁移。

城镇化动力是城镇化动力机制的有机组成部分，而城镇化动力的有效性又取决于城镇化动力机制的有机协调，只有一个协调统一的城镇化动力机制才能促进城镇化各个方面相互搭配、互相激励，共同促进地区城镇化的快速发展。在城镇的拉力和乡村推力的共同作用下，城镇在空间地域上拓展，而农牧区在空间地域上缩小，城乡一个互动的系统，即由城市、城市边缘区、小城镇和乡村组成的一个变化着的混合体，而且城市的生活方式、思想观念等渗透到农村，城乡互动共同推动城镇的发展。

三　基础条件的支撑力

基础条件支撑力主要是指支撑城镇化发展的资源环境、基础设施、区位交通等因素的状况，它是城镇产生、发展的基本，是支撑城镇化进程的必要条件。资源环境是人口向城镇转移的优先考虑的因素之一，人们往往都乐于居住在生态环境较好的城市，这既是人们对美的渴望的天性使然，更是对自身身心健康考虑的理性需求。基础设施是评价城市发展程度的一项重要指标，良好的基础设施一方面可以降低迁移成本并提高产品的竞争力，另一方面还可以促进新型交流，刺激劳动力流动。完备的基础设施条件不仅是城市发展的必需，更是吸引产业的基本。没有产业的发展就难以吸纳足够的人口，没有人口城镇化之谈也就失去城镇化的意义。这也是很多地区的发展往往从基础设施完善的方向发展的原因所在。区位因素一般包含地形因素、环境因素、交通因素等多个方面。

城市起源的"地利说"就曾指出，最初城市的兴起往往选择在地形平坦、气候适宜、资源丰富、交通便利的地区。虽然这是说城市的起源条件，但是对于城市规模的后续发展以及城镇化进程同样有重要的影响。现代"区位"概念不仅仅是传统意义上的地理区位，而更多体现了与外界联系的紧密性及方便程度。比如位于交通干线、铁路枢纽的城镇往往由于便捷的交通条件成为企业选址、服务业聚集的首选。因此，区位条件对城镇化的发展具有显著的影响。内蒙古部分城镇位置相对优越，处于交易集市中心，是交通枢纽交会处，其因大量蒙古族居民的迁移和落户，成为推动城镇化进程的重要条件。

四　外向经济促发力

近年来，随着经济全球化进程的推进，国际交流与合作变得日趋频繁，外向经济成为推动城镇化进程的又一重要动力。外向经济主要包括对外贸易、外商投资、国际旅游三大方面。通过对外贸易能够带动仓储、物流、金融等服务业发展；通过吸引外商投资能够促进出口导向型产业发展，从而实现对边境口岸型城镇化的带动作用；国际旅游则通过对区域服务业发展的促进作用影响城镇化进程。随着区域经济合作的深入，外向经济的发展对于沿海或者边境口岸地区的城镇化进程的影响正逐渐增强。我国香港是世界自由港，其早期的发展主要是以转口贸易为主，在对外贸易的不断发展中配套产业也逐步完善，成为推动早期香港城市发展的动力之源。我国的珠三角地区则是通过外商直接投资推动城镇化发展的典范。珠江三角洲、闽南、山东半岛等地区的三资企业集聚，对乡村剩余劳动力吸引力巨大。深圳从小渔村成长为大城市，则正是外资推动的结果。

内蒙古自治区与多个国家接壤，二连浩特、满洲里都是我国重要的边境口岸城市，是我国与蒙古国和俄罗斯对外联系的重要门户。随着我国与俄罗斯经济贸易的深入，满洲里等与俄罗斯交接的口岸会成为贸易的重要基地，吸引越来越多人口迁移居住，进而推动城镇化发展。

五　政府政策调控力

国家区域经济政策的倾斜在过去、现在和将来都是影响蒙古族城镇化的一个主要因素，这些政策包括加强基础设施建设，为城镇发展提供"公共品"服务，降低要素流动与集聚的成本；给予财税、金融、市场准入等方面的支持等。近些年国家实施西部大开发战略，对西部基础设施建设进行大规模的投资，实施水利、公路、铁路、机场、管道、电信等大量基础设施建设以及生态环境建设工程。但是在市场经济条件下，政府直接配置的资源是有限的，政府的拉动更多体现为对市场的培育，即针对市场成长的不足，培育市场、推动市场成长，这一职能主要指通过制度建设为市场主体提供激励和保障，提高交易效率。政府的正确调控，通过相关制度建设对蒙古族城镇化具有重要的推动作用。比如，西部各省区政府鼓励个体、私营等非公有制经济的发展，社会保障制度的落实、就业培训制度的不断完善和户籍制度的改革，促进了农、牧区剩余劳动力的转移，使蒙古族城镇化得以推进。

内蒙古自治区是一个多民族聚居的西部地区，市场化进程远远落后于东部发达地区，市场机制的不健全导致资源要素的配置和经济运行不能实现帕累托最优。尤其是面对城镇化进程中的公共产品供给、区域协调等问题，市场会出现失灵，必须通过政府的宏观调控来推动内蒙古自治区城镇化的合理发展。从历史与现实来看，政府行为推动城镇化常见因素有特殊军事、政治目的作用，政府管理水平和政策倾向作用，以及行政中心变更和城市管理政策变化的作用。如政府出于政治和军事目的推动的"三线"建设促进西部部分重镇的发展。珠江三角洲、浦东新区的快速发展是在中央优先发展东部地区政策倾向下实现的。近年来西部大开发政策的逐步推进极大促进西部地区的城镇化发展。除此之外，通过调整行政中心所在地、调整区划范围改变城市等级等方式同样会对城镇化产生重大影响。在内蒙古自治区现有的城镇中，政府通过财政干预、基础设施投资、行政手段等途径对城镇化进程的影响不可忽视。在内蒙古自治区，由于内外部环境特殊，城镇化功能的多元性决定政府的作用更为明显，尤其是一些落户的蒙古族聚居区和生态环境脆弱区，这些区域的城镇化发展需要更多地依靠政府宏观调控，以实现经济、生态、社会的和谐发展。

第三节　蒙古族城镇化制动力分析

西部大开发以来，随着内蒙古自治区经济的快速发展以及各类旅游资源的开发，使得蒙古族人居条件和产业支撑条件较好的城镇发展较快，但是经济发展质量与城镇化水平仍然较低。从目前来看，对蒙古族城镇化影响较大的制动力主要是产业机构偏离度较大、就业机构不协调、小城镇发展质量低、区域人口条件形成制约。

一　产业结构低度化制约蒙古族城镇化发展

城镇化发展过程是人口和土地非农化的过程，其中必然伴随着主导产业更替和产业机构优化。而区域产业机构低度化，尤其是主导产业水平低，为区域创造财富和就业岗位的能力必然有限，城镇化进程必然受阻。一般来说，产业结构低度化主要是指产业机构从低水平向高水平状态升级转化的动态过程处于较低状态。具体来说，产业结构低度化可以从以下几个层面来理解：第一层面，是指三次产业比例构成与其他地区相比处于较低水平，即第一产业和传统的工业及服务业在国民经济中所占比例较大；第二层面，是指具体三次产业内部各产业比例与其他地区相比处于较低水平，产业技术创新能力与国际竞争力较低；第三层面，是指从"产业链"来看，处于"产业链"末端的高加工度产业比重较小，处于"产业链"始端的产业所占比重较大。

内蒙古自治区产业机构低度化主要体现在以下几个方面：首先，农牧业现代化水平低，传统农牧业比重较大，现代农牧业比重较小，生产效率低。其次，工业以矿产开采等初级产品生产为中心，高加工度化、高附加值化、高新技术化不明显，技术进步对经济增长的贡献率过低。最后，第三产业以传统服务业为主，发展缓慢。区域支柱产业仍以畜牧业和资源型工业为主，产业比较单一，产品品种比较少，而且绝大多数没有形成有竞争力的规模和水平。虽然各个旗县已有明确的产业规划和主导产业发展思路，但是各个旗县各自为政，没有从区域整体经济实力的角度来安排，更不考虑区域经济分工合作的问题，现有产业发展难以支撑城镇化进程。

二　产业结构与就业结构不协调限制城镇化发展

比较劳动生产率是指区域某产业的 GDP 相对比重与劳动力相对比重之比。根据区域经济相关理论，区域第一产业的劳动力相对比重和 GDP 相对比重表现出持续下降趋势，其比较劳动生产率也呈下降趋势，并且在 1 以下；第二产业的劳动力相对比重和 GDP 相对比重在经历一段上升趋势后逐步平稳，略有下降，其比较劳动生产率呈先上升后下降趋势，保持在 1 以上；第三产业的劳动力相对比重和 GDP 相对比重持续上升，其比较劳动生产率呈先下降后上升趋势。比较劳动生产率可以反映区域各产业的劳动效率变化，反映产业结构与就业结构的协调性。从内蒙古自治区各地的经济发展来看，第一产业比重正在不断下降，第二产业和第三产业比重正在不断上升，但是从吸纳劳动力就业来看，第二、第三产业吸纳就业的能力没有跟上其发展速度。工业化的发展带动城镇经济的发展，吸引更多人口迁移至城镇居住，但是产业的发展并未提供足够的就业岗位给迁入居民，这会成为限制城镇化发展的重要因素。

三　基础设施尚不完善对城镇化的制约

城镇发展过程中对基础设施具有很强的依赖性，基础设施如道路交通、通信系统、电力设备等直接影响着城镇化基础。20 世纪 90 年代以来，内蒙古自治区以铁路、高等级公路及航空港建设为重点的区域基础设施建设发展迅速，但由于地域广阔、自然条件复杂、投资不足等因素的影响，内蒙古自治区大部分中小城市基础设施建设依旧相对滞后，严重制约西部地区城镇化进程和经济发展。近年来，随着市场经济的发展，我国基础设施建设资金来源逐步多元化，大大提高了城镇自我发展、自我积累的能力。但受限于财政和社会发展资金的不足，筹资渠道十分有限，导致基础设施建设严重滞后，城镇面貌和投资环境改善较为缓慢。尤其对部分牧区来说，地广人稀，两地之间距离很长，对这些基础设施的依赖更加明显。但从目前的经济社会发展的需要来看，基础设施建设还远远不够，尤其是在少数民族聚居的地区，城镇基础设施建设缺乏相应的资金支持，还远远不能满足城镇化发展的需要。个别边远地区的公路、电力等基础设施严重滞后，无法形成产业集聚、人口聚集的良性循环，制约城镇化的发展。

四　城镇主导产业发展滞后对城镇化的制约

城镇化进程是农牧民人口逐步转化为城镇人口的过程，要想实现农牧民向市民的转变最根本的是要提供相应的就业岗位。城市主导产业则是带动其他关联产业发展，吸纳劳动力就业的基础。改革开放以后东部地区城镇化发展迅速，蓬勃发展的城镇产业尤其是乡镇企业成为吸纳劳动力进城就业的主要动力。当前城镇化水平较高的地区几乎都有相对完备的产业体系，尤其是主导产业在吸纳劳动力就业、带动相关产业发展上发挥着巨大的带动作用。因而主导产业的发展水平直接关系到城镇化进程。从目前内蒙古的产业发展来看，除一些大型城市依托区域优势的主导产业外，大部分城镇并未形成相对完善的主导产业链条。由于诸多因素的制约作用，内蒙古的产业发展仍旧处于相对较低的发展层次，城镇化的产业支撑机制尚不完善。尤其在一些蒙古族聚居地区，城镇产业主要还是以农产品的初级加工和手工业为主，城镇工业化水平很低，在工业水平较为落后的情况下服务业难以形成规模，进一步制约农牧区人口向城镇转移的速度。

五　生态环境的制约

适宜的生态环境是内蒙古城镇化发展的必要基础，而恶劣的生态环境成为制约内蒙古自治区城镇化进程的制动因素。内蒙古地区主要集中于内蒙古高原，内蒙古高原一般海拔为 1000—1200 米，南高北低，北部形成东西向低地，最低海拔降至 600 米左右，在中蒙边境一带是断续相连的干燥剥蚀残丘，相对高度约百米。高原地面坦荡完整，起伏和缓，古剥蚀夷平面显著，风沙广布，古有"瀚海"之称。内蒙古高原是一个向北渐降的碟形高原，边缘地带最高。这种地形对高原上的干旱化有利。冬天高原寒冷，形成蒙古高压，自然无雨；夏季高原转热，成为低压区，吸引南风吹上，阻于边缘山地，截留大部分水汽，使高原成为雨影区。除边缘山地有冰川融水形成夏洪冬干的河川（如黑河、伊敏河等）外，就是边境的黄河。河川对高原的切割不显著，给风力吹扬提供了条件，这里一般风速每秒可达9米，飞沙走石不仅在岩石地面挖出沟槽和谷地，也可在特定地域堆成沙丘及沙山。所以，在草地被破坏的山足和高原中部，往往形成基岩出露的砾石"戈壁"，在流沙积聚的西部又可形成大片的"沙漠"。因此，戈壁和沙漠是内蒙古高原的显著地貌特色。内蒙古高原戈壁、沙漠、沙地依次从西北向东南略呈弧形分布：高原西北部边缘为砾质戈壁，往东南为沙质戈壁，高原中部和东南部为伏沙和明沙。伏沙带分布于阴山北麓和大兴安岭西麓，呈弧形断续相连；明沙主要有巴音戈壁沙漠、海里斯沙漠、白音察干沙漠、浑善达克沙地、乌珠穆沁沙地、呼伦贝尔沙地（呼伦贝尔草原）等。

远离海洋和高原气候的影响下，内蒙古自治区气候具有典型的干旱气候特征，集中表现为降水稀少，相对湿度低。生态环境状况直接影响着内蒙古自治区的城镇化进程，人类对生存环境的选择首先是基于生存的考虑，进一步是对于生活的追求。城镇化进程本身是人口在城市集聚的过程，吸引人是城镇化的本质内涵，而吸引人的最基本条件正是生态环境基础。在内蒙古自治区，一些地区生态环境恶劣，对于推动城镇化提出了挑战，即便是现有的城镇，随着城镇化发展也面临着生态环境的约束，严重制约着内蒙古自治区的城镇化进程。

六　区域人口条件对城镇化的制约

内蒙古大部分地区，特别是蒙古族聚居地区人口总量较小，区域人口密度低，因此区域第二、第三产业发展的市场容量小，集聚效应难以形成。在人口素质方面，蒙古族人口占内蒙古自治区人口的17%，蒙古族农牧民知识水平普遍较低，思想意识落后，对新事物接受能力较弱，长期习惯于从事畜牧业，向第二、第三产业转移就业的困难较大。加之地区科技人才较为匮乏，地区受过高等教育的有文化的劳动力不断外流。人口总量较少和人口素质较低是制约蒙古族城镇化和社会经济发展的一种重要制约力。

由于多语言、多文化、多宗教的影响，内蒙古自治区城镇化进程中面临着民族融合与城镇化发展的特殊问题。内蒙古地区地域辽阔、交通不便、信息闭塞，数千年的"五谷文化"底蕴深厚，成为维护小农家经济、排斥城镇现代生活方式和现代化大生产的障碍。其相对于东部地区起步较晚，受计划经济的长期影响，市场经济观念较为淡漠。尽管农牧区人口进入城镇使得居住地发生变化，但传统思想在大量农牧民心中依然根深蒂固，成为蒙古族城镇化的文化障碍。由于教育水平较低，缺乏必要的基础技能，使其进入城镇生活受到阻碍。即便是部分蒙古族居民由农牧区转入城镇，也只能从事服务行业或者简单的体力劳动，大量蒙古族居民生活在社会底层。

七　制度因素的制约

制度因素是制约内蒙古特色城镇化进程的又一重要因素。与城镇化发展密切相关的制度因素主要包括户籍制度、土地制度、社会保障制度。我国的户籍制度以城乡分离为基本特征，产生于特定的历史时期，是我国在经济社会发展的特定时期采取的一种相应的制度选择。传统的户籍制度在特定历史时期对于控制城市人口增长过快、完善社会管理等方面发挥重要的作用。改革开放以来的户籍制度变迁，已大大淡化其负面效应，但是由于当前户籍仍然与就业制度、社会保障制度等相配合，对农村人口流动仍然具有很大的限制作用。由于户籍制度的存在，大量农牧民进入城市由于户口问题不能解决，在就业、医疗、子女教育、社会保障等诸多方面都会存在一定程度的不便，从而限制人口的流动。

土地是农牧民赖以生存的基本，农牧民失去土地意味着失去最基本的生活工具。现有的土地制度下，土地作为农业生产中最重要的基础要素不能自由流动，必然影响农业经营规模和农业发展，降低农民非农业生产性投资预期，从而增强农民对农业和土地的依附感，降低农民非农就业的稳定性和阻碍农村剩余劳动力从农业部门向非农产业部门的自由转移，进而影响城镇化进程。社会保障制度对于城镇化进程同样具有重要的影响。农民能否转变为城镇居民，是对进城的机会成本、收益和风险比较的结果，是一个博弈的过程。城市优越的生活条件、完备的设施服务对农民来说有一定的吸引力。但同时农民又不得不考虑进城后的生活成本增加、负担加重以及养老等后顾之忧，导致农民的行为倾向于短期化，高估市场风险、低估未来收益，甚至有了返乡的念头，进而影响城镇化步伐。从目前的情况来看，土地制度、社保制度的不完善对农民进城的抑制效应明显，阻碍了农民向城市转移的步伐，制约着蒙古族城镇化的进程。为加快城镇化，政府应当针对就业、教育、社会保险等方面进行制度改革，降低农牧民进城的门槛，消除制度性壁垒，减少其后顾之忧。除此之外，非正式制度对蒙古族城镇化进程同样影响显著。非正式制度是对人的行为不成文的限制，通常被理解为在社会发展和历史演进过程中自发形成的、不依赖人们主观意志的文化传统和行为习惯，如社会价值观、伦理规范、文化传统、习惯习俗、意识形态等。非正式制度往往没有强制性，却有很强的路径依赖性质。比如，我国长久依赖的"小农文化"，仍然在农村发挥着重要作用；部分少数民族传统的以游牧为主的生产方式限制其长期定居城镇。这些非正式制度与正式制度共同构成制约蒙古族城镇化发展的制度因素。

八　蒙古族传统文化的传承对城镇化的制约

蒙古族传统文化是中华民族优秀传统文化中的重要组成部分。蒙古族作为全国56个少数民族之一，也是内蒙古自治区的主体少数民族，有着独特的文化思想体系、语言文字、生活习俗。在城镇化推进的工作中，蒙古族农牧民如何从生活、文化、精神上融入城镇，成为城镇化工作应有的题中之义。而且，作为一种优秀的文化遗产，蒙古族传统文化也要进行保护和弘扬，因此如何在实现蒙古族城镇化的过程中进一步保护和弘扬蒙古族传统文化是重要的工作内容。

第六章　城镇化后蒙古族居民
生活方式的变迁

　　城镇化背景下蒙古族生活方式的改变受多种力量的影响，是内部的与外部的，自然的与社会的错综复杂的交叉，是多种力量在互动关系中共同作用的结果。国家政治、生产力和经济发展生存环境（包括自然和社会环境）的改变是主要外力。国家自上而下的制度和政策安排，政府所采取的城镇化的发展战略和理念，以及对待牧民的态度和措施，是推动蒙古族生活方式变迁的主要外部力量。国家政策、法律、法规的颁布和施行，动摇了牧区传统的赖以生存的各种制度基础，直接导致了牧区居民家庭关系、婚姻习俗、社会交往等方面的变化。同时，由于国家行政力量的介入，牧区建立起一套以社区成员自治制度为基础、自下而上的社区治理体系，打破了以往以血缘和族缘关系为基础而建立起来的社会组织制度。

　　改革开放以来，牧区实行土地草场包产到户，蒙古族牧民逐渐从畜牧生产中脱离出来，生产方式由粗放的、分散的、低附加值的状态向集中的、定点的、高附加值的状态转变，生活方式也从过去简单的单一化自给自足开始多样化，变迁中的蒙古族生活方式，在国家意识形态之外保持着自己相对独特的价值观、仪式、表达方式和文化表现。马克思认为，一切社会变革的终极原因"应当在生产方式和交换方式的变更中去寻找……在有关时代的经济学中去寻找"。在马克思看来，一切文化变迁的现实基础是生产力的发展水平，当生产力发展到一定阶段，原有的生产关系与它不相适应时，就会发生变革。随着生产力的不断提升，牧民认识事物的能力、改造周围环境的能力获得提高，人与人的关系也发生变化，社会制度、风俗习惯、宗教信仰等都随之发生变化，这些变化引导和影响着生活方式的变迁。

　　城镇化进程中的蒙古族居民通过各种形式的职业再教育，获得新的技能和谋生手段，能够从事新的生产生活，蒙古族居民的思想观念里更注重生产力和科学技术为自身带来的影响。同时，城镇化迅速推动了蒙古族与外界的交流，大规模的商业和副业的发展，导致社会的流动性加强。外地商人和外出打工、学习的人，在你来我往的过程中交流、融合，加之各类商品市场的兴起、经济共同体的发展，改变着他们的生活观念。实现城镇定居后，原有的熟人管理模式被解构，以血缘和地缘关系为基础建立起来的各种交往关系被打破，更多地转向各种类型的业缘交往。随着城乡一体化的加速，牧民家庭的生产功能逐渐萎缩和消失，家庭的消费功能正在日益凸显，仅存的部分生产功能，其目的更多地是为了交换，而不是自给自足。同时，在经济全球化的历史潮流中，内蒙古和全国一样登上了世界经济博弈的舞台，"从社会和经济发展的规律来看，发展与农牧区城镇化存在着密切的关系"。在这样的态势下，内蒙古城镇化背景下蒙古族生活方式的变迁具有鲜明的时代特色、国情特色和地区民族特点。

　　人是生活方式的创造者，同时也是生活方式的选择者。"人类不是消极地住在世界各地，而是改变环境的积极因素。任何民族……都曾在某种程度上改造过环境……这种努力和成就表明，支配一切的不是环境而是文化。"在城镇化和经济全球化这个大背景下，蒙古族内部也在回应外部的社会变革。面对自然环境和社会环境的变化，为了满足本民族社会生活的需要和民族利益的实现，以及对于先进民族、先进地区的现代化追赶，不断缩短民族及个体间的发展差距，牧民在生活方式上能够做到自我调适和主动选择，一些物质条件较为富裕的牧民，为了赶上时代发展的步伐，能够过上现代化的城市生活，自愿在城镇安家落户；还有一部分牧民，为了脱离已经发生巨变的生态环境和相对落后的教育环境，举家搬至城镇生活。城镇化使人口流动加快，族际交流更加频繁，不同类型的文化以前所未有的速度传播流动，文化与文化之间的时空距离大大缩小，文化传播对生活方式变迁的影响体现得更加强烈和明显。面对强势的异质文化，牧民不是被动地全盘吸收，而是出于文化自觉和民族自觉，由被动走向主动，在文化与文化的相互激荡和交融中进行扬弃、采借和创新，在保护本民族传统的生活方式的同时，也在传统生活方式的基础上构建新型生活方式。可见，蒙古族自身的文化传统和属性，调适能力、竞争力和选择力、民族凝聚力是内力，支配和影响着生活方式的变迁，从某种程度上决定着变迁的程度和速度，这是不容忽视的动力因素。总之，城镇化背景下蒙古族生活方式的变迁，实际上是国家政治、生产力和经济的发展、族际交流等外原动力不断输入蒙古族文化体系，与蒙古族文化内部的诸要素发生碰撞和融合，促使文化内部的要素及其结构方式发生变化，从而推动生活方式发生变迁的过程，也就是外原动力输入到内外原动力聚合再到内原动力扩张的动力转换过程。

第一节　蒙古族居民生活方式变迁的主要表现形式

一　接受

蒙古族居民通过接触、选择、采借甚至是修正、改造和再解释等途径，采纳、吸收某种生活方式的全部或部分内容。那些能够适应现代社会和有利于本民族发展和进步的生活方式容易被接受，另外，生活方式的浅层结构如衣、食、住、行等日常生活内容也容易被接受。城镇化推进了农牧区蒙古族和其他民族交流的不断深入，使得蒙古族居民在饮食结构和烹调方法上发生了重大改变，除了保持蒙古族传统的饮食习惯（"红食"即牛羊肉和"白食"即奶制品）外，蒙古族基本接受了当地汉族居民的饮食习惯，米面、蔬菜、水果的比例大大增加，一些西式餐饮也经常出现在餐桌上；蒙古袍是蒙古族的传统服饰，现在，越来越多的农牧区居民对现代城市服饰产生认同，蒙古袍基本淡出日常生活，一般只在旅游接待、宗教仪式、民族传统节日和婚丧庆典中出现，且蒙古袍在材质、图案、构造、颜色方面也发生了变化，向简单时尚、美观大方、富有个性的方向发展；在居住方式上，大部分牧区居民住进了土、木结构的土房或砖瓦房中，蒙古包作为蒙古族传统的居住形式，通常只有在夏秋季轮牧时才会出现；蒙古族传统的运输工具——马和勒勒车已经淡出牧区居民的生产生活。马文化作为游牧文化的核心文化符号之一发生了转型和变迁：从放牧、乘骑的交通工具向休闲娱乐工具和商品化转变。在课题组调查的蒙古族牧民中，仅有一户还保留着勒勒车，并且已经束之高阁，牧民骑摩托车放牧、开汽车跑运输的情况屡见不鲜。城镇化背景下，牧区居民的休闲生活的空间比以前有所扩大，内容更加丰富，由原先的单一型向现代化综合型的方向转变。随着各种现代文化娱乐设施的兴建和大众传媒的普及，牧民休闲生活中的知识性和科学性成分越来越明显。多数牧民充分利用闲暇时间开展读书、看报、上网阅读等多种途径的精神文化生活活动，部分牧民能够将蒙古族传统节日娱乐活动与科普宣传、商业贸易及其他经济技术洽谈等活动有机结合起来，由此产生较大的社会功能和经济效益，对当地的民族经济发展起到了一定的推动作用。

二　融合

融合指蒙古族传统的生活方式在与其他民族生活方式接触交往过程中发生双向协调，产生出不同于本民族原来的生活方式的新特征、新形式、新内容或新结构，达到了难以区分的程度，从而形成一个新的、单一的生活方式体系的过程。那达慕是蒙古族传统的节日生活，在草原牧区，虽然形形色色、大大小小的那达慕依然存在，但城镇化背景下的那达慕被赋予了新的象征意义。

那达慕成为一种形式，升国旗、奏国歌、劳模表彰、学生团体操表演、各级地方政府宣传政策、开展工作、召集民众、传达信息和企业广告宣传等仪式融入传统那达慕中。那达慕的起源与敖包祭祀密切相关，但牧区那达慕中传统的敖包祭祀的意识已经开始淡化。现代旅游中构建的那达慕，虽然形式依然存在，但敖包祭祀的仪式已经完全消失，一些蒙古族传统的比赛形式如赛马、射箭、摔跤、蒙古象棋等逐渐弱化，牧区居民的参与完全变成了展示和表演，一些现代的文艺演出、田径比赛和各类经济文化展览以及订货洽谈、物资交流等活动进入那达慕。蒙古传统的祭祀仪式敖包祭祀也发生了变迁，传统敖包是由石头、沙土和树枝垒积而成的"原生态"状况，显示了草原游牧民族原始素朴的自然生态观，如今，敖包在质地、装饰等外在形制上发生了改变，出现了有砖和水泥修葺、瓷砖装饰的敖包；祭祀时间也在缩短，由传统的三天缩短为一天；祭祀的文化功能发生了调适，由最初的求雨增加到求平安、求健康、求升学、求姻缘、求生意兴旺等；祭祀行为上也呈现出传统与现代并融的细微变化。同时，敖包祭祀作为一种仪式，具有族群聚会的功能，主要体现为牧区居民通过这一特殊的文化活动达到族群的认同，随着大量城镇的出现和牧民的定居，敖包的聚会功能与新的现代交往方式逐渐融合，承载着族群认同、旅游、仪式展示等多种功能。城镇化加速了蒙古族传统生活方式与现代城市生活方式融合的进程，这并非反常现象，而是民族生活方式发展变迁的本质体现和必然趋势，可以说，融合是少数民族传统生活方式现代化的必由之路。

在传统生活方式与现代城市生活方式融合的过程中，有可能伴随着生活方式的萎缩，或称丧失。丧失有时是进步的，是生活方式发生变迁时出现的必然现象，如现代交通工具逐渐取代了马和勒勒车的使用，其积极意义是有目共睹的。牧区居民或主动或被动地接受了城镇化、市场化、信息化的时代变革，选择了现代生活的新事物，无论对于个体还是本民族的发展进步，都起到了巨大的推动作用。但有时也不绝对，蒙古象棋是蒙古民族的传统技艺，也是牧民休闲生活的重要组成部分，其中有许多体现着本民族优秀文化传统、生态智慧和风俗习惯的规则和下法，且蒙古象棋的许多规则和下法与国际象棋都有着相似之处，牧民中蒙古象棋的高手往往就是国际象棋的高手，应该说这样一种活动极具走向世界的潜质。但当前蒙古象棋中最能体现蒙古族古老的游牧传统和生活作战方式以及生态智慧的规则和下法被摒弃，使其逐渐失去了其特有的民族性，传承人才也面临断层的危机，这种丧失则是一种损失。

三　抗拒

抗拒指在生活方式变迁过程中，由于变迁幅度过于凶猛而导致的抵制、排斥、拒绝和反抗变迁的现象。抗拒分为行为抗拒和心理抗拒。行为抗拒是指在行为上固守或企图恢复原有的生活方式，如蒙古族居民拒绝和汉族通婚，即是明显的行为抗拒；心理抗拒则指行为上接受了新的生活方式，但在情绪、心理上抗拒变迁。现在，牧区居民虽然在行为上接受了定居的生活方式，但调查表明，大多数人在感情上仍然留恋和怀念传统的游牧生活方式。抗拒在某种程度上虽然有利于民族传统生活方式的保护，但实际上也是拒绝变迁的表现。抗拒产生的直接后果是可能将非强制性的顺变迁变为强制性的逆变迁。强制性的逆变迁会带来双重效应：一方面会促使牧区居民被迫接受并适应新的生活方式；另一方面则会引起居民的反感甚至行为冲突，从而产生威胁的隐患因素。生活方式是一种文化现象，文化变迁的理论和实践告诉我们："文化之间的深层结构的相似或相异程度对文化变迁产生极其重要的影响。如果两种文化的深层结构存在共同之处，在功能上能够起到互补、耦合的作用，变迁会变得顺利得多。相反，如果变迁的双方在深层结构上难以找到共同之处，甚至是一种截然对立的关系，文化变迁便缓慢、困难得多。即便两种文化难以寻求到共同之处，但只要它们的变迁合乎社会的需求，变迁的进程也会变得顺利得多。"因此，各级地方政府应注重教育、引导与整合功能的发挥，对少数民族居民在接受现代城市生活方式表现出的迟缓状态引起高度重视，使之尽快适应并自愿接受现代城市生活，将潜在的逆变迁转化为顺变迁；同时不能忽视蒙古族优秀传统生活方式所代表的社会力量的价值和无法替代的作用，加强民族文化资源的开发和利用，使其产生应有的社会功能，对生活方式中的优良传统进行继承、改良和发扬，将民族传统生活方式与城镇化、现代化有机结合起来，使民族地区新型城镇化因地区和民族的不同呈现出自己独特的个性。

第二节　蒙古族生活方式变迁的规律和问题

生活方式的变迁都是有章可循的，其规律性体现了变迁过程中生活方式的表象因素与变迁实质之间的内在联系，不仅反映了生活方式变化过程中的特质，也有助于揭示变迁的走向和趋势。总体来说，城镇化背景下蒙古族生活方式是向着城镇化、现代化的方向变迁，是在传统与现代的互动中变迁，呈渐进性、非均衡性变迁，在冲突、调适、融合中变迁。

内蒙古自治区蒙古族生活方式在城镇化过程中得到了极大的改变，变迁的规律之一是蒙古族传统生活方式与现代生活方式并存，在互动中前进和推陈出新。对牧区蒙古族生活方式的现状考察的结果表明，生活方式中的浅层结构如物质生活内容更多地趋同于城镇生活，日常生活中大量引入了现代城市生活方式的元素，而生活方式的深层结构如婚姻观念、节日习俗、宗教信仰等依然变革性地存在。可以说，蒙古族传统生活方式与现代城市生活方式在相互交融中、渗透和影响、共生和发展。

从未来的发展趋势来看，牧区蒙古族生活方式中现代城市生活的元素及影响力已经远远超过了蒙古族传统生活方式的元素及影响力，牧区居民的物质生活方面，已经跨越了民族和地域的界限，精神文化生活的外在边界也逐渐呈模糊态势。如何在城镇化、市场化、现代化的过程中，更好地保存优秀的传统生活方式的内容，并与现代生活方式进行兼容并存，这是今后值得研究和重视的问题。任何一个民族的生活方式都有其形成和发展的演变过程，每一个历史时代各民族生活方式具有的特征，既是先前各个时代人们传统生活方式的延续，也是其生活方式不断变迁的结果。辩证唯物主义认为，事物的发展不可能一蹴而就，都要经历一个从量变到质变的过程，蒙古族生活方式的变迁也呈现出一个渐进性、非均衡性的特点，符合事物发展的规律。所谓生活方式变迁的渐进性，指的是蒙古族生活方式变迁和人类社会的发展规律相同，在历史纵向上呈现出规律性特点，并且在不同的社会变革时期，表现出不同的特点。如今，牧区生产方式发生了巨变，游牧的生计方式逐渐衰微，牧民的物质生活水平得到不同程度的提高，生活观念发生转变，精神文化生活有了极大的改善，社会交往和休闲生活有了空前扩展，这种变化在整体上与历史同步，与经济社会发展同步。

蒙古族生活方式变迁的不均衡性，主要体现于生活方式的横向对比上，指的是不同地区的蒙古族，以及同一地区不同的家庭、个体在具体生活方式的结构和质量上存在着差异性和不平衡性。内蒙古地区地域分布广、跨度大，历史文化传统并不完全相同，社会经济发展差异明显，且不同地区的蒙古族受周边区域各个民族文化（尤其是汉族）影响的程度、方式也不同，导致其家庭和个体在生活方式的结构、质量上存在差异。一个民族固有的生活方式一旦形成，便具有稳定性和排斥性。城镇化加速了各民族间的物质交换与文化交流，当少数民族传统的生活方式面对一种新的生活方式时，不可能马上接受和适应，双方要经历冲突、排斥、调适、认同、接受、融合和普及的过程，这是新事物代替旧事物的发展规律。如前所述，蒙古族传统生活方式对现代城市生活方式接受、融合、抗拒的过程，也就是在冲突、调适、融合中变迁的过程，表现为现代城市生活对蒙古族传统生活方式的冲击、挤兑和替代；传统生活方式对现代城市生活方式的接受、融合和拒绝，经过了激化和平稳的变迁，经过自发或自觉的调适，或相互吸收融合或替代对方，随之产生新的生活方式模式。生活方式作为一种文化现象，其变迁符合和遵循文化变迁的规律。

在文化系统由表及里、由浅至深的四个层次中，最容易发生变迁的是处于最表层的物质文化，最难发生变迁的是居于核心层次的精神文化。随着现代城市生活的不断扩张和渗透，蒙古族居民对衣、食、住、行等物质生活有一定程度的接受和融合，但生活方式的深层结构如生活观念、文化习俗、伦理道德等是不可能在短时间内轻易改变的。以蒙古族传统的祭祀仪式敖包祭祀为例，虽然敖包的外在形制、祭祀时间、祭祀服饰和祭祀行为都发生了不同程度的变迁，但这些都属于浅层结构的变化，敖包祭祀所寄托和承载的蒙古族传统的宗教信仰和族群认同功能并没有消失。随着城镇的大量出现和牧民的定居，牧区居民可能会选择新的交往方式与聚会形式，会根据外在环境的变化和内在需求不断进行调适，但敖包祭祀的基本属性在短时期内不会发生改变，其作为草原游牧民族的情感和精神依托的意义也不会淡化。因此，对少数民族生活方式的研究，不应仅停留于生活方式的浅层结构，还应注重深层结构的变迁，这是值得持续考察和深入剖析的问题。

自古以来，以畜牧业为生产方式的蒙古人，从游牧走向定居，从牧民转变成了城市居民。生活节奏加快，家庭消费不断增加，生活方式发生了较大的改变。在定居点的访谈中了解到，定居牧民原有的生计方式并未改变，仍然依赖家庭收入。定居牧民在生产方式的转变上，存在不少问题。定居后如何实现产业结构的调整，建立新型的农牧合作组织或发展第二、三产业，实现剩余劳动力的转移，尚未见到预期的效果。定居牧民和政府相关部门一致认为发展其他行业，即发展第二、三产业是增加牧户家庭收入的一个重要途径。

可是对于定居牧民来说，在短时间内无法经营好第二、三产业。定居牧民在产业结构的调整和发展其他行业方面存在着许多困难，原因有以下几点。一是蒙古族牧民长期从事牧业，不擅长做生意，不会精打细算，不会讨价还价。二是定居牧民的思想观念较保守，文化程度普遍低，很难经营有技术含量的其他行业。笔者通过调研了解到，牧区城镇人口总量较少，近年发展加快，劳动力缺口较大，主要还是人们的思想观念问题。定居牧民觉得自己擅长经营牧业，靠牧业最有保障。如果经营其他行业，万一经营失败了就什么都没有了，所以暂时不考虑转变生计方式。在夏季有少量的代牧，即请亲友代为放牧或雇用他人放牧，但很少有人外出打工或从事其他经营性活动。当问到冬季舍养以后，是否会外出打工时，大家回答基本未考虑。

一　定居蒙古族居民身份认同问题

身份是社会成员在社会中的位置，其核心内容包括特定的权利、义务、责任、忠诚对象、认同和行事规则，还包括该权利、责任和忠诚存在的合法化理由。如果这些理由发生了变化，社会成员的忠诚和归属感就会发生变化。

从 20 世纪 90 年代末开始到目前为止，部分旗县实施了两期牧民定居工程，现在已有的蒙古族牧民定居在县城。在县城形成了由牧民组成的牧民定居小区，长期生活在牧区的牧民融入城市实现了定居生活，一定程度上促进了城镇化进程。这是一个社会转型过程，蒙古族牧民的社会生活在各个方面都发生着翻天覆地的改变。比如，社会身份、生活方式、传统文化等。其中牧民的社会身份从牧民转变为城市居民。牧民慢慢适应县城中的生活环境、生活方式、生活习俗、生活节奏等各方面。其中在社会身份问题上，定居蒙古族牧民觉得自己已经成了城市居民，但是县城上的居民不认同他们的社会身份。县城上的居民们觉得自己才是真正的城市人，而后来搬过来定居于小区的牧民是农村人或牧区人，算不上城市居民。因此，在定居牧民的社会身份的认同问题上，原先的县城居民和定居牧民的观点不一致，存在着一种社会身份歧视。

定居牧民的社会身份关系发生了变化，他们从一种身份关系转向另一种身份关系。当他们的身份关系发生变化时，原来的身份对某种社会建制和团体的忠诚、归属，乃至行动规则，都将随之发生变化。制度变迁的一个重要标志，是人们逐渐采用新规则来增进行动的合法性，以便能够更有效地利用新的经济机会。用社会学的语言表述，这实际上是重新定义社会成员的权利、责任、忠诚对象和认同规则，即创造新社会身份的现象。定居牧民正处在一种新社会身份的创造阶段，他们的这种新社会身份得到社会各界的认可还需要很长时间。因为这是个心理层面的问题，人们从心理上认同一批人的新社会身份是短时间内无法实现的。

过去蒙古族牧民们从事着传统游牧，牧户家庭收入差距表现在牲畜头数、草场面积大小及草场的肥沃程度上。20 世纪 80 年代初，在全国范围内实行家庭承包制度，按人口分配牲畜与草场。家庭人口数多的牧户所分到的牲畜数目多并且草场面积也大。这不仅是个客观标准，而且是大家共同承认的差距。当时经济条件比较好的富裕牧户与经济条件差或相对贫穷的牧户在经济方面的差距表现在牲畜头数的多与少，草场面积的大与小上。因此，牧民之间的贫富差距在日常生活里不是很突出，甚至大家都察觉不到差距。但随着牧区社会的转型，有些牧民家里劳动力多，社会关系网络比较大，而且时刻关注社会的发展并结合城乡的发展情况，他们在草场建设及定居房屋的装修方面做得非常好，过着现代化的生活。牧民在日常生活中喝矿泉水、用煤气做饭，牧户家里除了摩托车、小汽车等交通工具之外，还有电视、电脑、冰柜、洗衣机等现代化的家庭电器。这些牧户真的有了与过去完全不一样的生活。可是对于家庭经济条件差或困难的牧户来说，在短时间内达到他们的程度是无法想象的事情。过去被隐藏的贫富差距如今在生活的各个方面非常明显地表现出来了，牧民们在心理上有了不同程度的生活压力。

牧区社会分层不明显而且没有形成以经济收入为主要标志的阶级结构，社会相似性非常高。近年来，在社会转型的推动下牧民定居以后，社会阶级出现新分配，社会差异性日趋鲜明，从根本上促使定居牧民的社会关系及结构的转型。定居后的富裕牧户，通过他们比较富裕的经济条件有计划地经营畜牧业的同时做小生意或经营服务业来提高家庭收入，从而越来越富裕。与此相反，对于贫穷的牧户来说，最大的困难就是没有足够的资金去经营牧业之外的其他行业。他们如果把草场建设得不好就没办法发展畜牧业，家庭经济较差的牧户没有资金去治理或建设草场，草场年复一年的退化导致牧户生活越来越贫困。如何拉近定居牧民之间的贫富差距，平衡定居社区的经济发展是社会转型时期的重要问题。

二 社会关系的重构问题

在有关中国社会与文化的研究中，"关系"一直是受到学者们关注的题目之一。在围绕"关系"的研究中，费孝通先生的"差序格局"一文是极富洞察力与开拓性研究之一。他认为，"从基层上看去，中国社会是乡土性的。在乡土性的基层社会里，与西方社会的团体格局相比，社会关系是按着亲疏远近的差序原则来建构的，他称之为'差序格局'。在差序格局中，社会关系是逐渐从一个一个人推出去的，是私人联系的增加，社会范围是一根根私人联系所构成的网络"。社会关系受到生计方式及居住方式的影响，左右社会关系走向的是最基本的生产关系和居住格局。定居蒙古族牧民与城市居民在共同的生活空间里相互交往与互动，这种交往与互动最初体现在经济关系和居住格局中，随之反映在社会关系的重构问题上。从集体劳动走向雇工放牧的生产模式，使得原本在共同生产劳动过程中建立的社会关系发生了断裂；从游牧到定居，使得原本由于地域限制而有困难的民族内部成员的交流变得方便和频繁。

在这种情况下出现的民族间关系从紧密到疏远的过程在牧民定居小区中得到充分的体现。家长对子女教育的重视，青年一代脱离牧业、走向新的工作岗位，以及城市化的公共空间内人们的交往从疏远再到紧密的社会关系，在蒙古族牧民定居社区内得到充分的体现。社会关系正在经历重大变革，从紧密到疏远，再由疏远到紧密，是牧民从游牧到定居后最显著的特色；定居牧民的涌入与融入是另一条社会关系发展的线索，给原本较为单一的社会关系发展模式带来新内容。定居蒙古族牧民社会关系发生变化的三个阶段：紧密—疏远—"紧密"。

第一阶段是蒙古族牧民们在牧区的时候，在广阔的戈壁滩上人烟缭绕，邻里之间隔着几里地或几十里地远，但是人们在日常生活中互相帮助，互相依赖。比如闲暇的时候蒙古族牧民邻里间互相串门聊一些社会新闻、喝酒、打牌，来消磨时间，尤其是哪家遇到困难了，周围的邻居都过来帮助，一起解决问题。所以在牧区的时候人们的关系非常密切，社会关系不仅在表面上而且在心理上都很紧密。

第二阶段为牧民们实现定居初期，在新的社区里邻里间就隔着一面墙，空间上拉近了人们的距离，但是定居之前他们互不相识，也没有来往，突然把一些陌生人聚集到一个社区里。所以人们的关系很生疏，整个社区的社会关系处在一种疏远的状态。

第三阶段为定居蒙古族牧民们在新的生活环境下生活一段时间后，居民们开始与邻里街坊相互认识、交往，人们的关系慢慢又从疏远变为紧密，但是这次的紧密关系只是表面上的，居民之间没有心理上的沟通。平时人们只是和邻居们聊聊天，路上碰见了打个招呼而已，这种关系看似很紧密，其实只是外在的紧密，而他们的内心很疏远，定居社区的人际关系非常淡薄。新社区的社会关系不像牧区时候的那样单纯的坚固的紧密，而是表面上的非常脆弱的紧密关系。社会关系的这种脆弱的发展趋势是定居牧民社会关系的重构中存在的一大隐患。

第三节　蒙古族向城镇迁移意愿的理论分析

蒙古族城镇化虽然有助于产业集聚、人口集聚，但从当前来看，地方政府的执政能力有限、移民定居点缺乏产业支持、蒙古族再就业问题解决不好，这都给牧民带来了一定的经济和社会负面影响，许多牧民甚至在迁移后又回到原先的牧场。留在城里的牧民意愿问题没有解决好，甚至对当地稳定产生了一定影响。因此，有必要分析影响其意愿的主要因素，从而从微观角度制定出相应的具体对策，使牧民顺利地融入城镇生活这一进程中。

蒙古族牧民城镇化意愿是指：牧民是否愿意放弃传统畜牧生产方式，进入城镇从事非农牧生产，或者在牧区城镇周边的定居点定居下来，融入现代畜牧业产业进程，以城镇为中心从事与畜牧业有关的生产活动。虽然"在牧区城镇周边定居"扩大了其他地区城镇化研究的外延，但这种模式与牧民以前的生产、生活相比，其更容易融入城镇生活。我们认为，这是蒙古族城镇化过程中的必经之路，并且，在城镇化研究中，也是有依据的。麦吉等人的"扩展大都市区"概念认为：一些大都市周围地区，地域类型虽然在统计上常被官方划分为乡村地区，但其劳动密集型工业、服务业和其他非农产业却相当发达。民族牧区城镇虽然不是大都市，但以其作为畜牧业和知识密集型草产业的产业化平台，产业化链条很容易把牧区城镇以及周边地带紧密联系在一起，从而吸引牧民进入非农化、城镇化的进程。

基于我们在调研中的实地调查访谈，认为在研究蒙古族牧民的迁移意愿时，不仅要考察农牧区城乡结构差异、农牧民对迁移成本和效益的权衡、农牧区城镇的失业率以及按照接受地的期望生活标准感受到相对经济地位变化，还要考虑民族农牧区群众特殊的心理需求。在研究假设上，笔者做了三方面的假设：农牧民的家庭特征变量；农牧民的个体特征变量；农牧民家庭所在农牧区的区域特征变量。在此基础上，对一些设计农牧民意愿的核心估值问题进行了调查，即把一些设计增加迁移收益和减少迁移风险的条件纳入问卷调查分析中，作为对实证研究的补充。

本书在实证研究方法上采用 LOGITIC 模型对不同牧区城镇化意愿进行调查分析，并结合实地调研情况对结果进行解释。选择 LOGITIC 模型分析蒙古族城镇化意愿具有很强的实践性。这主要表现在这个模型是基于多因素因果分析，即一个行为的选择是基于多种因素的共同作用而产生的。作为蒙古族城镇化意愿可用二项逻辑回归分析，它与线性回归相比，二项逻辑回归所研究的问题具有以下特点：因变量只有两个值，发生或者不发生。此外，它所具有的优点是不需要变量满足正态分布，以及可以选择更多的解释变量而增强模型的预测精度，而且变量的选择范围更广。

一　研究方法

本研究选择的调研地为通辽市库伦旗、赤峰市阿鲁科尔沁旗、兴安盟科尔沁右翼中旗（科右中旗）、锡林郭勒盟苏尼特右旗（锡苏旗）、鄂尔多斯鄂托克前旗（鄂前旗）、阿拉善盟阿拉善右旗（阿右旗）。在问卷设计阶段，由于向蒙古族牧民提供信息的充分与否会严重影响牧民向城镇迁移的确定性，即信息不足会使牧民难以明确给出答复；问卷中设置问题的提问方式及备选答案的难易程度，因受访者的社会经济信息不同，对回答问题的确定性也有影响。如果对农牧民个体的特殊性因素，如社会经历、个人喜好等偏好逐一加以分析，则这些不确定性因素是难以操作的。但好在 LOGISTIC 模型在个体选择研究中能分析出行为主体的行为偏好差异，即各种不确定性因素的综合影响只是反映农牧民这一行为主体特征的选择倾向。此外，为了尽量消除不确定性因素，每份问卷都是采用访谈的形式确定。

二　研究假设

基于我们的调查问卷分析以及与农牧民的面对面的采访，本研究对影响蒙古族城镇化的意愿的因素，提出以下假设。

1. 蒙古族农牧户的家庭特征变量：（1）家庭规模：人口规模越大，如果条件得到满足，受城镇生活多种便利因素的影响，城镇化意愿成正比。（2）劳动力结构：劳动力越多，则劳动力受草地退化的影响而富余，城镇化倾向意愿较强。（3）家庭人均收入水平：收入水平越高，离开熟悉的生产生活环境而迁移的意愿则降低。（4）非农收入在家庭收入中的比例：非农收入所占比例与城镇化意愿成正比。（5）是否有学龄子女：有学龄儿童家庭与迁移意愿成正相关关系。（6）牧场面积：根据种植业农区经验，其与迁移意愿成负相关关系。

2. 蒙古族农牧民的个体特征变量。（1）受访者的年龄：分年龄阶段，年龄太高和太低，都不适宜迁移，但本次调研对象多是 25 岁以上成人，其年龄越大，城镇化意愿可能越弱。（2）受教育程度：受教育程度越高与城镇化迁移意愿呈正相关关系。（3）外出打工的经历：有外出打工经历与城镇化迁移意愿呈正相关关系。（4）对当前生活的满意度：对现阶段生活水平的满意度与城镇化意愿呈负相关关系。

3. 蒙古族农牧民家庭所在牧区的特征变量。（1）牧区草地的退化程度与迁移意愿呈正相关关系。（2）交通状况：所在农村牧区与最近城镇的距离，或与主干交通线的距离，距离与迁移意愿呈负相关关系。（3）非农就业机会与蒙古族牧民城镇化意愿呈正相关关系。（4）所在地人口流动状况：人口流动性越强，其接受外界信号越强，社会关系越广泛，与意愿呈正相关关系。

交通工具、手机、电视等可反映蒙古族农牧民社会交往以及信息化水平的选项在问卷调查范围内，但是通过调研，这些物品蒙古族农牧民家庭几乎都有，尤其是交通工具等，把这些引入模型分析已经没有意义，所以不在分析当中。

三　变量的选择

建立蒙古族牧民城镇化意愿的 LOGISTIC 分析模型，首先要确定分析所涉及的可能的变量，即选择合适的观测数据；其次，只有通过拟合合适的观测数据再决定这些变量哪些是有效用的，并确定有效用函数参数值的大小。主要观测数据涉及以下几个方面的内容：（1）对蒙古族牧民个体可能作为变量的个体属性值；（2）所有影响蒙古族农牧民选择城镇化迁移行为的相关属性值；（3）对蒙古族农牧民实际意愿选择行为的观测。

四　变量的设定

影响因素统计特征以及预期影响方向，如表 6.1 所示。

表 6.1　　　　　　　　影响因素统计特征以及预期影响方向

变量	分类	变量含义	变量范围	预期方向
家庭规模（sca）	家庭特征变量	家庭人口数（人）	2—5	正方向
劳动力结构（str）		劳动力所占比例（%）	20%—100%	正方向
家庭人均收入水平（inc）		家庭人均收入（元）	1000—13000	反方向
非农收入所占比例（nar）		非农牧收入占家庭总收入比例（%）	0—100%	正方向
是否有学龄子女（off）		0（无），1（有）	0—1	正方向
人均牧场面积（squ）		人均所拥有牧场（亩）	60—7000	反方向
受访者的年龄（age）	个体特征变量	年龄（岁）	25—71	反方向
受教育程度（edu）		受教育年限（年）	0—16	正方向
外出打工的经历（job）		0（无），1（有）	0—1	正方向
对生活水平的满意度（sta）		不满意（0），满意（1）	0—1	反方向

续表

变量	分类	变量含义	变量范围	预期方向
草 地 退 化 程 度（deg）	特征变量	0（轻），1（中），2（重）	0—2	正方向
交通状况（com）		与中心城镇距离（千米）	2—56	反方向
非 农 就 业 机 会（cha）		0（少），1（多）	0—1	正方向
所在地人口流动状况（flo）		0（不频繁），1（频繁）	0—1	正方向

五　调查实施以及样本信度分析

调研小组对蒙古族农牧民采用面对面采访形式，一方面为了尊重调研对象，另一方面也为使受访者能够认真对待调查，每户受访对象都赠予了礼物，共获得有效采访问卷 133 份。

有效问卷的分析表明：有 63 户家庭不愿意迁移到城镇，有 70 户家庭愿意迁移到城镇以及城镇周边的牧区定居点。对这 70 户家庭的资料，我们进行了数据处理，把其纳入 LOGISTIC 分析模型中。另外，对一些不愿意在城镇居住的蒙古族农牧民，表示愿意是在某些条件得到满足后而迁移的，我们对其意愿在实证分析后，进行了补充调研分析。在进行 LOGISTIC 分析前，我们对问卷样本进行了信度分析，以便为问卷进行修订。

（一）样本信度分析原理

信度，用于确定调查原始数据的质量，以便对抽查问卷进行修订。信度主要表现测验结果的一贯性、一致性、再现性和稳定性。一个好的测量工具，对同一事物反复多次测量，其结果应该始终保持不变才可信。信度分析主要用于问卷调查的有效性分析。问卷的信度受随机误差影响，随机误差越大，测验的值越低。因此，信度也可视为测量结果受随机误差影响的程度。系统误差产生恒定效应，不影响信度。

在测量学中，信度被定义为一组测量分数的真变异数与总变异数的比率，即其中的 r_{xx} 称作信度系数，S_r 为真变异数，S_x 为总变异数。

在实际测量中，因为真值是未知的，故信度系数不能由以上公式直接求出，而只能根据一组实得分数做出估计。

　　信度估计的方法采用 a 信度系数。这是目前最常用的信度系数，它表明量表中第一项得分的一致性。该方法适用于项目多重积分的测验数据或问卷数据。a 信度系数可以解释分数的变异种，有多大比例是由真分数所决定的，从而反映受随机误差影响的程度，反映出测试的可靠程度。可以把 a 信度系数作为相关系数，它的取值范围从 0 到 1。

　　（二）信度分析结果

　　表 6.2 为信度分析的样本情况描述表，此分析共有样本数 133 个，有效样本数为 133 个，占全部样本总数的 100%，无效样本数为 0 个。

表 6.2　　　　　　　　　　　　　　样本描述表

样本数	个数
有效	133
无效	0
合计	133

　　表 6.3 为信度分析后的 a 系数得分。本信度分析的 a 系数均在 0.8 以上，符合 0.80—0.85 的信度要求。调查问卷的总体信度系数为 0.828，表明调查所得分数的 82.8% 的变异来自真分数的变异，仅有 17.2% 的变异来自随机误差。

表 6.3　　　　　　　　　　　　　　信度系数表

变量	a 系数	变量个数
家庭特征变量	0.813	6
个体特征变量	0.818	4
牧区特征变量	0.831	4
总体变量	0.828	14

　　从信度分析结果来看，可以认为此次调查问卷的项目设计是合理的。

六　蒙古族城镇化意愿的 LOGISTIC 模型建立以及模型回归结果

（一）模型的建立原理

自然界中任何随机现象都受到两类条件的制约，一类是相对固定的条件，另一类是变化着的，甚至是不可控制的条件。变化着的、不可控制的条件导致事物发生和偶然性，而相对固定的条件使得这种偶然性呈现出必然的规律性。即时间发生频率的稳定性，正是这种概率性为随机现象的统计手段奠定了理论基础。通常变化着的条件为随机因素，相对稳定的条件为系统因素。系统因素决定了客观上存在着项目投资的理想真值，记为 t（X）。随机因素使得实际值 Y 在真值 t（X）附近随机波动，其波动的偏差为 εX，于是城镇化意愿的随机变量 Y 可以表达为

$Y = t$（X）$+ \varepsilon X$

t（X）作为 Y 的估计，自然应满足以下两种情况之一：其一，t（X）与 Y 的差距应尽可能地小，即均方差 E［$Y - t$（X）］2 应尽量地小；其二，Y 与 t（X）的相关系数 p［Y，t（X）］的绝对值应尽可能地大。当 Y 对 X 的条件数学期望 E（Y/X）为 Y 的最佳估计，于是可用 E（Y/X）代替式中的 t（X）得到统计模型，即

$Y = E$（Y/X）$+ \varepsilon X$

统计模型的一个关键问题是确定条件数学期望 E（Y/X）关于 X 的函数结构。

城镇化意愿的特点是因变量只有两个值，有意愿或者无意愿。这就要求建立的模型必须保证因变量的取值在 0—1 之间。可是，大多数因变量值常处于一个实数集中，与因变量只有两个值的条件相符。因为一般回归分析中所要求的前提条件是要直接预测因变量的数值，要求因变量呈正太分布，并且各组中具有相同的方差-协方差矩阵。

在这里，我们引入一种对因变量数据假设要求不高，并且可以用来预测具有两分特点的因变量概率的统计方法——Binary Logistic 回归模型。

在 logistic 模型中，利用逻辑回归中可以直接预测观测量相对于某一时间的发生概率。对于包含一个以上自变量的模型可以写为

$Prob$（$event$）$= e^z/1+e^z = 1/1+e^{-z}$

其中：$z=B_0+B_1X_1+\cdots+BpXp$（P 为自变量的数量）

某一事件不发生的概率为

$Prob$（$no\ event$）$= 1-Prob$（$event$）

在线性回归模型的建立过程中适用最小二乘法，而在进行逻辑的拟合过程中适用最大似然比法和迭代方法。

建立模型后，需要知道模型对总体样本的拟合情况。在一般情况下，模型对样本的拟合度比对总体的拟合度要好。我们在建立模型的过程中，利用其中的一部分数据来建立一个模型，再将它应用到另一部分数据中去，从而了解模型对数据的拟合情况。

使用基于卡方分布的 Wald 统计量进行检验。当自由度为 1 时，Ward 值为变量系数与其标准误差比值的评分。对于两类以上的分类变量来说，Ward 统计量为 $W=BV-1B$，此处 B 为极大似然比估计分类变量系数的向量值，$V-1$ 为变量系数渐进方差–协方差矩阵的逆矩阵。

（二）实证研究

利用上述 14 个影响城镇化意愿的变量构造二项逻辑回归模型。同时引入虚拟变量：有意愿与无意愿。

表 6.4 表明本二项逻辑回归模型的原始变量采集情况，样本总体数为 203，没有确实数据，有效变量数占全部变量数的 100%。

表 6.5 表明分析采用的因变量为虚拟变量，给定的编码方式为，"有意愿"编码值为"1"，"无意愿"编码值为"0"。

表 6.4　　　　　　　　　观测量简表

观测量分类		样本数	百分比（%）
选择观测量	有效值	133	100
	缺失值	0	0
	合计	133	100
未选择观测量		0	0
合计		133	100

表 6.5　　　　　　　　　　　**因变量代码表**

因变量	编码方式
无意愿	0
有意愿	1

表6.8表明在只包含常数项时，二项逻辑回归模型对城镇化意愿的预测结果为：对现实中63个"无意愿"项目预测结果为全部为"有意愿"项目，正确率为0；对现实中70个"有意愿"项目预测结果为全部为"有意愿"项目，正确率为100%；表6.6、表6.7也反映出城镇化意愿源于综合性因素，不能只依靠某一常量指标做出判断。

表 6.6　　　　　　　　**只含常数项模型的各种统计量**

		系数 B	标准误差	卡方值	自由度	P 值	e^B
步骤 0	常数项	0.069	0.140	0.241	1	0.623	1.071

表 6.7　　　　　　　　　　**起始模型卡方检验表**

		卡方值	自由度	P 值
步骤 0	Step 统计量	8.046	1	0.154
	Block 统计量	8.046	1	0.154
	Model 统计量	8.046	1	0.154

表 6.8　　　　　　　　　**只包含常数项的观测量分类表**

观测结果		预测结果		
		结果		正确率百分比（%）
		无意愿	有意愿	
结果	无意愿	0	63	0
	有意愿	0	70	100
总体正确率百分比（%）				52.6

表6.9表明最终模型的拟合情况，表中-2LL的值为5.329，较小说明模型对数据的拟合非常理想。Cox & Snell R^2的值表明有77.5%的数据被模型概况，NagelkerkeR^2的值表明有93.4%的数据被模型概况，二者值

都很大，也说明模型对数据的拟合非常理想。

表 6.9　　　　　　　　　　　最终模型的拟合度检测

分析结果	−2LL 值	Cox & Snell R^2	Nagelkerke R^2
	5.329	0.775	0.934

表 6.10 为利用 Hosmer−Lemshow 的检验结果，Hosmer−Lemshow 检验的卡方统计量为 10.614，远大于 0.05，表明接受观测数据与预测数据之间没有显著的零假设，即认为模型对数据的拟合度较好。

表 6.10　　　　　　　　　　Hosmer−Lemshow 检验表

分析结果	卡方值	自由度	P 值
	10.614	8	0.139

表 6.11 为模型对城镇化意愿 Hosmer−Lemshow 检验的列联表。根据观测量预测概率，它们被分为大致相等的 10 个组别。由于具有相同值的观测量被组合在一起，所以每组的观测量并非精确相等。模型预测结果显示各组的预测值与观测值都比较接近。

表 6.11　　　　　　　　　Hosmer−Lemshow 检验列联表

步骤 1	无意愿			有意愿		合计
	观测值	预测值	观测值	预测值		
	1	20	19.642	0	0.358	20
	2	17	18.831	3	1.169	20
	3	16	17.190	4	2.810	20
	4	16	15.178	4	4.822	20
	5	13	11.682	7	8.318	20
	6	10	7.531	10	12.469	20
	7	5	4.095	15	15.905	20
	8	0	2.279	20	17.730	20
	9	0	1.148	20	18.852	20
	10	1	0.435	22	22.565	20

表 6.12 的数据表明，引入 15 个变量之后的模型中，对实际的 63 个

"无意愿"项目中53个预测为"无意愿",有10个预测为"有意愿",正确率为83.7%;对实际的70个"有意愿"项目中有12个预测为"无意愿",58个预测为"有意愿",正确率为82.9%;模型总体的预测正确率为83.3%。说明该模型能够较好地做出预测。

表 6.12　　　　　　　　　　　最终观测量分类表

观测结果		预测结果		
		结果		正确率百分比（%）
		无意愿	有意愿	
结果	无意愿	53	10	83.7
	有意愿	12	58	82.9
总体正确率百分比（%）				83.3

表 6.13　　　　　　　　　　　最终模型统计量

系数 B	标准误差	卡方值	自由度	P 值	
民族（nat）	−0.271	0.528	0.264	1	0.607
家庭规模（sca）	−1.268	1.405	3.815	1	0.037
劳动力结构（str）	−2.113	1.213	3.034	1	0.002
家庭人均收入水平（inc）	−1.790	2.016	0.788	1	0.075
非农收入所占比例（nar）	0.746	0.634	1.386	1	0.089
是否有学龄子女（off）	0.605	0.515	2.383	1	0.040
人均牧场面积（squ）	0.629	2.988	0.406	1	0.024
受访者的年龄（age）	−0.978	2.2968	0.775	1	0.090
受教育程度（edu）	1.907	0.848	5.052	1	0.025
外出打工的经历（job）	1.238	0.480	6.642	1	0.020
对生活水平的满意度（sta）	−0.919	0.497	3.414	1	0.005
草地退化程度（deg）	0.6511	0.966	0.454	1	0.050
交通状况（com）	−0.697	2.187	19.659	1	0.000
非农就业机会（cha）	2.282	0.461	24.501	1	0.000
所在地人口流动状况（flo）	−1.426	0.534	0.131	1	0.308
	0.099	1.792	5.232	1	0.022

表6.13显示了二项逻辑回归模型的最终相关数据。在 Logistic 回归

中，模型拟合系数（B）仅反映变化的方向以及自变量变化对农牧民意愿的影响趋势。从分析结果来看，家庭规模、是否有学龄子女、人均牧场面积、受教育程度、外出打工经历以及草地退化程度的显著水平都较高，都在 0.05 水平显著；劳动力结构、对生活水平的满意度、所在地离中心城镇的距离、所在地打工机会的显著水平最高，在 0.01 水平显著；人均收入、非农收入比重、年龄在 0.1 水平显著；民族成分以及所在地人口的流动状况对意愿的影响不显著。

七　结论以及调研分析结果

（一）蒙古族农牧户的家庭特征变量的影响结果及调研分析

1. 家庭规模和劳动力结构与我们的预期相反，其与城镇化意愿呈反方向变动，家庭规模在 0.05 水平上显著，而劳动力结构在 0.01 水平上显著。从我们的调研情况来看，一般小家庭如果满足一定的条件，如提供工作或者住所，受城里生活便利、上学条件较好的影响，都愿意去城镇定居，而大家庭一般劳动力都较充裕，家庭富余劳动力定期外出打工，而家里老人则受传统经济文化生活的影响，更愿意在家从事农牧业。这样看来，规模较大的家庭由于在安排家庭劳动力方面存在优势，所以家庭城镇定居意愿较弱，在表现形式上更多的是家庭部分人口在城镇短暂性居住，而非永久性居住。

2. 家庭人均收入水平低影响系数为负。从调研情况来看，蒙古族农牧户受到传统经济文化生活的影响，人均收入水平越高将对迁移形成一种"反推力"。另一方面，在对政府相关鼓励政策不明的情况下，蒙古族农牧民很难把握去城镇定居的风险，所以宁愿保持现有的生活水平。从当前牧业纯收入的持续下滑，对蒙古族农牧民的迁移意愿产生较大的推力。

3. 非农收入所占家庭收入的比例对城镇化意愿影响不是很明显，但在可接受范围，和我们的预期一样，其与农牧民的意愿呈正方向变化。可能的原因是，农牧区农村（除城镇周边地区）乡镇企业较少（几乎没有），蒙古族农牧民非农收入基本来自外出打工，非农收入越高，一方面，说明蒙古族农牧民有更频繁的进城打工经历以及与城镇的社会联系较密切，这使他们比较容易接受城镇生活；另一方面，非农收入比例较高增加了蒙古族农牧民对城镇工作的预期收益。

4. 家庭是否有适龄学生的影响系数为正。我们考虑，可能原因有两方面：一方面是家长对子女上学的便利性考虑，另一方面，有适龄学生的家庭，户主年岁也不大，一般都在 40 岁以下，不仅比较看重对子女的教育，而且从自身发展考虑，对城镇生产能力也较有自信。如果蒙古族农牧民举家迁移到城镇，在当前牧业纯收入不断下降的情况下，家长在城镇打工，不仅有利于子女上学方便，而且所得打工收入还能保障子女的教育投资。因此，是否有适龄学生对蒙古族牧民的迁移意愿影响显著，这是城镇上学便利性对迁移所形成的"拉力"。

5. 人均牧场面积与农牧民的迁移意愿呈正方向变化，显著性水平在可接受范围内。对种植业农区，基于富余劳动力转移的认识，认为边际生产力所形成的外推力将促进农牧民迁移。而在农牧区，牧场面积却与蒙古族农牧民城镇化迁移意愿成正方向变化。这个结果主要是农牧区草地经济产出受到生态环境的影响所致。在草地生态状况较好的情况下，其迁移意愿和种植业农区的实证结果应当是一致的，而在草地生态环境不好的情况下，则相反。近年来，草地超载、农牧区干旱程度日益恶化等问题导致草地退化严重，牧场大小与牧业收入已不能呈正相关关系，甚至一些农牧民对干旱的时间估计不足，在亏本经营牧场，这促成蒙古族农牧民迁移的"推力"。

（二）个体特征变量的影响结果及调研分析

1. 蒙古族农牧民的年龄对城镇化迁移意愿影响呈反方向变化。虽然这和大多已有研究结论"迁移行为随着年龄的上升而减少"相一致。但有必要分析具体情况，我们调查问卷的对象，一般都是户主，但根据我们实地访谈来看，城镇化意愿较弱的人分为两部分：一部分基本已经上了岁数，在 45 岁以上，另一部分人还小，在 17—25 岁。对于年龄大的人，受到消费需求低、就业机会少、生活习惯不适应、在城里缺乏社会归属感等因素的影响，一般不愿意迁移到城里居住。而年龄较小的人群，虽然适应性强且城镇生活对他们有很强的吸引力，但在个体文化程度低、未接受过职业技术教育、经济基础差等因素的影响下，就业压力和城里较高生活成本让他们对城镇较悲观，这也可以说是城镇消极因素对迁移意愿的"反拉力"。我们调查了一些年轻人，他们在城里基本上从事一些低工种服务业，工资水平低、没有固定住所。对于这一部分人，政府应该对其进行就业培训和就业安置，采取适当政策鼓励牧区蒙古族青年人力资源频繁流动。

2. 教育对蒙古族城镇化意愿有正面影响，各项检验水平较显著。模型估计的结果表明，文化程度越高的蒙古族农牧民的城镇化意愿也比较强。究其原因，这可能是多方面因素造成的。一方面受年龄这一综合因素的影响，我们在调研过程中发现，年岁大的人，一般文化程度都比较低，如前所分析，其意愿也不强；另一方面，教育程度越高，蒙古族农牧民对他们再就业可能的预期就越高，多数认为能适应新的生产生活环境。还有一种可能性，农牧区教育程度较高的人一般收入水平也较高，城镇化的迁移成本在他们的可接受范围内。这些都说明蒙古族农牧民教育程度越高，其认知能力以及接受新鲜事物的能力不仅越强，而且还有一定的抗风险能力。

3. 外出打工的经历对城镇化迁移意愿各项检验系数在可接受范围，影响系数为正。从调研情况来看经常在外打工的农牧民，生活阅历比较丰富，有一定的经济实力、对某些行业比较熟悉，使其对未来成长获益有信心，相对来说，迁移风险小。这一部分人为 30—42 岁，基本都组织了家庭，观念比同村的人超前和现实。他们中的一部分人不但在城中获得较为稳定的收入，还从过去承包的牧场中获得一定的牧场出租费或者政府"退牧还草"补贴，对城镇生活前景较为乐观。总体上，有外出打工经历的农牧民对城镇生活比较向往，但苦于政策性因素、经济因素及住房因素，不能在城镇实现长期定居。

4. 对当前生活水平的满意度，其各项检验系数呈显著水平，其影响系数为负。"不满意、有压力"实际上是受农村内部的"推力"而形成的。它反映了农牧民由于长期受到牧业经济效益不景气，以及牧区生活不便利、子女上学不方便等因素的影响，而想通过城镇化迁移来实现改变经济处境、生活环境的愿望。

（三）牧民家庭所在农牧区的社会生态环境状况的影响结果及调研分析

1. 牧区草地的退化速度对蒙古族农牧民的影响呈显著水平，影响系数为正。这与我们实际调研相吻合。究其原因，农牧区整体牧业情况不太好，自然影响因素大于经济影响因素。由于多年的旱情，农牧民家庭基本消耗在维持原有羊群的饲草供应，多年的负效益让牧民损失惨重。草地的持续退化和旱情使农牧民对传统畜牧业失去信心，从而加强了其迁移到农牧民新居以及在城镇中从事其他生产活动愿望。这说明，农牧区不同于种植业农区，其生态环境直接影响着经济产出，从而对其迁移意愿产生显著影响。这再次证明，农牧区社会问题、经济问题和生态问题总是缠绕在一起，生态问题引发了社会、经济问题，而生态问题的解决又要以社会、经济问题的解决为基础。草地的生态恶化不仅是蒙古族农牧民迁移的重要"推力"，还是促使政府外部力量介入蒙古族农牧民迁移的重要动力。

2. 农牧民所在农牧区与中心城镇的距离对牧民的迁移意愿影响显著，影响系数为负。调研发现，越与中心城镇接近，农牧民与地方企业的联系越强，打工的机会也越多，这可能是他们迁移意愿较强的原因，并且，离城镇近的蒙古族农牧民更容易获取迁移信息和有更广泛的社会移民网络，这在一定程度上减少了其迁移的风险。但同时也发现，城镇周边牧区的蒙古族农牧民地域优越感更强，他们虽然乐意在城镇定居，但对城镇收益预期值较高，这很有可能使许多农牧民不愿屈身于城镇一般性就业机会，并且，他们本就可以依托相对有利的地理条件，或与畜牧产品企业建立长期合作养殖关系，或修建休闲度假场所，吸引中心城镇的人群消费。所以，他们的迁移意愿虽然显著，但在实际行为上，由于城镇"住房困难""就业机会少""文化不适应"所形成的"反拉力"，他们多会选择在中心城镇周边农牧区定居。

3. 农牧民所在农牧区城镇的就业机会对蒙古族农牧民的城镇化意愿影响也较为显著，影响系数为正。这个结果是很容易理解的：所在区域的打工机会越多，将相应减少移民的迁移风险，增加其迁移收益。作为就业机会，既是一种客观存在，由该区区域经济发展宏观形势所决定，但对于个体而言，与其人力资本、打工经历、移民网络、年龄等综合因素有直接关系。因此，它在一定程度上反映了农牧民对迁移风险的主观判断以及对自身就业能力的认识。从这一角度来看，政府提供就业机会、就业信息、就业培训是影响农牧民迁移意愿的有效手段，这些手段将形成迁入地的"拉力"。

4. 蒙古族农牧民所在地劳动力的流动情况显著性不明显。因为没有权威机构提供数据,只要采用问卷和访谈的形式来获得,以农牧民对此情况的基本感觉为分析数据,但从最终的结果来看,显著水平不高,没有达到我们最初判定的目的。从当前农牧区的情况来看,劳动力流动越频繁,其社会交往面越广,对外界事物越容易接受,城镇化意愿也相应较高。但我们要强调的是,农牧区农牧户之间较为分散,不像农区一样集中,农牧户不仅对外界交流较困难,就是同一农牧区农村,各家的信息传播也不是很多,所以人员流动性可能对农牧户的城镇化意愿影响有限。

(四) 对实地调研的补充分析

我们除了对蒙古族农牧民的迁移意愿进行实证分析外,对一些影响蒙古族农牧民迁移意愿的核心问题也进行了调查,以作为实证分析的补充说明。问卷及访谈主要围绕"在何种情况下,蒙古族农牧民愿意迁移到城镇居住"。

1. 愿意在城镇周边从事与畜牧业有关的职业对蒙古族农牧民的迁移意愿影响较大。从可能的原因来看,一方面,畜牧业技术含量较低,人力资本存量不要求太高,受访者普遍劳动技能较差,对从事其他行业信心显然不足,因此,大部分蒙古族农牧民仍愿意继续从事与畜牧业相关的职业。另一方面,这种选择从社会学角度来看,蒙古族农牧民受本民族传统经济文化的影响较深,对畜牧业相关职业以及在牧区内找工作,更容易从感情上接受,且对其变化有把握。

2. "安居乐业"还是蒙古族农牧民在考虑迁移时不变的标准。就调查结果来看,几乎所有的农牧户都表示对房子问题的关注,"买不起房子"是其迁移最主要的经济障碍。这说明蒙古族农牧民本身的经济能力有限,即使有迁移意愿,但迁移成本是无法承受的。此外,与"安居"问题相近的"就业""生活成本加大"等经济因素,也是每个蒙古族农牧民都考虑的现实问题。经济问题、生存问题是蒙古族农牧民最关心的入城问题。

3. 蒙古族表达就近迁移的愿望比较普遍,即更愿意在本牧区中心城镇以及城镇周边定居。从我们实地访谈情况来看,一方面就近迁移所需的花费要少,这符合迁移理论里的就近迁移原则。另一方面对蒙古族农牧民来说,就近迁移,社会网络的熟悉,可以进一步降低迁移成本。牧区就近迁移过程中，随着社会关系网络中社会资本的不断积累，蒙古族农牧民迁移意愿会逐步增加；并且，就近迁移所面临的阻力要少，如生活习惯、民族差异、宗教信仰、歧视等不适应因素要少。

4. 生活习惯的适应对迁移意愿的影响不大。对迁移城镇所引发的不便，只有极少的一部分人把其作为迁移困难纳入考虑范围，只有不足30%的蒙古族农牧户把其作为影响因素，且是次要因素。从我们实地访谈结果来看，年龄大的人虽然生活习惯的适应对迁移意愿影响较大，但大部分人在考虑迁移决策时，还多是从经济因素来考虑这个问题。从这次受访者的年龄结构来看，45岁以下的中青年较多，他们考虑问题时比较现实，多是从生计以及迁移成本出发考虑城镇化意愿的。

第七章　蒙古族城镇化进程中
政府角色的再定位

本书对蒙古族城镇化对于社会治理过程中的重要性进行了梳理。边疆地区由于地理位置、人口结构、民族构成、经济社会发展等方面的特殊性，有效社会治理和创新社会治理体制的推动尤为重要和紧迫。社会需求决定社会治理方向和内容，社会治理是对一定社会结构的有序、有效安排，社会治理的体制、机制、模式须与社会结构吻合；社会结构的转变决定了社会管理模式的转变，而社会管理模式的转变首先是社会管理认识、观念的转变。因此，蒙古族城镇进程中社会治理主要体现在以下三个方面。一是治理理念的转变，从单一、静态的理念向多元、动态和文化多元方向转变。二是制度上的改变，探讨如何保证让更多人参与社会治理。三是在实践层面，建立不同人群之间的沟通模式。全面梳理边疆地区社会治理历程，探究边疆地区社会治理的经济、社会、历史、民族等背景，是领会贯彻党的十八届三中全会、党的十九大精神和创新边疆地区社会治理体制的基础。

第一节　蒙古族城镇化进程中政府角色
再定位的必要性

在蒙古族城镇化进程中，政府在城镇化中的角色定位在很大程度上影响了城镇化的发展进程、发展质量和整体发展格局。虽然政府的积极介入在一定程度上破除了一些制度障碍，使得城镇化的进程能够顺利进行，但是也造成诸如蒙古族农牧民"被上楼"、土地纠纷等问题，由此可见基层政府行为在蒙古族城镇化进程中的负面效果也很明显，因此有必要对政府在蒙古族城镇化进程中扮演的角色进行重新定位。

一　蒙古族城镇化发展中要求重新界定政府角色

由于城镇化收益的外部性和非排他性，由私人部门推进城镇化动力不足，这就造成了城镇化进程中的"市场失灵"。政府在蒙古族城镇化中具体作用包括以下几个方面。一是政府可以通过制定并完善相关政策，克服市场经济的外部性，从而弥补市场失灵，如创新集体用地制度和创新户籍制度。二是政府可以通过构建完善的体制机制，推动市场经济健康发展，如产权保障机制和公共物品供给机制。三是政府可以保障公共物品的供给，为城镇化的发展提供充分的公共物品和公共服务。四是政府可以通过制定政策、进行科学合理规划，来引导并规范城镇化建设。

二　对传统城镇化中政府的角色必须再定位

不可否认，政府对推动蒙古族城镇化发挥了重要作用，取得了不错的成绩，但是同时也出现了许多问题。一是政府在市场经济管理活动中出现超越自身职权范围行使行政权力的现象，扰乱了市场秩序，打破了市场原本应有的作用机制，不利于市场的健康发展。二是由于政府的不作为使得没有对市场经济活动中的分内之事进行有效管理，导致市场经济活动出现无人监管、引导的无序混乱状态。三是政府在某些领域本应该通过行政指导的方式来管理经济社会活动，可是却偏偏行使了强制性的行政命令；本应该处于引导城镇化发展的地位，最后却处于主导城镇化发展的地位；职能的移位导致市场竞争无序，人力、物力资源严重浪费，甚至阻碍城镇化的发展。

三　新型城镇化发展要求必须重新定位政府角色

党的十八大强调，要打造高质量、有内涵、适宜人居的新型城镇化，中央要求在新城镇化建设中始终要贯彻科学发展观理念，要用以人为本的理念来统领城镇化发展全局，始终要铭记发展城镇最终是为人服务的，不能脱离人而搞建设。

要突出城镇化发展中以人为本的根本目的。要深刻认识到现行城乡二元体制的弊端，在新一轮的城镇化建设中处理好工业和农业、城市和农村的相互促进关系，构建工业化和城镇化互促共进、和谐发展的局面，努力破解传统的二元经济结构。不能走传统的单一城镇化发展模式，应该因地制宜，建设路径多样的城镇化，将信息化、数字化、智能化引入城镇化建设中来，注重区域经济发展和产业布局的紧密联系，推进城镇化的同时实现环境绿色化。

第二节　蒙古族城镇化进程中政府角色定位的新理念：善治政府

随着蒙古族城镇化的不断推进，政府也在不断进行职能的改革和创新，那么政府职能到底应该如何转变？这个问题成为政府职能改革的核心问题，也是政府改革首要思考的问题。20 世纪 90 年代以来，随着服务型政府理论的兴起，政府职能逐步实现从管治到治理的转变，善治的理念随着治理理论的兴起而风靡全球，各国纷纷开始重新思考、调整、界定政府与社会，政府与和市场的关系。

一　善治政府的内涵及特征

善治理论兴起于 20 世纪 90 年代初，其核心观点可以概括为：第一，善治理论不但强调政府与市场之间相互协调、相互合作的二元关系，而且更加强调的是政府、市场与社会之间合作与互动的一种新颖的三元关系，寻求的是一种能最大化调动各种力量，使资源最终达到和谐的状态；第二，善治理论在社会管理过程中要达到的最终目标是实现公共利益最大化。那么，这样的政府应有哪些本质特征呢？

一是以服务为宗旨。善治政府的首要特征就是为社会提供公共服务，它的合理性源于公共服务伦理精神，由于政府的行政权力来源于社会公民的授权，那么政府的服务对象就是社会大众，政府行使行政权力必须以行政权力的社会来源即公民的需求为依据，这样才能符合获得社会公民授权的最初目的，否则就违背了行政体系的合法性和合理性。从本质上说，政府就是为社会大众提供服务的权力组织，政府的立身之本就是为社会民众源源不断地提供公共服务，而这恰恰是与传统政府的最大区别，要求善治政府以社会公众的需求为活动的宗旨，政府与公众是服务提供者与消费者的关系，政府行使权力是为了向公众提供最优服务而不是单纯进行管制。

二是以公平为核心。追求社会公平是自古以来社会大众常议的话题，善治政府比以往的政府更关注社会公平的构建，善治政府主张的公平分为两个层次：一个是社会公平，即主要针对社会大众在社保、文化、医疗、卫生、就业、住房、资源分配等方面要充分体现公平，不仅追求原则上的公平，更注重在实际生活中的人人平等，实现公平的收入，公平的资源共享。另一个是经济公平，即政府应该在经济生活中建立一套公平的体制，制定一套公平的规则，创造一个公平的环境，最大程度引领经济发展走向真正公平的轨道上来，两个层次的公平不是相互对立的，而是相互协调的统一体。这就要求政府放弃以往的两种角色，即裁判员和运动员的角色，要在社会市场主体之间保持中立，一视同仁，不能制定和实施有意偏向某一组织或者利益集团的公共政策。

三是以民主为基础。善治政府的实质是对社会管理高度实现民主化，因为政府的行政权力源于社会公众的授予，而公众所追求的也是社会生活高度民主，在这一过程中要求政府对社会经济、政治、文化生活的管理有民众参与，民众为其建言献策，对民众负责，而不是以往的政府独断专行，追求自身利益的最大化。善治与民主是分不开的，没有民主，可以说就没有善治。

四是以法治为保障。法治是当今任何社会不可缺少的一部分，善治政府更加注重法治的作用。在法治社会中，可以通过法律法规来规范约束国家权力机关、社会组织、社会公民和利益集团的行为。不允许任何国家机关、组织、团体、公民的行为超越法律，特别强调政府的一切行为应该以法律为准绳，必须遵守法律的规定，要求政府行政机关和公务员必须以公民权利的保障为基础，在宪法和法律规定的范围内活动，不允许无限度地行使公权力。

二　善治政府的施政理念

善治政府在社会经济生活中所主张的施政理念主要体现为以下四个

层次。

(一) 树立"以人为本"的理念

以人为本就是以一切从人的需要、人的发展、人的全面提升为目标，要在城镇化进程中以人的发展为宗旨，构建一种尊重人、造就人、真正关心人、全面提升人的素质、实现人的全面发展的管理模式。它有以下四个要求：一是要求善治政府在城镇化中始终以人为核心，将人看作社会治理的主体，始终围绕人来开展工作，建立一种人人互帮互助，团结友爱的和谐发展局面。二是要求善治政府把社会公众的利益作为一切活动的出发点，充分考虑和关切社会公众的需求和愿望，不仅要满足社会公众的物质生活需求，还要满足其精神生活需求，不能以物为主，将人边缘化，出现本末倒置的歪曲城镇化。三是要彻底改变传统政府的以物为主的管理模式，不能把人仅仅看成是获取财富的工具，过分看重物质获取，一味强调经济建设，只注重经济指标的提高，忽视社会公共服务、生态环境建设、人口资源协调发展等社会公共管理的关键指标。四是要用科学发展观的理念统领经济社会发展全局，构建良好的城镇化发展体制机制，通过提供良好的社会管理制度、公共服务制度，以人的全面发展实现的程度为标准，用来衡量政府在经济建设所取得的成果。

(二) 构建"有限型"政府

有限型政府就是政府在社会经济活动中不是事事、时时都要管，不是全能的政府，而是权力、权限、管辖是有范围和限度的。它有以下四个要求：一是善治政府在处理政府与市场的关系中，政府的宏观调控只能在市场失灵的时期或市场失灵的领域来进行治理，以弥补其不足，市场经济的发展主要依靠市场机制的决定性作用来调节的。二是善治政府在处理政府与社会的关系中，政府应该从整体的制度规则制定和维护上着手，弄清楚哪些行业该管，哪些行业不该管，要管也得进行适度管理，将部分权力回归社会，让一些社会组织参与其中，充分发挥它们的管理作用。三是要彻底转变传统政府无所不能的职能定位，转变政府以往认为管理就是对全社会所有事务进行全面的行使权力观念，不要把能做的事没做好，不能做的事常常插手包办，颠倒政府职能。四是善治政府要在市场自主、社会自治的基础之上，构建一套现代化的政府治理体系，通过宪法和法律的规定来划定政府职能的界限，将政府定位在全能与无为之间，真正做到有所为、有所不为。

（三）塑造"责任型"政府

责任型政府就是善治政府在治理社会经济活动中，不仅限于行使行政权力，更重要的是要承担相应的责任，权力与责任是对立统一的，没有只行使权力、不承担责任的政府。它有以下四个要求：一是善治政府的行政权力与行政责任始终是相生相伴的，政府每做出一种行为，就要承担相应的责任，不能只顾权力的大肆使用，忽视责任义务的履行。二是善治政府的权力来源于人民，政府要理所当然地对权力的授予者即人民负责，政府的一切活动，一切行为都要为人民负责，树立人民至上的意识。三是改变以往政府责任意识淡薄，要建立健全责任追究制度，避免重权轻责的现象发生，要不断完善政府对社会管理的机制。四是要处理好政府与社会公众之间的关系，构建一种社会公众与政府之间新颖的关系。

（四）打造"透明型"政府

透明型政府就是善治政府在权力运作、机构设置、制度设计、程序运用、财政计划等方面尽可能地向社会公开，接受社会大众的监督，让社会大众真正了解政府的活动情况。它有以下四个要求：一是要求善治政府在全社会创造一个透明的环境，透明度越高，相应的善治程度也越高。二是要摒弃传统暗箱操作的政府管理模式，建立一种真正对社会、对大众开放的管理体制，充分让社会大众实现知情权、选择权、参与权等公民权利。三是要在政府、社会公共机构、社会大众之间形成良好互动的伙伴关系，让信息在其中间充分互通，真正做到为社会服务，真正营造一种开放互动的社会气氛。四是要求政府重新树立政治权威，不是靠传统强制性构建起来的政府权威，而是依靠社会大众对政府的信任，对政府重新做出的评价，维系政府应有的政治权威。

第三节　蒙古族城镇化进程中政府角色再定位的路径选择

立足实际，政府在蒙古族城镇化中应该做出怎样的选择，究竟什么样的路径是最佳的、最适合蒙古族城镇化建设的，以下提出一些路径建议供政府角色重新定位作为参考。总体上说，政府在推进城镇化建设中，首先要把在自己职权范围内应该管、管得了、能管好的工作要做好，具体定位在以下四个层面：一是管规划；二是管服务；三是管社会；四是管环境。

一　管规划

规划是行动的先导，蒙古族城镇化建设应该规划先行，不能为城镇化而盲目搞建设，政府应该践行好规划职能，加强对城镇化的规划建设和管理，一个科学、合理的规划能使城镇化建设获得事半功倍的高起步，使得城镇化建设一开始就有个良好的开端，为接下来的城镇化建设省事、省力、省资源。富规划就是指各级政府要在蒙古族城镇化建设中，舍得花钱，舍得花时间，舍得动人力，舍得投物力，真正下大功夫把城镇化建设规划工作做好，做到位，做扎实。穷建设就是要求各级政府在建设中要量力而行，注重实际，结合自身资源，搞清楚轻重，看清自身的优势劣势所在，不盲目，不瞎折腾，不为了建设而建设。

当前各级政府在推进城镇化建设中仍然存在重建设、轻规划，重投入、轻管理的现象。因此，要求各级政府首先要树立富规划、穷建设的理念。一是要求各级政府把主要的精力、注意力转移到管规划上来，保证规划的科学性、合法性和合理性。二是政府应该摒弃以往重政治、轻技术的观念，而要把城镇规划看作一门科学，切实提高城镇规划的科学知识和技术知识，要做到有所能、有所不能，有所为、有所不为。三是要确保城镇规划的合法性、合理性，改变以往政府的重人治、轻法治的观念，城镇规划同样是政府的一种法制行为，城镇规划必须以法治为前提，充分体现政府的依法行政职能。四是政府在城镇化中要使群众的利益在政策制定上就得到保护，政府应该以保护公共利益、协调商业利益为原则，做好政府职能的正位、归位。五是政府要改变以往在城镇化中的精英治理的思维方式，打破精英规划，让公民真正参与其中，走向多数人的治理，实行自下而上的民主规划，充分发挥专家智囊团的作用，成立城镇建设规划委员会。六是建立规划决策失误的责任追究制度，因为中国人口基数庞大，每一项小的决策规划乘以人口数量，那将会产生巨大的乘数效应，所以决策规划的失误，带来的危害将是难以弥补的。

二　管服务

为什么要推进蒙古族城镇化？为谁推进蒙古族城镇化？这是政府在蒙古族城镇化中首先要明确的问题，最重要的是要落到实处，真真正正为人民办事，为人民搞建设，为人民服务。从本质上说，蒙古族城镇化建设就是一项惠及民生、富民兴镇的伟大工程，它的宗旨就是惠民、利民、造福于民，实现蒙古族基本公共服务的均等化。

政府在推进蒙古族城镇化中，一是要把富民兴镇作为政府开展工作的方向，政府在推进城镇化发展中的第一要务就是做好富民兴镇工作。二是政府要在城镇化建设中协调好政府、开发商、农民三方的利益，政府要时刻记住自身是公共服务的提供者。三是政府要在教育、医疗、就业、住房、社保、卫生、交通、文化、公共设施等涉及人民群众切身利益的方面搞好公共服务工作，实现农民与城镇居民享有同等待遇的基本公共服务。四是政府要改变以往重建设、轻民生的观念，克服以往二者对立的僵化思想，坚持城镇化与公共服务同步增长。五是政府要构建起健全合理的城镇公共服务体系，如农村人口转移、转移后的再就业、生活保障、子女上学、落户等体系。六是要根据小城镇的特点，优化产业结构，推动产业升级，将城镇化、农民就业、区域发展、产业转移结合起来，完善小城镇公共基础设施建设。

三　管社会

蒙古族城镇化过程中，难免出现对社会的调整和变革，尤其对居住环境、邻里关系、生活方式乃至利益关系等产生的改变，而政府恰恰是社会的主要管理者，这就要求政府做好社会管理工作，需要政府加强社会管理，实现和谐的城镇化。政府在城镇化过程中做好社会管理的具体措施包括：一是政府应该建立和完善城镇化的社会风险评估机制，应对在城镇化建设中出现的如搬迁改造冲突、征地拆迁纠纷、土地利用矛盾等问题，对其做好应有的风险评估和预测，做出正确选择，以应对突发状况。二是政府要把经济建设、政治建设、文化建设、社会建设及生态文明建设统一到城镇化中来，要充分考虑各种建设的成本，趋利避害。三是坚持城镇化发展一切都是为了人，充分保障人的利益，不能出现贫民窟，将人边缘化，切实保障弱势群体的利益，不能为了城镇化而城镇化，要综合考虑农民转变成市民后的后续生活，防止出现新贫民，诸如种田无地、上班无岗、低保无份的三无人员。四是构建新型的社会管理体系，适应城镇化发展的需求，保证新市民和原来城市居民享有同等的社会权益，加强新区居民点的管理和服务工作，保证新区社会安全，吸纳一切能为城镇化发展贡献力量的因素。五是政府要逐渐转变职能，减少小城市对农村户口的限制，完善人口的准入机制。

四　管环境

政府在蒙古族城镇化建设中要打造环境友好型的城镇，避免出现城镇发展伴随严重污染，避免传统的先污染后治理发展路径，将城市活力与农村恬静相结合，打造绿色、宜居、宜业的新城镇。传统城市面临的最大危机就是人居环境的不断恶化，这就更加要求政府应该担当起相应的责任，积极行使政府职能，为新城镇建设的理想目标做出努力。政府要以绿化先进城市、国家园林城市、生态园林城市、中国人居城市为目标导向，制定一个良好的行动纲领。要以生态文明建设者的身份来搞好新城镇的生态文明建设，优化城市环境，优化人居环境。要通过法律手段来规范约束城镇化中各个主体的行为，加强环境保护与管理工作的力度，开创一个环境与城镇化和谐发展的局面。

第八章　国内外城镇化经验的比较与借鉴

第一节　国外城镇化经验与警示

一　与交通革命并进的美国城镇化

美国的城镇化起步于 19 世纪 30 年代，在美国的城镇化进程中，交通运输技术的发展发挥着重要作用。早期美国城镇化发展主要集中于美国东北部地区，发展相对缓慢，到 1830 年城镇化水平仅为 8.8%。蒸汽机的发明促使交通运输技术发生飞跃，以蒸汽为动力的火车成为主要的交通工具，这对于美国西部开发和采矿业、制造业的发展具有决定性的意义。交通运输技术的革命使得广阔的西部开发成为可能，进而促进西部城镇化进程，城镇人口比重由 1830 年的 8.8% 上升到 1880 年的 26.4%。1880 年以后，有轨电车已成为美国主要的交通工具，连接全国各城市的铁路网逐步建立。交通运输业的发展大大刺激了人口的流动和工业化进程，从而使城市人口猛增。1920 年城市人口第一次超过农村人口，城镇化水平达到 51.2%。

20 世纪 20 年代以后，随着高速公路和石油业的快速发展，汽车取代其他运输工具成为最主要的交通工具，尤其是汽车的逐步普及，使得美国中心城市的人口开始向郊区扩散，出现了人口郊区化的趋势。美国的郊区化与欧洲的郊区化不同，从城市核心向外自然扩展，其推动力是商业利益和消费偏好。1950 年以后，随着第三产业的大发展、交通技术的进一步革新以及网络时代的到来，经济活动和人口持续不断地向城市外围、中小城市迁移和扩散，郊区人口的比例越来越大，城市化低密度蔓延的趋势越发明显。美国的城市空间结构由最初的紧凑型向多中心分散结构发展，城市沿公路线不断向外低密度蔓延。城市平均人口密度由 20 世纪 50 年代 2524 人/平方千米，减少到 1990 年的 1461 人/平方千米；纽约大都市区在 1960—1985 年人口仅增加 8%。许多大城市如圣路易斯、布法罗、底特律等都经历了明显的人口流失，乡村和城市的生活方式逐渐融合，城镇化速度放慢、水平趋于稳定，到 1998 年美国的城市化率达到 76%。

美国的城镇化依托于交通运输技术革命，这种低密度蔓延式扩展的城镇化之路，一方面与其地广人稀的地域特点相联系，另一方面得益于其快速发展的交通运输技术，但也带来诸多问题，主要包括大量森林、农田、空地被占用，造成土地资源的浪费和生态环境的破坏；工作地与居住地的距离越来越远，在耗费通勤时间的同时，大幅增加能源消耗，居住地过于分散，加大基础设施建设和相应匹配设施的成本；老城区破旧，设施得不到更新，商业服务、文化教育、休闲娱乐的优势得不到很好的发挥。

美国城镇化路径的经验主要包括：

（1）产业发展对城镇化进程的拉动作用。产业发展是城镇化的基础，城镇产业发展能够吸纳大量劳动力"进城"，吸引人口在城镇聚集，从而促进城镇化的进程。美国在工业化进程中，十分重视产业的升级换代与配套服务业的发展。工业化是促进城镇化的根本动力，而服务业则在某种程度上主导工业化发展，一个地区有多高的服务业水平，就能够形成多高的制造业水平，发达国家的经验已经证明这一点。美国在工业化早期制造业迅猛发展的同时，配套服务业就呈现出与第二产业同步增长或比第二产业优先增长的趋势。第二、第三产业的发展不仅吸纳大量的农村劳动力，并且加快知识创新与技术创新，催生出新产业，进一步带动工业化和城镇化发展。

（2）跳跃性与渐进性并存的发展模式。美国独立后逐步取得的西部领土，最初只有印第安人部落生存，人烟稀少，更无城市可言。独特的历史特性和西部的特定环境决定了美国西部地区的城镇化路径不像东部地区那样选择传统的农业垦殖先行而后工业化和城镇化的循序渐进的方式，而是超越农业发展阶段的跳跃性城镇化。西部开发之初，在采矿业带动下矿业营地成为城镇的雏形。随后为采矿服务的各类行业相继应运而生，工矿型城镇得到发展。尽管大部分采矿营地随着矿源枯竭而逐步消失，只有少数发展为固定的城镇，但为以后城市的规模发展打下良好的基础。从这个意义上讲，美国城镇化不仅与工业化同步，还与西部开发同步。正是由于这种跨越农业社会的跳跃性特征，美国西部城镇化不用背负历史包袱，轻装上阵，发展更快，很快超越东部成为全国城镇化水平最高的地区。

（3）政府在推动城镇化发展过程中的作用。适度的政府干预是美国城镇化成功的重要原因之一。政府推动城镇化的方式有多种，包括行政干预、财税政策、产业扶持等，提供有效的制度安排是其中一种重要方式。以城镇化进程中的土地使用制度为例，美国政府制定一系列政策来解决农地保护与城市用地之间的矛盾。20世纪30年代，美国政府制定《水土保持和国内生产配给法》；60年代开始关注农地流转问题；70年代中期，美国农业部恢复设立致力于用综合政策工具保持优质农地的"土地利用委员会"；80年代联邦政府制定《农地保护政策法》；1996年通过《联邦农业发展与改革法》等。政府制定的合理政策有效地解决阻碍城镇化发展的制度性障碍，有效地促进美国的城镇化发展。

二　与乡村现代化同步推进的英国城镇化

英国的城镇化以乡村现代化和城市发展的同步突进为典型特征。英国有两次大规模的人口迁移，第一次开始于11—12世纪，以贫民为主，迁移的主要目的是生存，距离较长。第二次大规模的人口迁移是在16—17世纪，迁移的主体是商人、工匠和青年女性，迁移的目的是更好地发展，迁移的距离较短。英国劳动力流动最稳定、规模最大的时期是从18世纪下半叶的工业革命开始的。从工业革命前的18世纪60年代到工业革命后的19世纪中叶，英国的农业人口比重迅速下降，城镇人口比重则快速上升。在近100年的时间里，英国城市人口比例从20%提升到51%，从而使英国成为世界上第一个高度城镇化的国家，实现了城镇化与乡村现代化同步发展。

农业技术革命是推动英国城镇化的重要因素。英国工业革命开始后，以蒸汽机为动力的农业机械化设备的出现推动了农业技术革命，极大地提高了英国农业生产效率，释放出大量的农村富余劳动力，并逐步向城市转移，客观上推动了英国的城镇化进程。始于15世纪的英国"圈地运动"

是促使农村劳动力转移的又一重要原因。在"圈地运动"中，许多农民失去了自己的土地，大量失去生存基础的农民不得不向城镇转移。大批失地农民成为城市中第二、第三产业劳动力的重要来源。"圈地运动"引发了农业生产组织方式的改变，尤其是大农场的建立推动农业生产的规模化程度提高，释放出大量的农村劳动力，满足了英国毛纺织业对于原料和劳动力的需求。而城镇化进程中的工业发展则带动了农业生产工具和农民生活质量的改善，促进农村的现代化进程，使得英国城镇化呈现出城市发展与乡村现代化同步推进的良好局面。

英国城镇化路径的经验主要包括：

（1）乡村工业发展对城镇化的支撑作用。产业发展的拉动作用是带动城镇化的根本动力，工业生产的集中性和规模性决定其必然向城镇集聚，并促进新城镇的产生，加速城镇化进程。英国的城镇化是以乡村工业的高度发展为前提的，乡村工业的发展推动农业与工业的分工，反过来又促进农业的规模经营和农业现代化。随着乡村工业的发展，相当一部分工业村庄逐步演化为城镇，形成"就地城镇化"的发展模式。英国的城镇化是以乡村工业的高度发展为前提的，但是英国城镇化并非建立在农业高速发展的基础上，从某种意义上来讲反而是以牺牲农业为代价的。

（2）合理而有效的城镇发展规划。英国在城镇化初期，由于人口和产业迅速聚集而导致城市缺少必要的供水及污水、垃圾处理设施，居住条件恶劣，产生大量的环境污染，致命疾病流行。自 19 世纪中叶开始，英国通过一系列的法案，对环境卫生问题进行管理。1909 年颁布的《住宅与规划法》成为世界上第一部城市规划法，标志着城镇规划开始注重住宅问题、就业问题和城市建设资金的来源问题，并且目标具体，如在多长时间内建多少住宅、提供多少就业岗位、政府提供多少资金等都有明确的计划和规定。覆盖英国整个城乡的地下管网设施，是早在 100 多年前的维多利亚女王时期规划建设的，在人口已经增长 50 倍的今天，仍然能够满足需要并有余地。城市合理规划对于提升英国城镇化质量发挥着至关重要的作用。

三　以中小城市为主的德国城镇化

德国是以中小城镇为主的城镇化，中小城镇是城镇化的主体。德国城镇化的基本倾向是分散化，尽管随着经济发展城市人口规模和用地规模日益扩大，但德国城镇本身的建设用地规模并没有变得越来越大，而是都市区中的传统农业型村庄转变成为第二、第三产业工业城镇的越来越多。德国的城镇布局不像美国凝结成为一个大饼绵延百里，而是传统乡村居民点转变成规模不等的工商城镇，维持周边农业和森林用地性质不变。2001年全德共有大中小城市580多个，其中人口在百万以上的城市只有3个，分别是柏林331万人、汉堡167万人、慕尼黑125万人，绝大部分为中小城市。从其城市规模来看，德国在1910年已基本实现城市化，全国21.3%的人生活在10万人以上的大城市，13.4%的人生活在1万—10万人口的中等城市，25.4%的人生活在2000—10000人口的城镇，约40%的人生活在2000人口以下的小镇或农村。在工业化之前，德国是个封建割据的国家，在狭小的诸侯领地上只能发展小规模的中心城市，统一后的德国采取平衡发展政策。2001年，德国的非农业就业人口高达96%，城市化水平高达95%以上。德国的小城镇战略促进城镇化的快速健康发展，城镇化遵循"小的即是美的"原则，这些城镇尽管规模不大，但基础设施完善，城镇功能明确，经济异常发达。

德国城镇化路径的经验主要包括：

（1）城镇化建设注重质量，不一味追求规模。德国的城镇化建设，其规划和产业政策的重点均以中小城市为主，适应市场经济规律，实现城乡协调发展。占其城市总量70%以上的中小城市，虽然规模不大，但功能突出，基础设施完备，而且都很现代化。城镇化并不仅是建高楼大厦和标志性建筑物，城镇化的真实内涵应当是人民生活质量、生存环境的实质性提高和城乡经济的协调发展。

（2）城镇化建设交通先行，关注环境。德国不仅大城市间交通发达，而且大小城市间也有高速公路相通，城乡间交流十分方便。快速便捷的交通既为小城市的发展创造了条件，又缓解了大城市人口过密、发展失控的矛盾。与此同时，德国城镇化建设注重体现"以人为本"的建设宗旨，关注生态环境保护，地方各级政府在城镇基础设施建设及生态环境保护上发挥关键作用。

（3）资源开发、产业结构调整对城镇化发展的促进作用。工业革命之后，德国在开发本国资源过程中，西部和南部尤其是鲁尔区和洛林—阿尔萨斯区大批以采矿冶炼为主的城市逐步兴起，如杜塞尔多夫、多特蒙德亚琛等城市均是由于煤、铁资源丰富得以迅速发展。与此同时，德国具备雄厚实力的传统产业，如纺织业迅速调整，向机械化转变，布勒斯劳和开姆尼茨逐步成为当时德国的现代化纺织业城市。资源开发利用与产业结构调整带动城市的服务业发展，创造大量城镇就业机会，促进德国的城镇化发展。

四　重视国家安全的以色列城镇化

以色列疆域狭小，干旱少雨，土地贫瘠，沙漠占其国土面积的五分之三，全年无雨期长达 7 个月，南部地区年均降水量只有 25 毫米，水及其他自然资源极其贫乏。以色列从 1948 年建国开始的 40 多年间接纳移民240 万，在经历 4 次较大的战争情况下，人口从建国初期的 65 万增至 700多万。这块曾被马克·吐温称为"没有希望的，令人沉闷的土地"，今日却生机勃勃，一片兴旺。2003 年以色列的城镇化率已经达到 90% 以上。

以色列是个高度城镇化的国家，全国近 90% 人口生活在 100 多个大小城镇里。由于国家十分狭小，南部的内格夫沙漠几乎占了一半以上的国土，并且气候干热，生活条件恶劣，居民很少。全国 60% 的人口多集中居住在西部沿海从海法到特拉维夫之间宽约 10 千米，长约 100 千米的狭长地带。仅耶路撒冷、特拉维夫、海法这三大城市就居住着全国四分之一的人口。由于人口较少，以色列 10 万以上的城市即为大城市，2 万人以上的居民点就有权获得城市的合法地位。由于特殊的历史环境和地缘因素的影响，以色列城镇化进程中十分重视安全因素。以色列建国时，边境地区人口稀少，中部和沿海平原地区人口稠密。1950 年，42% 的犹太人居住在特拉维夫地区，而只有 8.72% 的犹太人生活在北部地区，南部地区人口更为稀少，仅占全国人口的 1.61%。因此，以色列开始在边境地区建立新城镇，以加强国家的边界安全。以色列在维护国家安全、接受大量移民、建立现代化经济基础设施、提供高水平的社会服务的同时，经济保持较高的发展速度，城镇化水平也逐步提高。

以色列城镇化路径的经验主要包括：

（1）利用高科技促进农业现代化，进而带动城镇化进程。以色列是

"高科技大国"，高科技不仅应用于工业，而且普遍应用于农业生产。政府不仅运用高科技研发新型农业机械，以提高本国农业的自动化和机械化水平，还利用高科技大力发展滴灌和污水处理技术，这些都使得以色列的农业生产能力和效率得到极大提升。伴随着农业现代化水平的不断提高，客观上产生了对农业剩余劳动力的挤出效应，使得以色列人口迅速向城镇转移，推动城镇化快速发展。

（2）将安全因素纳入城镇化战略中。新中国成立初，以色列人口分布很不合理，边境地区人口稀少，中部和沿海平原地区人口稠密。由于阿以关系紧张，人口稀少，地处边境的南部内盖夫地区和北部加利利地区城镇化成为国家安全的首要问题。以色列城镇化进程不仅考虑经济社会的发展，同时将国土安全和政治安全的因素纳入城镇化战略之中。通过建设"新城"，以色列在边境地区大力开展城镇化建设，通过各种政策支持鼓励人口向边境迁移，大量的移民进入原本无人定居的土地，其城镇化发展为维护边疆安全发挥巨大的作用。更为难能可贵的是，在接受大量移民、建立现代化经济基础设施和提供高水平社会服务的同时，城市经济保持较高的发展速度，实现维护国家安全与推动经济发展的双重目标。

五　缺乏产业支撑的拉丁美洲国家城镇化

第二次世界大战后，随着拉丁美洲国家普遍走上工业化和农业现代化的道路，拉美地区的城镇化发展迅速。1950 年，拉美地区的城镇人口占总人口的 41.6%，1980 年达到 65.6%，2005 年拉美的城镇化率已高达77.4%。1950—2005 年，拉丁美洲的城市人口年平均增加达 4.29%，远远超过同期发达国家所在的欧洲、北美洲和大洋洲。2005 年拉美城市人口占总人口的比重，阿根廷为 90.1%，巴西为 84.2%，哥伦比亚为72.7%，委内瑞拉为 93.4%。拉美地区的主要城市墨西哥城（1640 万人）、布宜诺斯艾利斯（1387 万人）、圣保罗（1300 万人）、里约热内卢（1000 万人）都已跻身于世界最大城市的行列。欧洲城镇化水平从 40% 提高到 60% 经历了 50 年，而拉丁美洲实现相同水平的跨越仅用了 25 年。联合国预计，2015 年拉美城镇人口将占总人口的 85%。拉美的城镇化是在相对短的时期内实现的，在拉美城镇化进程中，普遍出现了城市人口高度集中在一个或少数几个城市的现象。由于城镇化发展过快，城镇产业发展相对滞后，拉美国家的城镇化进程出现诸多社会问题，如人口过度集中、交通堵塞、住宅拥挤、贫民区无序扩张、犯罪率高等，这严重影响拉美国家的经济发展和社会安定。

拉丁美洲国家城镇化的教训主要包括：

（1）农村人口在短时间内以爆炸性的速度流入城市，造成混乱。拉美国家的农村人口向城市转移的速度过快，超过城市的容纳水平。大多数人认为城市的条件比农村好，工资较高，工作机会更多，社会服务更加完善。相对优越的条件吸引着农村地区的人口以爆炸性的速度不断涌入城市。但由于缺乏规划，城市没有能力为迅速增加的外来人口解决住房、就业、医疗卫生、文化教育、交通运输等诸多问题，造成城镇化过程的混乱。

（2）城镇化发展并非建立在农业现代化的基础上，实质上是贫困人口的空间平移。拉美大多数国家的城镇化进程不是建立在农业生产率提高从而产生剩余劳动力，同时由于城市产业发展对劳动力的需求这种拉动作用基础上的。换句话说，拉美国家的城镇化缺乏产业的支撑，仅仅是大量农村人口的"空间转移"，进城农民由于缺乏就业岗位，引发严重的城市就业危机。拉美的城镇化是建立在农村经济持续恶化、普通农民大量破产的基础之上。由于农村大庄园制度导致土地兼并现象严重，大量农民不得不进入城市寻找发展机会。但由于拉美主要国家 20 世纪 60 年代后经济发展缓慢，城市就业机会严重不足，加之农民缺乏相应的技能，导致大多数农民进城后只能从事一些属于第三产业的非正规行业，致使交通拥挤、住房短缺、暴力犯罪、环境污染等问题接踵而来。拉美地区城市贫困人口从 1981 年的 53%增加到 1988 年的 63%。这些国家即使已经把人口转移到城市的大型贫民窟来，也不过是贫困人口的空间平移。近 20 年来，巴西城市人口增长 24%，贫民窟人口增长 118%。目前，居住在城市贫民窟中的有 3500 万人，占全国城市人口的 25.4%。

（3）过度的城镇化造成自然、社会和生活环境恶化。由于拉美国家城镇化与经济发展不协调，导致城镇化进程中产生众多的"城市病"，如环境污染、交通堵塞、住宅拥挤、贫民区无序扩张、犯罪率上升等。"城市病"是几乎所有国家曾经或正在面临的问题，但是拉美国家的"城市病"尤为严重。在拉美国家,特别是在城市贫民窟里,时常出现对社会不满和威胁社会稳定的思想和活动。由于贫困长期得不到缓解,城市中逐渐形成一个"边缘群体",许多人接受或认可暴力手段,一些城市经常出现暴力活动和各种骚乱事件,社会治安状况差,犯罪行为猖獗,严重影响拉美国家的社会稳定。

第二节　中国城镇化模式探索与经验

一　中国城镇化模式的有益探索

(一) 珠三角模式、苏南模式、温州模式

21世纪初,在经济社会发展最快的东南沿海地区,出现了为适应我国人多地少的特殊国情而形成的以小城镇为载体,通过发展乡镇企业和民营经济促进非农化的农村城镇化模式,珠三角模式、苏南模式、温州模式不仅推动了本地区的农村工业化和现代化,而且在相当一段时期内,成为我国城镇化的成功案例和典型代表。珠三角模式得力于中央的优惠政策以及大规模引进香港等地的外资,依托集中了大量乡镇企业和民营企业的中心镇,发展出口导向和外向型经济,通过产业的集聚带动人口的集聚,推动农村城镇化。苏南模式通过乡镇政府组织土地、资本和劳动力等生产资料,凭借乡镇企业的发展壮大,形成产业结构以工业为主、所有制结构以乡镇村集体所有为主,经济运行以商品经济为主的发展格局,促进城乡产业协调互动和农村城镇化。温州模式以个体经济为主,通过家庭工业生产和专业化市场经营,逐步形成经济形式家庭化、经营方式专业化、专业生产系列化、生产要素市场化、服务环节社会化的小商品、大市场的发展格局,促进人口向小城镇聚集和农村城镇化的发展。

(二) 成都模式

成都市按照"全域成都"理念开展城乡一体化实践探索,以县城和有条件的中心镇为重点,按照城乡规划全域覆盖、城乡社会公共服务全域均衡的目标推动城镇化发展,形成以大城市带大郊区发展的成都模式。其特点是坚持"市场配置资源"的原则,创新现代农业的投融资机制,通

过实施"工业向集中发展区集中、农民向集中居住区集中、土地向适度规模经营集中"的"三个集中",做好"农村产权制度改革、农村新型基层治理机制建设、村级公共服务和社会管理改革、农村土地综合整治"的"四大基础工程",有效促进城乡资源要素的有序流动和城乡公共服务的均衡配置。通过将工业不断向集中发展区集中,使成都工业布局的合理性和科学性显现,各区县的产业定位进一步明确,确立了工业发展空间定位和中心城区、近郊区、远郊区产业梯度布局、错位竞争的新格局。同时,土地资源向土地资本的转变在很大程度上加速了成都的城镇化进程,非农业人口显著增长。

（三）上海模式

上海市近年开始探索城乡一体化发展,主要围绕"率先实现现代化和建设世界城市"的战略主线,从社会结构变迁的层面破除城乡二元结构,通过郊区的工业化和城镇化,即郊区工业企业的迁入和兴起,促进农业剩余劳动力的就业转移,完成农民市民化的进程。其主要措施:一是集中城镇化。以集中城镇化为重心,实施非均衡发展战略,逐步实现工业化和城镇由"分散型"向"集中型"战略转变。二是促进非农化。以全方位促进就业为重心,加速实现农村劳动力的非农转移。三是建立新型城乡关系。以制度创新为重心,进一步突破农村城镇化发展的制度性障碍。四是转变经济增长方式。以工业节约化和农业现代化为重心,加快推进农村城镇化。

二　中国城镇化模式的比较与思考

改革开放以来,我国对农村城镇化进行了积极有益的探索,通过对上述城镇化模式的比较,不难看出,各地的发展阶段和条件有所差异,其城镇化发展的重点和方式也不尽相同。

第一,城镇化发展的阶段和条件。珠三角模式、苏南模式和温州模式始于工业化的起步阶段,由经济发达的城镇带动周边农村地区城镇化,此时城镇经济实力有限,还无法大力反哺农业;成都模式处于工业化发展中期,由大城市带动郊区的城镇化,作为西部大型城市,成都具备了一定的以城带乡,以工哺农的经济实力;上海模式则处于工业化发展中后期,由特大型中心城市带动广大郊区城镇化，经济发达的上海具有强大的经济实力来支援郊区和农业的发展。因此，对于幅员辽阔的中国，农村城镇化模式有多种选择，各地区应根据自身实际，结合经济社会发展的阶段性特征，选择恰当的发展模式，确保城镇化发展路径切实可行。

第二，城镇化发展的重点。珠三角模式、苏南模式和温州模式始于改革开放初期的20世纪七八十年代，在农业发展的基础上，乡村工业化被提上了地区经济发展议事日程，同时国有企业正处于改制阵痛期，恰好为乡镇企业和民营经济的粗放式发展提供了大量的市场空间，使其得以蓬勃发展，成为东南沿海地区农村城镇化的主要推动力量。成都模式始于城市经济社会高速发展的21世纪初，乡村发展相对滞后，城乡差距呈逐步扩大之势。为破除长期形成的城乡二元结构，成都市通过统筹城乡规划，实施非均衡发展战略推动城乡户籍改革、土地流转、产业布局，创新社会保障体系，引导农村人口转变为城镇人口。上海模式则得益于城市强大的工业基础，在工业企业向郊区转移过程中出现了大规模的郊区化。为防止过于分散的工业企业布局所带来的规模效益差，上海着重加强郊区的集中工业化和城镇化，同时带动农村地区的非农化，促进了农村劳动力的转移和城镇化的发展。可见，城镇化的发展首先要结合自然资源、历史渊源、经济资源等自身优势，找准城镇定位，以中心镇、专业镇为节点，引导工业项目向园区集中、农田向规模经营集中、人口向中小城镇集中，不断增强城镇对农村的辐射带动和容纳农村转移人口的能力。

第三，城镇化发展的方式。珠三角模式、苏南模式和温州模式是改革开放之初由体制转换和短缺经济所引发的，自下而上分散发展的农村城镇化模式，在一定程度上限制了它对于工业化和城乡一体化的推动作用。上海模式和成都模式则是自上而下的、典型的大城市带动大郊区发展的农村城镇化模式，它既遵循经济发展规律，又充分发挥政府在城镇化过程中的积极作用，对于我国当前的经济发展阶段和条件而言具有普遍意义。

三　城镇化的影响因素及其实证分析

城镇化是个复杂的过程，学界对城镇化发展的影响因素进行了深入的研究。

（一）城镇化发展的主要影响因素

1. 资源禀赋

众所周知，人类离开了资源将无法生存，更不能实现持续发展。资源是城镇化发展不可或缺的物质基础，资源禀赋的优劣是城镇化的重要影响因素之一。以下按照自然资源禀赋、人文资源禀赋和人力资源禀赋的分类逐一分析。

（1）自然资源禀赋

城镇化是各种资源要素不断集聚和再配置的过程，其模式的选择必须与当地的自然资源条件相适应，才能保证发展的持续性。包括区域位置、地形地貌、土地状况、矿产资源、森林和水域以及气候等众多因素的自然资源禀赋状况，是影响区域经济和城镇化发展的重要基础条件。考察世界城市形成发展的历史，可以发现，工业革命以前，世界主要大城市基本都形成在自然资源条件较为优越的地区。工业革命以后，在生产力水平提高的基础上，城市的形成及其成长状况更是受制于资源条件。自然资源禀赋好的地区，其经济发展具有较强的内生动力，在市场条件下城镇化自然演进的特点比较明显；反之，自然资源禀赋差的地区由于发展所需的资本积累和原材料供给相对匮乏，其工业化和城镇化发展常需借助外部力量的推动。需要说明的是，在一个较长时期，自然资源条件固然是影响城镇化发展的相对稳定的因素，然而科技的进步、市场体系的发育以及区域交通条件的改善等都可能提高资源的利用效率，弱化自然资源禀赋对城镇化发展的影响。

（2）人文资源禀赋

城镇化发展有其特定的背景和条件，某一区域的文化传统、价值观念等特殊背景决定了城镇化的基本模式。作为人类文明的产物，城镇本身承载着一定的历史和文化积淀。人文资源禀赋就是长期以来形成的区域所特有的文化、历史、宗教等，它能够为当地经济的发展和农村城镇化的进程提供无可比拟的比较优势。比如，江浙地区的商业文化和传统就有效推动了该区域的经济发展，形成了乡镇企业与小商品生产的独特优势，加剧物质生产要素在农业与非农产业之间的流动和优化配置，进而导致产业与人口的空间集聚，推进乡村形态向城镇形态的转变。此外，包括宗教、文化、历史等的人文旅游资源的开发和利用，也能大力推动地区经济发展，加速城镇化进程。当然，某些文化传统和历史因素等人文资源禀赋也可能阻碍区域经济和农村城镇化的发展。例如，传统文化的"重农轻商"的农本主义思想就会抑制商品经济的发展。

（3）人力资源禀赋

城镇化是人口持续向城镇集聚的过程，包括人口的数量与质量在内的人力资源禀赋与自然资源和人文资源密切相关，也是城镇化发展的重要影响因素。历史经验表明，人口增长与经济发展互相影响和互相作用，人口的增长会导致市场的扩大，并通过市场需求的拉动作用刺激生产，推进城镇化进程。但是当今由于人口迅速增长，在人口压力较大、人地矛盾突出的发展中国家都存在严重的人口过剩问题，劳动力的充分就业与城乡之间的人口流动成了这些国家面临的主要难题，城镇人口的增长必然给城镇基础设施和就业带来压力，当城镇基础设施无法满足新增城镇人口的需要时，必然造成城镇交通拥挤、就业难、环境污染等问题。我国劳动力资源丰富，然而农村人力资源素质偏低则是不争的事实，这直接影响到城镇化的发展和质量的提升。

2. 经济因素

城镇化进程受多种因素影响，但在所有因素中经济因素对城镇化的作用最为明显，从根本上说，某一区域的城镇化水平，不仅对当地的经济发展具有很强的依赖性，而且与该地区经济结构也有很大关联。在农村城镇化发展过程中，农业是其现实基础，工业化是其主要动力，产业结构是其重要影响因素。

（1）农业生产因素

"无农不稳"，没有农业的发展，工业化和城镇化都难以为继，农业是城镇化发展的现实基础。亚当·斯密认为，"要先增加农村产物的剩余，才谈得上增设都市"。作为影响城镇化的根本因素，农业的发展可以拉动内需，为城镇第二、第三产业的发展提供广阔的市场，同时，农业发展释放了更多的农村劳动力，为城镇化提供新的劳动力而促进城镇化发展进程。比较美国、西欧和拉美的城镇化模式，可以发现农业发展水平的差异直接导致城镇化的不同效果。美国、西欧等发达国家都曾在工业化和城镇化加速发展之前经历过一场农业革命，农业生产率大为提高使农业剩余劳动力向工业部门和城镇的转移成为可能，同时工业化和城镇化的发展反过来又带动农业的进步，形成良性互动。而拉美等发展中国家普遍在忽视农业发展的前提下追求高速工业化和快速城镇化，导致多数人口从事农业生产和农产品长期无法自给的矛盾并存，工业高速增长难以持续，加之分配不公造成农民收入随着农业产出增加不升反降的反常现象，大批陷于贫困的农民流入城镇却又无业可就，导致城市的过度膨胀与农村的更加破败。

（2）工业化发展水平

工业化和城镇化作为推动现代经济发展的基本动力和主导力量，两者之间相辅相成，工业化是城镇化的发动机，城镇化是工业化的加速器。国际经验表明，在一个相当长的历史阶段，城镇化与工业化在很大程度上具有一致性，呈现明显的正相关性。城镇化先是由工业的发展而启动的，工业化带来的社会分工变化推动了城镇化发展，可以说工业基础是城镇化的决定因素，城镇的兴起是工业化发展的必然。结果，工业的增长及其所创造的就业机会的增加几乎同步，在传统农业社会向工业社会转型的过程中，越来越多的农村劳动力被释放，由农业转向工业、服务业等非农产业，使原先分散居住于广大农村的人口向不同规模的城镇集聚，城镇人口占总人口的比重不断上升，工业化进程诱导着城镇化进程。而城镇规模的扩大、基础设施的完善，则为工业化的发展提供良好的外部环境，吸引着高素质人才、资金、科技创新等有利于工业化水平提升的要素向城市集聚，城镇化反过来促进工业化，推动工业化不断向更高层次发展。当前我国的城镇化滞后于工业化，带来一系列的负面效应，并日益成为制约当前经济发展的突出问题。

（3）第三产业发展

城镇化的发展过程有赖于一定的产业基础作为支撑，产业结构的演进会引起社会资源在一定空间内由收入弹性较低的农业逐步转移到收入弹性较高的第二、第三产业，从而导致资金、劳动力等生产要素在一定区域空间聚集，由此城镇的聚集能力不断增强，城镇化的速度和水平不断提高。尤其是第三产业，其多样的产业形式可容纳更多的就业人数，其产值高低直接反映了城镇其他产业和城镇化发展水平，是城镇化的重要推动力。我国的产业结构目前正处于由"二三一"向后工业化的"三二一"推进的阶段，大力发展低投入、高产出、高附加值的特色产业，加快产业结构尤其是农村产业结构的优化升级，增加城镇劳动力就业容量，是城镇化建设的重要内容。

3. 制度因素

作为经济增长和社会结构转化过程的产物，城镇化是人类在一定的制度安排和制度变迁条件下对生产和生活空间进行选择的结果，必然受到制度的激励与约束，制度因素是影响城镇化的重要因素。在城镇化过程中，制度因素直接作用于包括人口在内的资源要素的配置和流动，同时，它还通过影响经济发展政策、经济增长路径以及产业结构转换等其他因素间接作用于城镇化进程。通过有效的制度安排，实现非农产业和人口不断集聚，推进农村城镇化的发展，一是通过有效推进农业发展的制度安排，提高农业生产效率和产出水平，增加农业产品剩余和要素剩余；二是通过有效推进非农产业发展的制度安排，促进乡村经济的非农化特别是工业化的发展；三是通过有效促进经济要素流动的制度安排，使农业部门的要素流出推力和非农部门的要素流入拉力形成集聚合力。当前和今后一段时期，户籍制度、农村土地制度、社会保障制度和就业制度等被普遍认为是我国城镇化发展的主要制度障碍。

四 国内少数民族地区城镇化经验

(一) 生态移民模式下的宁南地区城镇化

宁夏南部山区（简称"宁南地区"）自然条件恶劣，干旱多灾，生态环境严重失调，粮食产量低而不稳，群众生活贫困，是全国有名的贫困地区之一，素有"苦甲天下"之实。新中国成立以来，宁南地区人口增长过快，从 1949 年的 53.4 万人增加到 1980 年的 158.8 万人，增长 1.97倍，年均增长 3.58%，远远高于全国和全区增长速度。到 2000 年，人口总量已达到 238.42 万人，人口密度每平方千米已达到 78.28 人，固原地区达到每平方千米 111.33 人，其中隆德县达到每平方千米 220.3 人。按照 1978 年联合国提出的干旱地区每平方千米 7 人，半干旱地区每平方千米 20 人的人口密度临界标准，宁南地区过多的人口远远超过资源环境承载能力。人们为了生存，违背自然规律，对自然资源进行掠夺式经营，森林草场滥垦、滥牧，破坏了赖以生产、生活的资源，陷入"越旱越穷，越穷越垦"的恶性循环中。宁南地区除最南端的六盘山部分阴湿区外，大部分地区干旱缺水，多年来生态环境遭受重创，水土流失现象严重；土地荒漠化、盐碱化以及环境污染等生态问题在该地区不同程度存在。由于滥砍乱伐，宁南山区成为我国最主要的水土流失区之一，年水土流失面积达 8234 平方千米，土地侵蚀大于 5000 吨/平方千米，由于自然条件与资源禀赋因素限制，人口承载能力低下，不少地区自然条件还在继续恶化，或者处在自然生态的恶性循环之中。

由于生态环境恶劣，宁夏南部地区进行城镇化建设缺少基本的基础支撑。为改善生存环境，推动宁南地区城镇化进程，1983 年以来，宁夏采取吊庄的形式，有计划、有组织地进行较大规模的移民开发，组织南部山区人口向北部及山区的扬黄灌区迁移，进行生态移民。吊庄实践表明，通过生态移民的形式把扶贫开发与生态环境保护结合起来，不仅可从根本上解决移民人口温饱问题，而且对迁入、迁出地产生明显的生态效益，实现经济、生态、社会效益的统一。"吊庄移民"模式中比较成功的典型是芦草洼吊庄、隆湖开发区和华西村。以位于银川城郊的芦草洼吊庄为例，移民大多数来自于六盘山山麓的泾源县贫困区，芦草洼利用位于银川市郊并与工厂区为邻的区位优势，向工厂提供劳动力输出，带动大量农业剩余劳动力转移，并且有效缓解泾源县生态脆弱区生产生活对生态环境的压力，对于保障生态安全发挥积极作用。宁夏华西村生态移民则是通过借鉴江苏华西村的成功经验，利用华西村位于沙湖、影视城、苏峪口森林公园、西夏王陵旅游长廊的中心地带优势，重点发展旅游业及配套服务业，推动城镇化健康发展。宁夏于 2001—2004 年 2 月试点搬迁生态移民 55866 人，已全部安置在宁夏境内的平原农村和三个国有农场，并计划到 2020 年年底搬迁生态移民至 30 万人。生态移民不仅有助于改善宁夏地区的生态环境，更成为人口聚集的有效手段，体现出宁夏城镇化发展的鲜明特色。

宁南地区的城镇化发展为我们提供宝贵的经验：人口迁移作为一种经济社会现象，是多种因素共同作用的结果，而自然生态环境和经济发展水平正是其中最为重要的两大因素，因此人口贫困和自然条件恶劣成为宁南地区生态移民的原动力。生态移民是调节生态环境容量与人口规模的重要杠杆。通过生态移民将生活在恶劣环境条件下的农民搬迁至生存条件较好的地区，既可以减轻人类对原本脆弱的生态环境的继续破坏，使生态系得以恢复和重建；又可以通过异地开发，逐步改变贫困人口封闭的生产状态和原有的生存生活方式，推进城镇化进程。尤其对于内蒙古部分生态环境脆弱地区来说，以生态移民模式带动城镇化发展，对于保障生态安全、增进民族团结、实现社会稳定均有重要的意义。以生态移民的方式推进生态脆弱区的城镇化进程，通过政府的合理引导，将不适宜人类居住的聚居点转移至生态条件较好的区域，统一开展城镇化建设值得借鉴。这是一种特殊的城镇化方式，这种模式为大量生态脆弱的落后地区城镇化提供一个全新的思路。

（二）民族特色鲜明的新疆城镇化

新疆的城镇化进程作为中国特色城镇化的重要组成部分，其发展目标是一致的。但是由于新疆城镇化本身具有鲜明的民族特色。新疆特色城镇化定位于实现经济发展、保障生态安全、维护社会稳定的三重使命，以城镇化带动新疆的经济发展、农民增收、社会进步，坚持走集约型、生态型、和谐型城镇化之路，充分发挥城镇要素聚集与扩散的节点作用，将城镇化进程作为扶持弱势群体、促进民族融合、建立各族人民共同认同的核心价值观，形成各族人民共同具有的主体行为习惯，构筑中华民族共有精神家园的重要载体。

新疆特色城镇化的内涵可以概括如下：新疆特色城镇化以发展与稳定并重为目标，追求经济发展，但不以经济效益最大化为目标，当经济发展与社会稳定的双重目标出现矛盾时，从短期来说可以适当牺牲经济发展的效率，以保障全社会的公平和社会的稳定。国际经验表明：贫困是造成社会动荡的主要根源，在当前经济全球化浪潮下，没有经济的发展，难以实现社会稳定。城镇化最本质的特征是人口集聚，与此同时伴随的是资本、产业、新型技术的高速汇集和扩散，集聚效应必然带来规模经济与交易成本的降低，因而对经济的促进作用是城镇化的显著特征。新疆的城镇化同样立足于发展为本的理念，提高区域竞争实力才能为社会稳定与边疆安全提供强有力的保障。另一方面，新疆的城镇化进程必须把边疆安全这一目标摆在极为重要的位置，将社会稳定和谐作为当前城镇化的核心任务。

新疆特色城镇化与内地相比必须更多地关注社会稳定、边疆安全的重要意义，更多地关注城镇化进程中的影响社会安定的关键因素，坚持发展与稳定并重的双重目标。目前南北疆的经济发展水平差距依旧较大，而南疆正是少数民族尤其是维吾尔族聚居的地区。新疆特色城镇化坚持政府推动与市场推动相结合，在一些相对落后的民族地区加大政府宏观调控，加强对边远贫困地区城镇化发展的支持，加大对少数民族城市的帮扶力度。在城市通过政府调控手段不断改善城市生态环境，加强民族融合，减少社会冲突，引领全社会构建和谐文明的生活方式，从这个角度来说，新疆城镇化要显著区别于内地，具有自身的民族特色。其特点如下。

1. 新疆特色城镇化坚持多元的、因地制宜的、质量效益型的城镇化发展思路。城镇化对于带动经济发展的重要作用已经得到国内外诸多学者的普遍认同，坚持大力开展城镇化同样是新疆实现经济快速发展的必由之路。但是，从目前来看，尽管新疆在西部大开发以后城镇化进程保持了较高的发展速度，但相较于我国城镇化进程的平均水平依旧存在差距，与沿海发达省市的差距更是逐年扩大。新疆的城镇化发展不能照搬国内外的城镇化模式，必须坚持因地制宜的发展原则，走差异性的多元城镇化之路。新疆特色城镇化坚持大中小城市协调发展。城镇规模过小，土地使用效率较低，公共交通、污水处理、文化体育等公共设施无法发挥其规模效应。大城市有利于实现规模经济，更好发挥增长极的作用。但是新疆地广人稀，如果实施大城市战略，城市化布局难以覆盖六分之一的国土面积，无法发挥战略屏障作用，并且缺少具有衔接作用的中等城市。新疆的城镇化发展既要适当发展具有中心辐射作用的南北疆大城市，又要坚持发展区域性的中小城市，城镇化模式具有多元性。从城镇化的实现途径来说，新疆城镇化必须坚持因地制宜的原则。2009 年来新疆有 2158.63 万人口，不同地州市在经济发展水平、民族人口结构、资源禀赋、生态环境等方面存在显著差异决定了城镇化实现路径必须是多元的。如资源优势比较突出的区域以资源为依托开展城镇化建设；区位条件较好的区域最大化地发挥交通枢纽作用，大力发展物流、仓储、餐饮等相关产业，促进城镇化发展；边境口岸型城市依托地缘优势开展出口加工型贸易；等等。同时，必须注意农业现代化、工业化与城镇化的协调发展，注重城镇质量建设，使城镇化切实发挥本身所具有的要素集聚效应，带动经济发展。

2. 新疆特色城镇化以新疆不同区域的资源环境承载力为依托，更加关注城镇化进程中的生态安全问题。新疆是一个生态环境极为脆弱的地区，截至 2005 年全区各类可利用土地总面积约为 64.28 万平方千米，只占全疆土地总面积38.6%；不可利用和难以利用的土地总面积约为102.2万平方千米，占全疆土地总面积61.4%，其中沙漠面积43.03万平方千米，占全疆国土面积的25.9%。地表水年总径流量仅占全国径流量的3%，暂不能利用的有250多亿立方米。林地面积180.7万平方千米，森林覆盖率2.94%，仅为全国平均值的十分之一，是全国森林最少的省份。地广人稀的新疆城镇化进程对生态环境依赖明显，尤其是对水资源依赖性很强。国家"十一五"规划纲要明确提出要根据资源环境承载能力、现有开发密度和发展潜力，统筹考虑未来我国人口分布、经济布局、国土利用和城镇化格局，将国土空间划分为优化开发、重点开发、限制开发和禁止开发四类主体功能区。主体功能区划是在充分考虑经济发展与生态安全关系的基础上，规范空间开发秩序，实现可持续发展的重要举措。新疆的城镇化进程严格遵循新疆主体功能区划基本思路，在资源环境承载力允许、水资源相对丰富的地区开展城镇建设。对于一些生态基础恶劣的现有城镇，要限制高耗能、高污染行业的进入。同时，必须改善对资源和环境的粗放态度，走集约式城镇化发展道路，减少对资源的浪费，提高利用效率。在城镇化进程中要通过加强城镇生态环境综合治理，加强对城镇工业废水、废气、废渣的排放监管，发展城镇园林建设等手段提高城市质量。同时建立健全城镇化对生态环境影响的补偿机制，加大对生态环境保护性投入的同时，要对个人或区域保护生态环境的投入或放弃发展机会的损失进行合理的经济补偿，将城镇化发展的外部效应内部化，保障生态安全。

3. 新疆特色城镇化更加关注少数民族的城镇化进程，成为促进民族融合的重要平台。新疆现有的地州市中，有5个州是少数民族自治州，南疆的喀什、和田、阿克苏是维吾尔族聚居的区域，即便是汉族比例相对较高的北疆地区，汉族与少数民族也是以"大杂居、小聚居"的形式共同生活在一起的。

各个民族之间在宗教信仰生活习惯、行为方式上存在显著差异，而城镇化可以为实现多民族融合提供平台。各民族间的相互流动不仅促进物流和人流，而且不断地打破地区和民族壁垒，使各民族间交往不断深入，交往的深度和广度不断拓展，为构建和谐的民族关系创造必要条件。由于新疆城镇化发展相对滞后，少数民族群众为摆脱贫困，向区内较发达的城市甚至跨省流动的趋势逐渐增强，城市流动人口中少数民族人口的数量不断增加。这种从边远地区、山区和牧区到城市的流动，对于加强各民族之间的交往联系，对于活跃城市经济，丰富市民生活，增强少数民族的商品经济观念，发展少数民族地区经济都将产生积极的影响。这种巨大的社会变迁影响到现行民族关系的社会和心理基础，使各民族在经济、社会、思想观念等层面都发生深刻的变化。

在城镇，人口聚集的同时，文化、语言、宗教信仰也在不断碰撞和交融，距离的拉近以及工作生活的接触成为必须，尽管可能出现摩擦和不快，但这仅仅是民族融合过程中的小插曲。通过城镇化可以不断吸引少数民族向汉族聚居的城市、汉族向少数民族聚居的城市转移，实现民族人口结构逐步趋向于多元；通过典型社区建设和广泛宣传鼓励汉族和少数民族同胞以多种形式聚居在一起，通过开展多样化的活动促进互相了解和融合，增进友谊，构建共有的精神家园。

4. 新疆特色城镇化更多地关注社会公平、正义、和谐，扶持弱势群体，关注城市流动人口，以实现经济发展与社会稳定的双重目标为使命。城镇化在带动经济社会发展的过程中同样会出现一些不和谐的因素，比如在快速城镇化进程中出现的工人失业、农民失地、居民失房等问题，由于贫富差距拉大产生的弱势群体的利益维护问题，这些问题能否妥善解决直接关系到新疆的社会稳定。城镇弱势群体是城镇化重要的组成部分，弱势群体由于在经济上的贫困、资源分配中的不利等诸多因素的影响下难以实现自身利益的表达，在社会转型的过程中对弱势群体利益的维护将直接关系到社会的稳定。城市流动人口是城镇化进程中的又一重要主体，农民是其中典型的代表，从某种意义上说，他们也属于城市中的弱势群体。由于缺乏城市居民的包容接纳和交融互助，流动农民在城市里接触的是一种与他们以前社会完全不同的价值观念和行为规范，不可避免地会感到迷茫和无所适从，这种行为实际上加剧城市居民和农民工之间的反感甚至仇视。城市弱势群体缺乏在城市生存的基本技能和心理准备，城乡之间巨大的差异成为他们难以在城市生存、走向犯罪的重要原因。从这个角度来说，新疆特色城镇化必须处理好城市弱势群体以及流动人口的发展问题，从社会保障、社会救助、培训就业、子女就学等多方位切实解决好他们的后顾之忧，进一步加强政府在城镇化进程中的调控作用，注重营造和谐、公平、正义的社会环境，倡导全社会共同努力，实现对弱势群体的包容接纳和交融互助。

5. 新疆特色城镇化进程中政府的作用明显，成为地区推进城镇化进程的主要动力。以天山为界的南北疆在城镇化水平上存在明显差异，造成南北差异巨大的原因是多方面的，总体来说可以归因于区位条件、生态环境、产业基础、民族结构、历史因素五大方面。南疆地区是维吾尔族等少数民族聚居的区域，生态环境极为脆弱，干旱少雨，现有的城镇主要依绿洲和铁路沿线分布，经济基础薄弱，城镇化发展缺乏相应的产业支撑。单纯依靠市场机制推进南疆的城镇化难以实现，因此城镇化进程中必须更多依靠政府强有力的推动。中央新疆工作座谈会后，将南北疆协调发展确定为新疆今后发展的重要战略，新疆特色城镇化应以此为契机，结合对口支援工作，加大对南疆地区的交通条件改善、城镇基础设施建设、支柱产业培育的支持。南疆地区资源丰富，但由于恶劣的生态条件和遥远的路程使内地企业和人才望而却步，而本地居民主要以少数民族为主，教育水平相对较低，难以满足南疆产业发展的需要。因此，新疆特色城镇化过程中，政府加大对南疆少数民族基础教育、职业技术教育以及国家通用语言教育的支持力度，培养了一批南疆本地的应用型人才。与此同时，政府给予南疆产业发展更多优惠政策、税收政策以及相应的配套支持，吸引内地和北疆的企业向南疆转移，通过产业的发展带动南疆地区的城镇化进程。

第三节 蒙古族城镇化发展模式

一 民族地区城镇化发展模式

近些年，在城镇化动力机制的作用下，我国出现自上而下的城镇化模式和自下而上的城镇化模式。前者发动的主体是政府，是由政府依靠行政力量、通过极化手段进行严格控制的城镇化；后者是指发动的主体是民间力量或社区组织、受市场因素支配、演化结果被政府认可的城镇化，具体模式因地区不同。

按城镇化过程中人口非农化和土地非农化的先后次序来分，目前我国的城镇化可分为三种不同的模式：第一种，先人口非农业化再带动土地非农业化的城镇化模式。第二种，先土地非农业化再带动人口非农业化的城镇化模式。第三种，人口非农化和土地非农化同时进行的城镇化模式。

研究还表明，中国传统的农村城镇化战略是一条忽略资源有限性的非集约发展的道路，未来应转向集约型城镇化战略，把经济效益、社会效益和环境效益三者有机统一起来，走适度集中的可持续发展的城镇化道路。鉴于民族地区与东南沿海发达地区在经济基础、自然资源、社会环境、生态环境、文化传统等方面存在的诸多差异，民族地区的城镇化模式应有别于东、中部模式。不仅如此，民族地区不同的地域之间也存在较为明显的差异。因此，民族地区城镇化道路的选择不应拘泥于某一种模式，而要因地制宜、因时制宜地积极探索具有民族特色的城镇化模式和发展路径。

针对民族地区的特点，许多学者经过研究提出一系列民族特色的城镇化战略模式。有学者认为民族地区一般工业基础非常薄弱、工业化程度很低，不能盲目效仿发达地区和发达国家一味追求发展工业，用工业化推动城镇化发展进程，而是应该选择旅游或者其他特色经济作为重点，以资源开发利用为主的城镇基础设施的建设。积极探索保护资源，科学合理开发景区，重点保护好生态环境，这是欠发达地区城镇化推进过程中要高度重视的问题。民族地区严酷封闭的地理环境、落后的社会经济发展状态和脆弱的生态环境是青藏高原东缘区域城镇发展的主要障碍因素。因此选择"小规模、多中心、多层次、适当集中"的区域城镇化模式，强化城镇及区域特色产业，优化生态环境，营造城镇与区域协调发展的外部环境，培育中心城镇是城镇可持续发展的关键。绿色城镇与特色城镇结合、绿色形象与品牌的创立和维护、绿色进程与科技进程的融合与互动、绿色产品的开发和创新为中心的民族地区城镇化是一条选择道路。综观已有的研究，可以看出对于民族地区城镇化均强调生态环境保护与特色资源开发相结合，城镇规模结构多元化，动力模式多元化。

二　蒙古族城镇化模式

蒙古族城镇化总体上刚刚进入快速发展阶段，因此要抓住西部大开发和国家推进城镇化战略的历史机遇，深化地域分工，调整产业结构，推进蒙古族城镇化进程。该区域独特的生态环境条件、独有的自然资源，具有鲜明特色的民族文化，多样的城镇化动力机制，决定蒙古族城镇化具有自身特点的发展模式。

结合蒙古族城镇化的实际，本研究提出蒙古族城镇化"特色产业循环经济为主导的动态人口生态城镇化"模式。该模式具体内涵如下。

（一）动态人口内涵

城镇人口是衡量城镇规模的重要指标，除常住人口、暂住人口之外，还有流动人口。通常情况下，城镇常住人口占多数。一般情况下的城镇化是人口非农化和土地非农化的转变过程，而且随着土地非农化，原来的农业人口定居在城镇，城镇人口不断增加，城镇规模扩大。蒙古族城镇化一个重要的特点是，蒙古族迁移至城镇居住，不仅有大量的常住人口和暂住人口，还有一定数量的流动人口。这种流动人口不仅包括在城乡之间流动的人口，也包括在不同城镇之间流动的人口。据调研，跟随子女教育迁移的人口占有很大比例，他们会随着子女教育地点的改变而迁移。另外，季节性打工的农牧民和外来人口也占有一定比例。在一些地方，旅游旺季流动人口较多，淡季人口较少，蒙古族城镇化具有一定的动态特征，人口流动性要大于其他地区。这些流动人口对于城镇基础设施承载能力和城镇各项服务的需求也具有季节性。因此，蒙古族城镇化必须要具备一定的弹性，不能以静态的视角来看待蒙古族城镇化。

（二）特色产业循环经济为主导

循环经济是一种以资源的高效利用和循环利用为核心，以"减量化、再利用、资源化"为原则，以低消耗、低排放、高效率为基本特征，复合可持续发展理念的经济增长模式，是对大量生产、大量消费、大量排放的传统经济增长模式的根本变革。

从实际来看，蒙古族聚居的城镇目前仍然以单程式经济活动为主，环境污染和资源浪费严重。发展循环经济，高效利用现有资源存量，是经济发展和湿地保护的必然要求。蒙古族聚居地区特色产业主要有草地畜牧业、旅游业、资源开采和加工业等，具有优势特色，具备发展循环经济的基础。因此，在蒙古族城镇化产业发展中必须树立循环经济理念，根据区域资源禀赋优势和社会经济发展的需要，以资源持续利用和低碳、节能、减排为目标，设计产业链条，发展循环经济。

就蒙古族城镇化循环经济的具体内容而言，不仅指目前以资源开采和初加工为主的工业循环经济，更包括畜牧业、旅游业循环经济以及城镇服务业循环经济。循环经济本身是一个开发的、跨行业的经济体系，每个行业的循环需要其他行业的共同参与及协助，才能更好提升综合效益。所以，蒙古族城镇化循环经济应当是建立在各产业循环经济基础上的大区域循环经济。如图 8.1 所示。

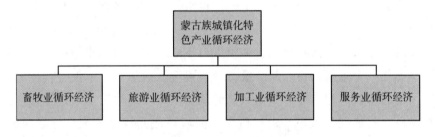

图 8.1　蒙古族城镇化循环经济示意图

（三）生态城镇化

生态城市是根据生态学原理，综合社会、经济、自然复合生态系统，并运用生态工程、社会工程、系统工程等现代科学与技术手段而建设的，社会、经济、自然可持续发展，居民满意、经济高效、生态良性循环的人类居住区。生态城市化模式是在借鉴前人经验教训基础上，将生态目标提前引入城市化过程，把城市化作为保护生态环境、促进生态建设的重要任务和措施，使城市化进程符合可持续发展的目标和原则，城市化的结果有助于支持区域可持续发展目标的城市化模式。在蒙古族城镇化建设方面，应当以生态城市理论为指导，加强规划，将城镇建设与生态建设相统一。在内蒙古重点发展的城镇中将多种自然生态元素充分保留和保护，在城镇建设中始终体现内蒙古独特的地域生态特征。另外，由于蒙古族城镇化过程中主要以蒙古族为主，有浓厚的蒙古族文化和传统，城镇化过程中不但要通过城镇景观体现蒙古族特色，更要通过产业、产品、服务彰显少数民族特色。既要保持民族生产生活传统，又增加农牧民收入，同时减轻生态环境压力。

三　蒙古族城镇化模式的特点

（一）城镇化动力机制方面

蒙古族城镇化的动力机制是多元的，既包括特色产业的推力、传统产业发展的阻力，也包括城镇对企业和居民的拉力和城乡居民的排斥力，还包含制度催动力，同时城镇化的动力机制还受到外部环境的影响和制约。因此，集合复杂的动力机制特点，蒙古族城镇化不能单纯依赖传统工业化促进城市化的发展模式，应当因地制宜采取特色畜牧业产业化、新型工业化和特色旅游来发展推进型城镇化，并注重建设产业园区，引导循环经济发展，不断改善生态环境，通过城镇建设水平的提高和城镇服务功能的完善，增强对企业和居民的吸引力和辐射力。地方政府应当不断进行制度创新，为城镇化发展提供更好的经济环境。

（二）城镇人口与产业发展方面

蒙古族城镇化城镇人口存在明显的"候鸟"型特征，区域流动人口不少。为适应旅游经济发展，这就要求城镇基础设施建设、城镇第三产业发展与城镇居民、城镇周边农牧民的生产生活密切结合。比如在有旅游景点的蒙古族聚居区域集中规划建设旅游休闲中心，这样既可以有效解决各城镇重复投资建设大量旅游服务设施在旅游淡季的闲置浪费问题，同时有助于环境治理，保障内蒙古生态环境安全。可以在城镇周边重要的旅游景区附近以及交通干线两侧统一规划、建造富有民族特色的民居，结合牧民定居工程，将内蒙古生态脆弱地区的部分农牧民和生态移民安置其中，在旅游旺季发展农家乐、牧家乐、家庭酒店等服务，其余时间可以从事畜牧业，既可以成为生态移民和农牧民在城镇定居下来的一种有效的就业模式，也可以切实提高居民的收入水平。在工业方面，将工业尽可能地集中于工业园区，发展具有市场导向型、生态环保型、民族特色型、区域特色型的本土化绿色无污染产业，比如肉制品、乳制品、民族服饰、手工艺品加工等产业。加快旅游资源立体开发，开展观光旅游、民俗旅游、开心牧场体验等旅游项目，举办美食文化节等。这些开发项目既符合对内蒙古国际湿地生态环境保护的要求，同时又符合当地少数民族的传统经济文化习惯，也有助于区域特色资源优势的发挥，将促进蒙古族城镇化的可持续发展。

（三）城镇建设方面

根据梯度推移理论，梯度推移主要是通过多层次的城市系统来进行，因为创新往往集中在城市，从环境条件和经济能力看比其他地方更适于接受创新成果。具体的梯度推移有两种方式：一种是从发源地向周围相邻的城市推移；另一种是从发源地向距离较远的第二级城市推移，再向第三级城市推移，依次类推，就从发源地推移到所有的区域。因此，从创新扩散的角度，在蒙古族城镇化发展模式和城镇体系构建方面，最重要的问题还是在适宜的区域打造城镇。内蒙古自治区农牧区面积广、农牧业人口量大，剩余劳动力多，对生态环境造成较大压力，因此城镇建设模式上应当采用"生态城市+小城镇"的集约化生态城镇模式。具体来说，就是在生态经济较好的地区建设生态城市，同时建设若干生态型小城镇、生态村和生态社区；依托退耕还林等生态环境建设和环境污染治理工程，加强城市环保设施等基础设施建设，注重新能源开发利用，推动城镇生态系统良性循环，建设宜居城镇。

第九章　推进蒙古族城镇化的路径选择

随着蒙古族城镇化进程的推进，蒙古族城镇化过程中不可避免地凸显出一些亟待解决的问题，主要包括教育、就业、社会心理、户籍制度、消费等方面。根据研究的前文分析，我们认为应该具体问题具体分析，针对各个问题提出具体解决对策。

第一节　推进蒙古族城镇化的思想理念

一　蒙古族城镇化发展坚持原则

根据世界上其他国家实行的区域发展战略的经验，区域开发中应当重视公平与效益相结合、政府与市场相结合、经济社会发展与生态环境保护相结合、体制改革与法制创新相结合、因地制宜与因时制宜相结合。城镇化是统筹城乡、区域协调发展的重要途径。结合对内蒙古自治区的区域特点和发展定位，本研究提出蒙古族城镇化过程中应当遵循的原则。

（一）公平与效益相结合

蒙古族城镇化不仅要考虑效益，更要考虑公平，要以人为本。从效益的角度来讲，就是要选择城镇化的重点区域。在现有城镇中选择综合条件最好的城镇重点开发，而不是低水平均衡，可以重点发展条件好的小城镇，逐步将其发展为城市，带动县域社会经济的发展。通过差别化城镇发展战略，有重点地培养增长极，充分发挥规模经济效益、集聚经济效益。充分利用投资资源，提高基础设施建设效果，对重点城镇采取倾斜政策，尤其是投资方面，创造有利于增长极发育成长的环境，提高城镇吸纳就业能力，保障城镇居民安居乐业。

从公平的角度来讲，要将城镇化与社会主义新牧区建设相结合。农牧区城镇化推进有不同层次：一个层次是农牧区蒙古族人口转化为城市人口，并使他们的生存条件、生活方式、生活质量完全城市化；另一层次是改善长期定居在农牧区蒙古族居民的生活质量，即通过就地城镇化的方式使得蒙古族农牧区居民生存条件、生活质量、生活方式在城市化过程中逐步向城市靠近，使农牧区居民可以享受到均等的现代城市的物质文明和精神文明成果，这正是社会主义新农村建设要解决的主要问题。所以城镇化建设中要重视发挥区域畜牧资源优势，通过人口适度集中和城镇化，缩小城乡差距，保障区域和谐发展。

（二）以人为中心

以人为中心是十八大以来党中央一系列新思想新理念的具体体现，习近平总书记在 2013 年中央城镇化工作会议上对深入推进新型城镇化建设作出重要指示，指出新型城镇化建设，要"以人的城镇化为核心"。蒙古族城镇化发展同样要遵循"以人为中心"的核心理念和基本原则。以人为中心，强调和维护人在城镇化进程中的重要地位，倾听民众声音，关注民生改善，促进城镇化发展"质"的提升与"量"的积累同步，"内涵"提升与"外延"扩张同步，全方位提高城镇化发展水平，让人们生活更幸福、更美好。坚持以人为中心，就要把蒙古族群体作为城镇化工作中的重中之重来考虑，推进城镇基本公共服务常住人口全覆盖，支持、帮助蒙古族迁移到城镇中，从暂住到安居、从就业到乐业，真正融入城镇。还要推进城乡要素平等交换和公共资源均衡配置，促进社会公平正义，让广大农牧民平等地参与到现代化建设进程中来，使城乡居民平等地分享改革发展与城镇化建设成果。

（三）循序渐进

作为人类社会发展的普遍现象，城镇化是一个由工业化和经济社会发展所带动，反过来也会促进经济发展和社会进步的自然历史过程。在推进蒙古族城镇化发展的过程中，要遵循经济社会发展的内在规律，确定发展目标时要实事求是、切实可行，既不能"人为抑制"，也不能靠行政命令层层加码，拔苗助长，突击"造城"，要顺势而为，循序渐进，水到渠成。蒙古族城镇化工作要有足够的耐心，有序推进以人为核心的城镇化，促进产业发展、就业吸纳、公共服务和人口集聚的统一，实现城镇化科学发展。就现阶段而言，大量蒙古族剩余劳动力向非农产业和城镇转移，是目前人口变迁的大趋势。巨大的人口转移规模与城镇有限的承载能力之间的矛盾，是影响蒙古族城镇化质量提高的主要制约因素。蒙古族城镇化问题肯定要解决，但由于历史欠账和财力所限，不可能一蹴而就。要坚持量力而行和尽力而为，首先解决存量问题，推进有能力在城镇稳定就业和生活，并有意愿在城镇落户的农牧民市民化，随着制度的完善和财力的增加，循序渐进，逐步转向以市场为抓手，解决城镇蒙古族劳动力剩余增量问题。

（四）经济社会发展与生态环境保护相结合

生态环境状况不仅关系到内蒙古自治区可持续发展，也关系周围其他地区的生态安全和可持续发展。蒙古族城镇化要把生态环境保护作为内蒙古经济发展的根本，根据各地区实际情况，坚持"因地制宜、分类指导、重点突破、突出特色"的原则，对生产力合理布局，注重发挥区域比较优势和竞争优势。从生态出发，内蒙古明确提出在城镇化过程中，要大力推进生态保护和综合治理，在保障生态安全的前提下进行适度开发。这就要求在蒙古族城镇化推进过程中要明确规划形成主体功能区，引导经济布局、人口分布与资源环境承载力相适应。按照建设节约型社会和环境友好型社会的要求，使城镇的发展与资源环境和公共服务能力相协调，坚持综合开发、配套建设、节约用地、集约发展，加大城镇环境污染治理力度，走城镇建设与生态建设相统一、城镇发展与生态容量相协调的道路。

（五）因地制宜与因时制宜相结合

蒙古族城镇化应该遵循城镇化发展规律，根据经济社会发展水平确定城镇发展速度和规模，以现有城镇为基础，加快城镇化进程。坚持人口进城方式多样化，城镇规模、功能定位、发展模式多样化，逐步形成区域城市和小城镇协调发展、特色明显的发展格局。内蒙古地域辽阔，区内不同地域之间的自然环境、历史文化、资源条件有很大差异，经济社会发展水平和产业结构也有很大不同。因此，城镇化发展方向、模式也不能搞一刀切，要根据各地经济社会发展水平、区位特点、资源禀赋和环境基础，因地制宜，选择不同的产业发展方向和城镇化模式，合理确定各地城镇化发展的目标、规模、速度及空间形态，宜城则城，宜乡则乡，形成多元化的城镇空间格局，实现对国土空间的合理有效利用。因地制宜还意味着城镇化发展要有地方特色，要保护历史文化遗产，保留历史文物，历史古迹、建筑，充分发挥好文化在增强城镇综合实力中的重要作用；还要尊重自然环境，保护地质资源，不能以改造环境的名义随意开发地质资源、改变自然环境，而是要顺应自然和历史文化发展脉络，充分挖掘和合理利用自然景观、历史遗迹、地域民俗，实现城镇特色发展。

二　蒙古族城镇化发展战略目标

由于地理位置和生态环境的特殊性，蒙古族城镇化必须树立科学发展观，转变经济发展方式，以切实保护草场和耕地生态安全为基本出发点，把握绿色发展大势，倡导绿色消费方式，构筑绿色产业体系，努力使绿色经济成为蒙古族城镇化发展的新引擎，并且根据资源优势，走特色经济和新型城镇化之路，倡导区域合作，点轴梯度推进，实现区域经济一体化和可持续发展。

（一）提升重点发展城镇的区位优势

根据埃德加·M.胡佛的总结，一个区位的相对优劣主要取决于以下四类区位因素：（1）地区性投入：该区位上不易转移的投入的供应情况。它具体是指存在于某一区位、难以从他处移入的原料、供应品或服务等（比如地下矿藏、基础设施等）。（2）地区性需求：该区位上对不易转移的产出的需求状况（取决于人口数量、收入水平等）。（3）输入的投入：从外部供给源输入该区位的可转移投入的供应情况（资本、技术、劳动力、原料供应）。（4）外部需求：可以向外部市场销售可转移产出中得到的净收入情况（优越的区位，产品质量好，外销费用低，可利用发达的流通渠道输出产品；反之则导致产品有生产，没市场）。

在不同的区位上，上述四类区位因素不同，其区位利益具有很大的差别，从而也就决定了各个区位的相对优劣。通常情况下，大城市由于人口和生产要素比较密集，地区性投入较大和需求较大，有能力吸引区外的投资，同时外部需求也比较旺盛，对于城镇化主体（企业和居民）的拉力较大，所以蒙古族城镇化发展的重要工作之一就是要提升重点发展城镇的区位优势。

内蒙古各旗县应抓住西部大开发的机遇，进行产业规划，协同整合产业优势，培养特色产业集群以及合理分工和优势互补的产业体系，通过产业链建立区域经济联系。充分发挥中心城市和中小城镇的作用，将城镇化与特色经济发展相结合。首先政府部门可以规划建设一些示范性区域性中心生态城市，在大力发展特色经济、逐步形成城镇产业支撑的基础上，促进农牧区人口到中心生态城市定居就业，提高城镇规模经济效益和集聚经济效益。大力发展以旅游为龙头的服务业，使小城镇建设与旅游业发展紧密结合起来，增强城镇的经济实力与吸引力，并以此促进环经济区产业结构的高度化。

（二）完善城镇等级体系

城市的发展离不开区域经济的发展，并且成为区域的核心，依靠相关区域提供的各种生活、生产资料发展，以工业品、信息、技术、政策等作用于腹地区域。如果腹地区域这个概念不太合适于发展的话，就要在不同等级的中心城市中体现出不同的开发重点。"点—轴"开发可实现生产布局与线状基础设施之间最佳的空间结合，即可使中心城市范围内重点的交通干线、能源、水源建设线路与重点建设的城镇、工矿区进行联通。"点—轴"开发有利于城市之间、区域之间、城乡之间便捷的联系，客观上有利于实现地区间、城市间的专业化与协作，形成有机的地域经济网络。

"点—轴系统"反映了社会经济空间分布的客观规律，是一种最有效的区域开发模式。内蒙古自治区地广人稀，人口居住分散，城镇如"飞地"，彼此不相连，只有通过交通轴线连接起来，才能相互发挥经济辐射作用，所以内蒙古自治区的区域经济开发适宜采用增长极培育基础上的"点—轴"开发模式。以交通干线为轴，立足本地丰富的畜牧业、能源、矿产资源和旅游资源优势，打造城镇现代畜牧业生态经济圈、旅游生态经济圈、城镇生态经济圈。以特色产业和现有城镇为重点，依据区位条件、交通条件、资源禀赋条件等，选择培育有一定发展前途和潜力的次级"成长中心"城镇。充分重视中小城镇的定位与特色，优化区域的城镇规模结构，促进城镇体系的完善。

内蒙古自治区通过"增长极"的培育，逐步形成以城市为中心的模式，把县域中小城镇发展与经济布局相结合，把各县域中心城市作为不同等级的发展重点之后，兼顾效率与公平，以"点—轴系统"模式充分发挥各个中心城市的作用，转移劳动力，达到减轻内蒙古自治区因人口膨胀所带来的对生态环境的压力。在不断增强完善现有城市功能、壮大其规模的基础上，要利用产业结构和产品结构的调整，通过交通轴线，培育"次级中心地"，带动区域经济发展。城市化就是具有优势的主导产业在一定地域上的集聚和扩散的过程。将经济要素与地域融合，将产业结构和空间结构融合，充分实现由"增长点"、"增长极"到"轴"的发展。

（三）城镇化与新牧区建设相结合，促进城乡一体化发展

城镇化与民族地区经济发展、生态保护和现代化建设密切相关。只有提高内蒙古城镇化水平，才能够有效地将人口和经济活动集中在少数生态极上，实现产业结构、就业结构转化，提高收入水平，才能从根本上减轻经济活动对生态环境的压力，实现生态经济良性循环。

相关研究指出，民族地区的开发要充分利用民族文化自身的特点，只有这样才可最大限度地为该民族提供充分的发展机会与广阔的发展空间。所以在内蒙古自治区牧区城镇化进程中就需要一方面保持民族文化的传承性，充分认识传统民族文化体系在当地少数民族经济发展中的价值，而不是简单机械地抛弃或否定传统民族文化。另一方面在立足于传统民族文化维系的经济结构、产业体系的基础上，结合可持续发展的客观要求和社会经济发展的客观规律，进行改造、丰富和提升，实现多样化发展。

内蒙古自治区目前由于区域内城镇规模小，创造就业岗位有限，大部分农牧民劳动力转移的主要去向是离居住地较远的城市。从经济上看，短期外出打工所获收入能为农牧民脱贫致富带来现实收益。但是从社会的长远发展来看，远距离迁移给农牧业经济、民族文化、子女成长、农民工生理和心理健康等也带来严重负面影响。本课题组实地调查发现蒙古族居民进城的顾虑还比较多，乡土情结很重，这也是该地区城镇化水平较低的重要原因之一，再加上该地区生态环境承载力有限，也不宜大规模地开发。为此，结合生态保护的长远要求和区域社会经济现状，该区域最适宜的战略选择应是走健康城镇化与新农村建设相结合的新型城镇化道路。具体做法是坚持以人为本，统筹城乡，通过合理的城镇体系规划和牧区居民点规划，促使人口和经济活动相对集中于生态环境条件较好的宜居区域。强化城镇经济，完善城镇功能，发展城镇文明，降低入城门槛，吸引农牧民就近迁移到城镇就业和生活。确立"工业向园区集中，农牧民向城镇

集中，农用地向规模经营集中"的发展思路，改善城乡公共服务设施和
社会保障水平，走资源节约、环境友好的集约化发展道路，并在规划建设
中坚持突出民族特色和地方风貌，促进城乡一体化发展。

三　蒙古族城镇化发展战略思路

蒙古族城镇化发展面临独特而复杂的人口、经济、产业、民族文化、
生态环境以及制度等方面的推阻力。因此要逐步实现蒙古族城镇化，优化
城镇体系，强化城镇功能，最终实现乡一体化发展，就必须从城镇化的
动力机制出发，寻求突破。

新时期对蒙古族城镇化提出了更高的要求，将出现更多生态移民。而
生态移民从城镇化的角度看，要与新农村建设形成良性互动的平台，其出
路就是村落合并和加快小城镇建设。不仅要引导移民向生存条件好的地区
集中，还应着重考虑移民人口向城镇周边生存条件较好的地区集中。这就
要求蒙古族城镇化的发展应调整优化产业结构，发展区域特色产业，由原
来承担行政职能为主，转变为注重增强经济增长极的职能为主，为人口就
业、产业发展、城乡沟通、文化传承和市场培育提供有力支撑。发挥内蒙
古自治区独特的生态优势和资源优势，创新体制机制，努力构建以保护生
态环境为基础，以生态农牧业、旅游业循环经济和新能源、新材料产业为
重点，弘扬生态文化，引导城乡居民树立低碳消费和绿色消费理念，形成
低碳增长为方向的绿色城镇发展模式。

（一）通过主导产业发展推进城镇化

内蒙古自治区资源优势突出，特色明显。但目前产业结构比较落后，
主导产业发展与就业之间偏离度高，阻碍了人口城镇化，也加大了对生态
环境的压力。结合区域资源禀赋和产业发展潜力，内蒙古自治区应当积极
发展草地畜牧业为主导的第一产业，并通过推进畜牧业产业化增加产品附
加值，提高地区收入水平，增加非农就业岗位。第二产业发展方面，内蒙
古目前以资源开采和粗加工为主的工业化发展对城镇化的推力不明显，所
以该地区应当提高技术水平发展优势畜产品加工业，矿产资源开发要注意
生态环境保护，向新型工业化转变。第三产业发展方面，内蒙古资源极具
优势，在国内也很有影响力，应当结合民族文化特色，合理开发，可持续

发展。

1. 积极推进畜牧业产业化发展

牧区城镇是承担农畜产品深加工的地域性经济中心，具有引导畜牧业资源合理集聚，发展畜牧业产业化经营的功能。因此内蒙古民族地区的城镇建设要立足于畜牧业产品深加工，通过培育龙头企业带动基础设施建设，加快畜牧业资源的转换升值，延伸产业链条，吸收农村牧区劳动力，扩大农畜产品的消费群体，才能为牧区的发展提供有力的支撑，走现代畜牧业兴镇之路。畜牧业产业化是提高畜牧业经济效益、使畜牧业持续稳定发展的有效途径和必然选择。由于牧区自然条件较差，农牧民单方面抵御风险的能力较差，信息不畅通，接受新技术的机会较少，所以首先要选择紧密型的产业组织类型，即龙头企业与牧户之间建立稳定的契约关系或股份合作关系，共同抵御风险，利益共享。其次，大力培育和引进外向型畜牧生产和流通领域的龙头企业，引导其参与当地经营，促进畜牧业经营集约化、规模化发展。最后，稳定发展畜牧生产基地。地方政府应利用一定的政策引导，在已有的饲草料基地、奶源基地、良种选育等基地的基础上，大力培育和建设一批规模化的畜牧生产基地，并保障企业与基地的联结，促进当地畜牧业产业化的发展。面对畜产品加工高度化发展的大趋势，内蒙古自治区应立足于行业发展的比较优势，逐步实现以初级加工为主向精深加工为主的转变，形成有力的竞争优势，实现畜牧业可持续发展。

内蒙古自治区首先应积极组织牧民按标准化要求进行生产，大力发展绿色、无公害、有机畜产品，不断提高畜产品品质，实现加工增值。其次，加快推进牧业专业合作经济组织建设。发挥龙头企业、牧业经济合作组织的作用，鼓励龙头企业与牧业经济合作组织实现产销对接，以推进畜牧业产业化、推进草地适度规模经营。通过发展生态畜牧业，改善生态环境，促进地区畜牧业可持续发展。畜牧业可持续发展离不开其他行业提供的各项社会化服务，包括科技服务、信息、运输、仓储、金融等服务。要坚持把实施产业化与社会化服务体系建设和科学技术的推广应用有机结合起来，政府应充分利用各种融资渠道，加大对畜牧业的投入，满足广大牧户的需要。充分利用本地畜牧服务机构，为广大农户提供技术服务。当地龙头企业也可以利用自身的经济优势为广大农牧户提供诸如生产贷款担保技术服务等工作。内蒙古自治区拥有独特的旅游资源，吸引着越来越多的国内外游客。民族地区畜产品的加工有着悠久的历史，同时蒙古族民族风土人情也极具特色。随着内蒙古旅游业的发展，这些保持民族特色的消费品越来越符合传统自然的消费时尚，所以区内企业应进一步挖掘畜牧业的旅游市场潜力，通过开发特色产品、开展牧家乐等形式，使旅游业发展带动畜牧业持续发展，促进地区产业结构转型，也使区域少数民族传统文化得以保留和发扬。

2. 在优势区域发展新型工业化

内蒙古自治区由于其特殊的地理位置，经济发展必须以保护牧区的生态环境为前提。由于内蒙古自治区在实现工业经济的转型方面有较大的后发优势，转型的成本相对较低。新型工业化是国家大力提倡的经济发展思路，实现新型工业化符合国家的发展要求，易于得到国家的政策支持、资金支持、税收支持等。因此该区域必须突破传统的工业发展模式，在优势区域大力提倡发展新型工业化。

内蒙古自治区是我国重要的畜牧业生产基地之一，诸多乡镇均以牧业为主，内蒙古的畜牧业生产优势突出，但是畜牧业的深加工还未得到相应的发展，诸多产品知名度低，产品深加工不足。按照把蒙古族地区建设成为现代畜牧业示范区和生态旅游示范区的要求，地方政府应大力培养当地有潜力的龙头企业，给予资金和技术的支持，让它们有成长的条件，有成长的环境，并且在适宜区域建立工业园区，大力整合当地各种小企业、小厂商，集中优势培育大企业、大品牌。引进新的技术、管理理念、人才以及大型企业到该地区。集中发展不但有利于地方政府为企业创造良好的投资环境，也有助于环境污染的预防和治理。一些旗县发展规划中已经提出加快推进畜产品加工园建设，完善各项配套设施。建设纺织品工业区，促进产业升级。培育和壮大以牛羊肉加工、乳制品生产等为主的农畜产品加工工业，改善提升或者干脆关闭冶炼产业。积极扶持乳业、肉业、牛肉干加工业龙头企业。

由于内蒙古诸多地区是国际重要湿地景区，牧区的生态环境非常脆弱，大部分的地区以草甸为主，生态植被一旦遭到破坏，就很难恢复，甚至还会形成沙漠化的危险。因此必须坚持科学发展观，充分考虑当地的客观环境和资源优势，坚持开发与保护并举，规划发展特色旅游产品加工业，主要培育发展旅游工艺品、农牧土特产深加工、民族手工艺制品，以及太阳能、风能等新能源工业，形成新能源产业，走新型工业化道路。结合内蒙古自治区旅游业的发展，极有必要从内蒙古民族传统产业中寻找新的优势，适当发展劳动密集型手工业、工艺品制造、畜产品加工等行业，只有这样内蒙古自治区才能既提高经济发展水平、传承民族文化，又保护生态环境，实现人与自然的和谐发展。

3. 着力发展旅游业和现代服务业

发展旅游经济和现代服务业是内蒙古自治区优化经济结构、推动区域经济和城镇化绿色发展的重要途径。生态旅游概念源于绿色旅游，最初指的是以自然环境为基础的旅游。20世纪80年代初首次定义的生态旅游有两个基本特点，即旅游环境是自然生态环境，旅游方式是不对自然生态环境造成破坏。20世纪90年代，随着可持续发展概念的深入，生态旅游成为实现可持续发展目标的旅游模式，也成为自然保护区旅游开发的基本模式。

生态旅游与常规旅游在发展理念上有根本区别，一般旅游模式是以经济目标为首要目标，而将社会和环境目标放在实现经济目标以后，是兼顾的目标。生态旅游模式则是将自然环境和历史人文环境的保护作为旅游开发的基本前提，在规划上采取有控制、有选择的开发模式，限制旅游业发展规模，包括限制游客人数、限制旅游设施的建设，尽可能保持和维护自然和文化生态系统的完整性，具有特定的社会目标、经济目标和环境目标，实现经济目标的前提是首先要保证社会和环境目标的实现。在内蒙古自治区开发中，必须处理好生产、生活和生态三者的关系，严格按照《中华人民共和国风景名胜区管理条例》和《中华人民共和国自然保护区条例》的要求，对内蒙古景区景点进行科学、适度的开发建设，实现以生态促旅游、以旅游保生态的目标。

内蒙古淳朴的民俗、独特的自然环境及其所蕴藏的丰富内涵，迎合了中外游客"返璞归真，回归自然"的强烈愿望和消费时尚。随着草原品牌的国际化和人们生活水平的提高，内蒙古游客将迅速地增加。旅游人数的上升，必定会带动相关工业品的需求、餐饮服务业的需求、基础设施的需求。地区工业部门吸纳就业的能力相对有限，大量农牧区剩余劳动力向非农产业的转移主要取决于服务业的发展。同时，二次产业结构调整的重点是提高第三产业的比重，工业和农业的结构升级也依赖市场和高层次服务业的较快发展。我们可以将满足旅游业的需要作为产业结构调整的一个方面，吸引和转移农牧民转向特色产品加工业、旅游服务业等第二、第三产业，开展以餐饮、旅游商品经营、民族风情表演等为主的旅游服务活动，改变对传统畜牧业的依赖，从而实现生产观念的转变和区域产业结构调整，拓展经济发展空间，产生更高的综合效益；在流域内的旅游开发建设中，要力求做到以特色见长，以特色取胜。加强配套基础设施建设和绿色消费的理念，使旅游者行则安全、游能尽兴、住则舒适、吃有风味、购有特色、娱有设施。

蒙古族地区部分县域已经选择以生态农牧业及其产品加工业、生态工矿业、生态旅游为主的"大经济板块"的发展思路，努力延伸产业链，优化产业结构。组织实施工业项目、旅游项目、文化项目、科技项目、扶贫项目等工程的建设，促进城镇化建设。但是要较快提升城镇化水平，目前应当选择重点开发区域，尽快完善城镇基础设施，促进人口向该城镇集中，发展城市服务业，以此带动城市居民消费结构的升级和消费需求的扩大，带动第二、第三产业向城镇集聚，促进城市的发展和城市整体水平的提高，并根据城市经济运行的需要相应扩大城市的规模。

4. 依靠科技进步，大力发展循环经济，转变经济发展方式

内蒙古自治区诸多地区目前仍然以单程式经济活动为主，浪费严重。应当强调资源的节约利用、循环利用和综合利用，积极发展低碳经济和循环经济，合理开发和利用资源，积极推动循环能源、绿色能源和可再生资源的利用，提高资源利用效率，实现低碳高增长；提高自然资源单位面积的生物产量，高效利用现有资源存量，提高生态足迹多样性。

蒙古族城镇化发展离不开发展循环经济。对于该地区的主导产业而言，循环牧业经济的主要参与部门：牧业部门（草地畜牧业）主要有草地放牧业、专业养畜业、种畜仔畜放牧业、肉牛乳牛放牧业、养羊业等；前牧业部门（为畜牧业提供产前服务的产业）主要有畜种培育业、牧草种植业、饲料加工业、兽医兽药业、生产设备供销业、畜牧教育科研业、草地建设、环保产业等；后牧业部门（畜产品流通加工业）主要有流通加工业、畜产品购销业、畜产品储运业、畜产品初级加工业等。循环工业经济体系主要参与的部门有特色资源生产和开采、特色加工业、流通与服

务业等。循环旅游业的主要参与部门包括吃、住、行、游、购、娱各个环节，都需要从资源的高效利用、循环利用为基本出发点，来设计服务的提供方式。并且，内蒙古自治区这些特色主导产业之间也有密切的循环链存在，比如畜牧业的前向产业与加工业结合、与旅游业结合，其后向产业与旅游业结合；加工业的前向产业与城镇建设和旅游业密切结合，其后向产业与特色资源生产密切结合；旅游业的带动作用极强，分别与加工业、畜牧业都存在密切的前向、后向关联。根据相关文献，结合研究区域的实际，设计构建内蒙古自治区"特色产业循环经济链"。

四　通过城镇建设集聚经济效益

(一) 发展生态城市

相关研究提出，内蒙古自治区生态城市化模式的基本思路是以保护草原的生态环境为目标，以加快内蒙古的城市化进程为手段，以实现内蒙古和中华民族的持续发展为结果。目前内蒙古自治区由于人口较少、经济欠发达，总体上生态环境受人为干扰还比较轻，但内蒙古有国际著名的湿地，也有独特的旅游景观，由于生态环境比较脆弱，破坏容易恢复难。因此，走生态城镇化之路显得尤为迫切。具体目标是将城镇建设与生态建设相统一，做到生态城镇化、城镇生态化。

生态城镇化是指在内蒙古重点发展的城镇中将多种自然生态元素充分保留和保护，在城镇建设过程中始终体现独特的地域生态特征。城镇生态化是指城镇人口和经济活动与保护生态环境密切结合，在城镇产业发展中注重循环经济理念，以循环经济作为城镇经济发展的动力机制，将循环经济与城镇生产、生活紧密结合，切实保护内蒙古地区的自然资源和生态环境。城镇生态化的另一层意思是指内蒙古城镇化的进程中要充分保护和体现少数民族传统文化特色，要通过城镇景观体现少数民族传统文化特色，更要通过产业、产品、服务保持少数民族传统文化特色。既保持民族生产生活传统，又增加农牧民收入，同时减轻生态环境压力。

具体的生态城市建设和规划方面，应当注意以下几点：制定符合可持续发展要求的城市发展目标和城市规划；严格控制城市人口规模，提高人口素质；大力推行清洁生产，发展绿色环保产业，倡导清洁消费；建立城市清洁交通体系；搞好城区立体绿化；发展生态农牧业，改善城乡人居环境，缓解生态压力；完善城市发展考核办法及指标；等等。

（二）突出重点建设城市，培育民族地区劳动力大容量就业载体

城镇化水平的提高能带动就业机会增加，因此，蒙古族城镇化首先应抓好现有两个重点城镇扩容增量，采取有效政策措施，促进城镇规模扩大和人口容量增加；将部分城镇规划建设成旅游集散服务中心和中转城市，通过城市的发展提升集聚经济效益，吸引投资和人口集中，使之成为就近转移农牧业剩余劳动力的大容量就业载体。其次，实施中小城镇建设工程，把重大基础设施、住房工程同小城镇和新农村建设紧密结合起来，加强城镇基础设施建设，增强公共服务功能，提高城镇的综合承载力和集聚效应，带动发展县域经济。通过重点城镇建设和产业发展，城镇第三产业蓄水池的作用得已显现，逐步吸引农牧民到城镇定居，使少数民族地区城镇化成为改善人民生活、保护生态环境构建和谐社会的重要途径。

（三）城镇发展与产业发展相结合

坚持产业立城兴镇，把城镇发展的空间布局与产业布局有机结合起来，以城镇化推动畜牧业产业化和特色加工业发展，推动特色旅游业发展；以产业发展促进城镇化，形成"兴业"带动"建城"，"建城"促进"兴业"的发展格局。内蒙古拥有发展畜牧业的独特优势，畜牧业生产历史悠久，通过畜牧业产业化发展，促进本地区资源优势向经济优势转变，不仅可以增加农牧民收入，而且可以为部分农牧民从养畜业向加工业转移提供就业机会，从而促进民族地区大量滞留在第一产业中的农牧民由第一产业向第二、第三产业转移，实现区域产业结构初步升级；通过引进资金、人才、技术等生产要素，将产业结构变动由资源导向逐步转为技术导向，提升少数民族地区工业化水平和质量。

但是牧民从游牧散居向集中定居的转变，虽然可以改善牧民的生产生活条件，却对牧民的传统生产生活习惯必然会形成一定程度的冲击。生活方面由于融合历史上的诸多民间习俗，牧民难以接受生活方式剧烈转变，因此要在尊重民族习俗的前提下，积极引导牧民生活方式的主动转变；生产方面牧民不能再完全依草原从事畜牧业生产，必须尽快转变生产方式，由于自然条件特点，定居牧民并不可能完全摒弃熟悉的传统畜牧业生产，

这就需要引导他们从传统牧业向现代化大型牧业转变。

（四）加强规划，突出民族地区的城镇特色

内蒙古经济条件不同，环境各异，应因地制宜，发展各具特色的小城镇。在产业规划方面可以发展旅游型城镇、以民族文化产业带动经济发展的民俗型小城镇、以资源开发和加工业带动的小城镇、以商业和畜牧业产业化为特色的城镇。内蒙古由于城镇化发展起步晚，城镇规划方面已经意识到民族地区城镇化的复杂性和保护民族文化的重要性，比如一些城镇面貌就能够体现出蒙古族文化特色和旅游特色，充分展示自身的独特魅力。

第二节　推进蒙古族城镇化的后勤保障

一　蒙古族城镇化的产业支撑

美国经济学家西蒙·库兹涅茨在《现代经济增长》一书中曾经指出经济增长、经济结构变化与城镇化之间的密切关系，尤其是工业化对城镇化发展具有明显的促进作用。随着城镇化与工业化的深入推进，服务业的发展成为解决劳动力就业、促进城镇化进程的后续动力，并且随着时代的发展和服务业分工的越发细化，其吸纳劳动力的作用在不断增强。城镇化进程的复杂性决定蒙古族城镇化必须处理好推力与拉力关系，而产业的发展与演进正是这一过程的直接推手。从产业支撑的角度，城镇化的前向联系产业，农业的发展对于劳动力转移具有推动作用，而工业化和服务业的发展或者第二、三产业的演进则是吸引农民进城务工的拉力。内蒙古自治区内的农牧区居住着大量蒙古族居民，产业发展对城镇化的支撑机制主要体现在以下几个方面。

（一）农业现代化提高农业生产效率

一般认为，世界范围的农业现代化进程是从 20 世纪初随着工业革命的演进和科学技术的进步而启动的。在推行农业现代化过程中，各国由于自然资源禀赋和经济社会基础不同，在实现农业现代化的道路选择上也不同：美国、加拿大等人少地多、劳动力短缺的国家以提高劳动生产率为主要目标，通过大力发展农用机械扩大经营规模，提高农产品的总产量；日本、荷兰等人多地少、耕地资源短缺的国家以提高土地生产率为主要目标，通过科技进步改良农作物品质、加强农田水利建设、增加化肥和农药使用量等措施来提高农产品产量；法国、德国等土地、劳动力比较适中的国家主要以提高劳动生产率和土地生产率为主要目标，既重视现代工业装备农业，又重视科学技术推广应用。地广人稀的内蒙古自治区有利于实现土地的规模化经营，使农业大规模机械化运作成为可能。内蒙古农牧业现代化的发展不仅要继续推进农业规模化、机械化发展，而且要广泛采用现代农业科学技术，尤其是节水滴灌技术来改善农业生态环境。内蒙古自治区特色城镇化的实现离不开农业现代化的发展，农业现代化必然会使农村人口比例合理地减少，而农村人口的合理减少又有利于农业现代化的发展，使以多养少的外部经济条件强化。从这个角度来说，农业现代化是推进内蒙古特色城镇化的基本动力。

（二）　新型工业化增强本地内生经济增长能力

大多数经济学家认为，工业化之所以对城镇化发展具有推动作用，其中很重要的原因在于循环积累因果作用力的结果。根据威尔科克斯的研究，在1870—1940年长达70年的时间里，美国的城镇化率与工业化率的变动曲线，几乎是两条平行上升的曲线。工业化推动城镇化的关键可以归结为两个方面：一是工业化进程所带来的对劳动力和资本的需求带动了人口转移与资本的集聚，在集聚经济的作用下分工更加明确，刺激相关服务业的发展，进一步推动城镇化进程；二是工业化水平的提高对农业机械化具有明显的促进作用，农业现代化发展推动劳动力向城镇化转移。因而从产业支撑的角度来说，工业化是推进城镇化发展的根本动力。从当前三次产业发展的情况来看，内蒙古的就业结构主要呈现出"一、三、二"的结构形态，农业剩余劳动力大量滞留农村，工业化发展相对不足使得对农业人口的拉力作用欠缺。以石油、天然气、煤炭开发以及重化工业为主的工业体系属于资本密集型，对劳动力就业带动作用有限，按照目前内蒙古所处的发展阶段，保障城镇化推进的根本动力是新型工业化，工业化水平的提高能够创造大量的就业岗位以及大量与工业相关的服务需求。

新型工业化，是把降低资源消耗、减少环境污染放在首要位置，使经济发展与资源、环境相协调，实现良性互动，从而增强我国的可持续发展能力和经济后劲。新型工业化既是实现内蒙古城镇化发展的重要产业支撑力量，同时其降低资源消耗、减少环境污染的思想也与内蒙古特色城镇化保障生态安全的理念不谋而合。按照内蒙古自治区新型工业化的阶段水平，工业化要实现对特色城镇化的有力支撑，首先要大力发展煤电、煤化工产业等依托传统资源优势的重化工产业发展，注意在合理拓展产业链的基础上通过技术突破降低资源消耗与环境污染。其次，振兴特色农产品加工业，推动一批劳动密集型产业的快速发展。与高新技术产业、技术密集型产业和资金密集型产业相比，劳动密集型产业大多从事处于成熟期的产品的生产，对技术、资金的要求相对较低，进入和退出壁垒较小，需要大量的人力资源，能够吸纳更多的农业剩余劳动力进城务工，从而推动内蒙古自治区特色城镇化进程。最后，要有选择地承接内地产业转移。随着全球产业分工的日益细化，我国东部地区的产业开始呈现明显的转移趋势，这为内蒙古自治区产业发展带来机遇。但是内蒙古自治区新型工业化进程中的产业承接必须是合理的、有选择的，既要满足发挥本地劳动力资源优势的要求，也应该对环境污染和生态破坏有严格的限制，不能一味地承接落后产业，同时劳动密集型产业的承接应该是当前阶段的选择重点，随着工业化与城镇化进程的深入再逐步升级。

（三）第三产业是蒙古族城镇化发展的后续动力

当工业发展到一定阶段，分工成为整个社会的普遍生产组织形式时，它对产前和产后的各种服务必然提出全方位和高效率的要求。物流业、金融保险业、教育培训业、信息服务业以及传统的餐饮、零售等行业势必获得巨大的发展空间。第三产业主要集中在劳动密集型领域，本身具备就业弹性大的天然属性，通过发展第三产业不仅可以广泛吸纳大量农村剩余劳动力就业，而且也不至于使工业部门因产业升级而被排挤出的失业人员回流至农村，从而阻止农村土地的适度规模经营。

从目前第三产业就业人口来看，第三产业就业人员主要集中在批发和零售业、住宿和餐饮业、运输仓储业等传统行业。由于第三产业大部分进入壁垒相对较低，且对劳动力需求旺盛，因此第三产业的发展直接影响城镇化进程。在大力支持传统服务业发展的同时，大力开拓富有蒙古族特色的旅游业对于推进蒙古族城镇化具有明显的促进作用。内蒙古自治区拥有奇特的自然风光和悠久的历史文化，旅游资源十分丰富。名胜古迹有四大类别，即陵园古墓、古城遗址、寺庙古塔以及革命家、革命活动遗址。内蒙古自治区的自然景观有：呼伦贝尔大草原、锡林郭勒大草原、大兴安岭原始森林。内蒙古自治区具有发展旅游业得天独厚的资源优势，随着交通条件的改善，内蒙古自治区旅游业发展逐年提升。旅游业发展不是孤立的，它将带动相关的餐饮、住宿、商贸旅游、客运物流等众多服务业的共同发展。国内城镇化的实践表明，旅游业对城镇化进程作用明显，典型的如张家界、九寨沟、敦煌等。内蒙古的旅游景点散布于内蒙古全境，坚持旅游景点的开发，合理规划，不仅能促进就地城镇化，还能吸引外来人员经商和务工，旅游业应作为内蒙古今后产业发展的重点。

（四）产业生态化是实现蒙古族特色城镇化的关键环节

产业生态化是指运用生态规律、经济规律和系统工程的方法来经营和管理传统产业，按照物质循环、生物和产业共生原理对产业生态系统内的组成部分进行合理优化耦合。它是以提高产业自主创新能力为核心，以产业集群生态链的建设为主要手段，以实现建立高效率、低消耗、低污染的经济增长方式为目的。内蒙古自治区是一个资源丰富、生态脆弱的特殊地区，以资源开发和深加工为主的化工业在工业体系中占据举足轻重的地位。工业本身的性质决定其坐落在城市或者城市边缘，从可持续发展的角度来说，当前内蒙古自治区产业生态化的关键是工业生态化，工业能否实现生态化直接关系到蒙古族城镇化进程中生态安全能否实现。内蒙古自治区产业生态化的实现主要体现在三个方面：一是产业政策支持与法律制度的保障。工业尤其是化工业依旧是带动内蒙古自治区经济增长的强劲动力，对于这些产业的发展必须从产业布局调控和产业组织政策、产业技术政策等方面进行突破。要通过政策引导积极发展生态产业，调整优化产业结构，培养并规范生态产品市场，建立有利于产业生态的市场机制；建立产业标准化体系，为企业发展提供良好的外部环境。对于产业布局调控要把重化工产业与居民生活区逐步脱离，选择环境承载力好、远离城市中心的地区开展厂区建设。二是把节能减排作为推进产业生态化的突破口。政府应加强对重点耗能企业的监管，推进重点节能项目建设，鼓励发展节能环保产业，推进节能减排工作。三是加强推进产业生态化的技术创新，政府要利用财政、税收、补贴等经济手段，支持企业加大对技术创新的投入，特别是扶持大中型企业建立科技研发中心，瞄准市场需求开展技术攻关。

（五）蒙古族城镇化路径差异与主导产业选择

蒙古族城镇化进程中的产业选择主要是主导产业的选择与发展，与城镇化功能相对应，是在依托当地的资源享赋予区域人文特点的基础上的选择，从"拉力"的角度来说是拉动当地就业，实现劳动力转移的动力。由于蒙古族城镇化路径的多样性决定了不同路径下城镇化产业选择会有所不同。

基于经济集聚的中心城市化路径是针对内蒙古自治区当前经济发展较好、综合水平较高的城市而言，通过规模化提高经济运行效率，形成内蒙古自治区的特大城市，产业层次相对较高，产业结构向高度化方向拓展。当前内蒙古自治区的多个城市人口已经过百万，呼和浩特是内蒙古自治区的首府城市，城镇化水平最高，呼和浩特现有的经济社会基础以及生态环境水平奠定了内蒙古自治区中心大城市的地位。发展旅游业、制造业、现代工业，金融保险业、信息咨询业、科学研究与技术服务业，加强国际经济技术交流与合作，带动自治区外向型经济的发展，逐步建成现代化首府城市是呼和浩特的发展定位，要逐步由工业型城市向提供服务产品为主的方向转变。基于资源开发的城镇化路径其发展方式主要是依托当地的优势资源，这是与当前内蒙古自治区城镇化所处的发展阶段密切相关的。从国内外城镇化发展的经验来看，资源型城镇化路径具有城市形成快、城镇主导产业优势明显的优点，但同时也存在产业发展相对单一、城镇发展一定阶段面临转型等诸多问题。因此资源型城市形成以后，在主导产业的基础上逐步优化产业结构，实现多元发展具有重要意义。基于边贸口岸型的城镇化路径主要是依托于内蒙古自治区边疆口岸地区的外向型优势推动城镇化建设。一方面依托于对外贸易的快速发展逐步完善内蒙古口岸地区以及边疆城市的基础设施、仓储物流体系、贸易服务等，另一方面可以通过出口加工基地的建设推动产业发展。二连浩特、满洲里等边境城市应依托良好的区位优势与现有的产业基础，发挥自身的比较优势，大力发展外向型经济，尤其是出口加工贸易。它们作为内蒙古自治区目前最大边境口岸，是内蒙古自治区乃至内地对外贸易的桥头堡，在当前中俄贸易迅猛发展的今天应抓住机遇，加大城镇基础设施建设，完善仓储物流体系，依托口岸和陆桥优势，大力吸引外资，积极开拓中亚市场，以开放开发促进区域经济发展和城镇化进程。

　　基于农业产业化和旅游开发的城镇化路径不如上述三种城镇化路径效果明显，但在内蒙古自治区仍旧是部分地区城镇化发展的必然选择。内蒙古自治区是牧业大省，除部分资源优势或区位优势明显的区域外，牧业发展依旧是大部分地区产业发展的依托基础。内蒙古自治区独特的风土人情和特色鲜明的自然风光则为旅游业的发展提供了保障。

　　基于生态安全的城镇化路径以保障内蒙古自治区生态安全为首要目标，选择这一路径的区域主要是生态脆弱区和一些国家自然保护区。根据主体功能区划分要求，主要是限制开发区和禁止开发区。对于禁止开发区，现有居民应该逐步搬迁，选择周边合适的城市定居。对于以限制开发区为主的部分县市，其城镇发展应该限定适宜的规模，城镇主导产业上应选择环境能耗较低、污染相对较少的产业发展。如阿拉善盟的部分县市处于生态脆弱地带，城镇主导产业应当以农产品加工业、手工业、旅游业为主，重点发展依托于当地中心城市的服务业，而不适宜发展重化工产业、造纸、冶金等高污染行业。对于已经建成的上述行业的企业，应该加强监管，严格控制污染物排放。对于部分产能过剩且并非必需的企业，应该逐步淘汰或搬离旧址，改善当地的生态环境。基于社会稳定的城镇化路径主要包括边疆城镇化路径和民族聚居区政府推动型城镇化路径。一个地区的城镇化发展往往基于不同的功能，一个地区的城镇化路径既可以是从经济发展的角度，也可以是从社会稳定的角度出发，因此基于社会稳定的城镇化路径其主导产业的选择基本与基于经济发展的城镇化路径主导产业一致。

二　蒙古族特色城镇化的政策支持

　　发挥政府主导作用，制定优惠的产业发展政策与财税政策，加强对落后地区的产业扶持，保障政府推动型城镇化路径的顺利推进。贫穷是滋生动乱的根源，一个地区要想实现长治久安，出路在于发展。基于民族融合的政府推动型城镇化路径是以社会稳定为基本出发点的，但是由于资本的趋利性使然以及生态环境脆弱、经济基础薄弱、人文环境特殊等原因阻碍了蒙古族城镇化的进程，因此对于内蒙古自治区贫困落后的地区要加大政府扶持力度，这不仅是经济发展的需要，而且是实现整个内蒙古自治区民族团结、社会稳定的必要举措。首先对于特色产业应该加大扶持力度，将其做大做强。其次城镇化工作有重点地选择，而非全面铺开。要鼓励私人资本投资地区特色产业，对其实行政策优惠，减税甚至是免税。对于一些以资源开发为主的国家级大项目，一方面要通过资源税等手段增加当地的财政收入，另一方面要通过项目带出一批扎根地区发展的优秀人才。区位难以改变，但是交通条件是可以改善的。环境天生恶劣，但通过维护是可以改观的。在产业培育的过程中，可以通过产业的集聚带动人口转移，结合内蒙古自治区主体功能区建设在适宜人口居住、开发的地区重点开展城镇化建设，逐步淘汰原有的不适合居住开发的村落和小城镇。在适宜的城镇有选择地发展当地特色产业，将有限的财政资金用在重点城市、城镇的基础设施和交通条件的改善以及产业培育上，形成若干经济实力较强、生态环境较好的区域性增长极，是现阶段内蒙古自治区城镇化发展的重要趋向。

在内蒙古自治区城镇化进程中，城镇基础设施建设、城镇生态环境建设的投资主力都是政府，而这些基本条件恰恰是城镇能否聚集经济、吸引人口转移的关键。政府投资一般会根据当地的区位条件、经济基础、未来发展潜力等多方面考虑。由于政府的目标并不像市场那样完全追求经济效益最大化，因此在面对南北疆区域差异、少数民族与汉族发展差异的时候，其目标可以适当调整，即当前的目标是稳定与发展并重，更加强调的是社会公平与民族融合。内蒙古自治区的城镇化进程中政府的财政投资，尤其是固定资产的投资需要向弱势地区倾斜，改善当地的基础设施状况，通过财政补贴提高当地人才的工资待遇水平，吸引更多的人才向基层转移。同时加大科教文卫事业财政支持，尤其是加强对少数民族国家通用语言教育和基础教育的投入，提高当地人口的人力资本水平。从这个角度来说，必须通过政府财政支持的"临界最小努力"，才有可能以这样一个最低限度的外部刺激摆脱"贫困恶性循环"。解决好贫困问题和语言问题，才能从根本上解决民族融合问题，这也是当前政府调控的重要方向。

结合主体功能区建设，推动实施生态恶劣地区的生态移民工程，通过政府补贴等手段保障生态移民型城镇化路径的顺利推进。生态移民与以往所有的机械式的开发政策不同，强调了对生态的关注以恢复生态系统，或者以防患于未然为目的，停止生态脆弱地区居民原有的生产和生活方式，使多种多样的生产及生活方式单一化，使"异质"的文化"均质化"。从局部区域的视角来说，"异质"的东西总会希望以"异质"的形式存在下去。但是从国家的角度来讲则不同，认为少数民族"异质"的生产生活方式可能对生态环境造成破坏。

国家"十一五"规划纲要提出的主体功能区划根据资源环境承载力、现有开发密度、发展潜力统筹考虑未来人口分布、经济布局、国土利用和城镇化格局，将国土空间划分为优化开发、重点开发、限制开发和禁止开发四类主体功能区，就是在对经济发展与生态安全关系综合考虑的基础上提出的。在内蒙古的众多地区，生态环境十分脆弱，当地居民为了生存发展大肆对生态环境进行"掠夺"，导致生态环境进一步恶化，陷入"越穷越垦，越垦越穷"的恶性循环。对于这些地区的城镇化发展采取生态移民的发展路径既能改善生活状况，又能减少对生态环境的破坏。结合主体功能区建设，推动实施生态恶劣地区的生态移民工程，对于保障内蒙古的生态安全具有重要的意义，但这一工程的启动难以通过市场手段或者民本自发，政府的干预和引导尤为重要。政府应制订相应的移民计划，按计划、分阶段实施，要做好移民引导工作和后续安置工作。在这一过程中，居民往往对长期居住地存有故土情结，不愿意离开自己长期生活的地方，政府一方面要加强宣传教育，一方面可以通过安家补贴的手段鼓励移民。生态移民型城镇化路径还面临着在新的城镇中，原有居民与新移民的融合问题，这是一个社会化的过程，但同时政府应该加强引导。政府对生态移民中的社会冲突负有干预的责任。实施生态移民，政府不能仅仅以搬迁为目的，而要以长期的、系统的视角去让移民"稳得住、能致富"。这就需要政府在移民安置前期，着力于安置点的选择、安置规划的编制、安置意愿的调查等方面，积极关注移民的社会适应、生产生活方式转变、收入的恢复与提高以及对安置区利益冲突的干预等。

政府需要明确城镇化的战略定位，明确不同地区在不同阶段的使命，通过经济手段、行政手段、法律手段等进行干预和调控，对为大局牺牲自身利益的群体在适当的时候给予相应的补偿，逐步建立和完善经济补偿机制和生态补偿机制。对于区域内部的城市要将城市发展的"个体理性"模式逐步提升为区域发展的"集体理性"模式，通过超边界的合作组织将区域内部的城市群整合成风险共担、利益共享的共同体，推动实行联动发展。在必要的时候可以推动实行行政区划的调整，以解决一些长期困扰的障碍因素，实现经济的互促共进，带动城镇化发展。

加强生态脆弱区生态环境的建设，完善生态补偿机制，严格控制高耗能、高污染企业，保障环保集约型城镇化发展。从当前的经济发展阶段来看，内蒙古实施资源优势转换战略具有必然性。同时从生态安全的角度来说，内蒙古生态环境保护问题直接关系到国家安全。因此，生态环境相对较好的区域城镇化发展过程中发展重工业、采矿业是与内蒙古自治区现阶段的具体情况相吻合的，但是在内蒙古自治区的生态极其脆弱地区必须严格控制高污产业发展，注重生态环境建设。政府在这一过程中必须扮演好政策制定者与执行者的角色。要完善现有的生态环境保护制度，尤其是要加强对城镇工业"三废"、生活污水等的排放监管，严格控制产业准入条件，有选择、有重点地发展适合当地生态水平的主导产业。要通过制订生态脆弱区城镇化组团发展规划，实现区域性小城镇群的产业联动发展，缓解各自发展产生的过度竞争，实现主导产业间的功能互补以提高资源利用效率和保障生态安全的实现。同时建立健全城镇化对生态环境影响的补偿机制，在加大对资源环境保护性投入的同时，要对个人或区域保护生态环境的投入或放弃发展机会的损失进行经济补偿，将城镇化的外部效应内部化，实现两者和谐共处。要改变现有的环境管理体制，提高公众的环保意识，充分调动公众参与环境保护和治理的积极性，将由政府直控型的环境管理体制逐步向公众参与下的社会管理型环境管理体制转变，政府与社会共同关注，共同治理，合力推动生态脆弱区集约型城镇化路径顺利推进。

三　蒙古族特色城镇化的制度创新

（一）制度因素对蒙古族城镇化发展的作用

制度是影响内蒙古特色城镇化路径实现的又一重要因素。现代经济学所说的"制度"或"制度安排"，泛指人们的经济关系和经济活动的组织结构和行为规范。可以把制度理解为一个社会所通行的或者说被一个社会所采纳的习惯、道德、戒律、法律包括宪法和具体法律、规章包括政府"条例"，正是这些正式的和非正式的制度习惯、道德观念、意识形态等，构成了一组约束个人和社会行为进而调节人与人之间社会关系的规则。1993 年获诺贝尔经济学奖的美国经济学家道格拉斯·诺斯认为"制度提供了人类互相影响的框架，它们建立了构成一个社会，或更确切地说一种经济秩序的合作与竞争关系"。制度是在长期的经济社会发展过程中所形成的，较之于分门别类的政策具有长期性、不易变化的特点。城镇化相关制度对蒙古族城镇化的影响具有普适性，任何城镇化路径的实现都受到制度因素的制约或推动。从这个角度来说，蒙古族城镇化的不同路径都需要制度保障，改善阻碍城镇化发展的不合理制度，形成更为有效的城镇化制度，推动蒙古族城镇化的顺利推进。

（二）蒙古族城镇化进程中的制度创新

1. 户籍制度的创新

我国的户籍管理制度以城乡分离为基本特征，产生于特定的历史时期。改革开放以来的户籍制度变迁，已大大淡化了其负面效应，但是由于当前户籍仍然与一系列特殊的管理制度如就业制度、社会保障制度等相配合，共同形成了城市人口群体的特殊利益，对乡村人口流动仍然具有很大的限制作用。户籍制度限制了公民的迁徙自由。其次，现行的户籍制度限制了劳动力的自由流动，导致劳动者就业缺乏竞争，迟滞了人口城市化进程，户籍制度与其他制度相互关联，不利于社会公平的实现。户籍制度将我国的公民制度性地划分为农业户口与非农业户口，从而限制了农村人口向城镇的转移，但实际上随着市场经济的逐步完善，户籍制度更多的是一种形式性的制度，而与其相挂钩的社会保障制度、就学就业制度等是制约农村人口转移的根本障碍。城市户口的居民往往在子女就学、就业、社会保障等诸多方面拥有较之于农村居民明显的优势，户籍制度带来的歧视性成为社会不公平的重要诱因。

尽管户籍制度的存在对城镇化进程产生了负面影响，但是在人口众多、幅员辽阔的中国不可能在短时间内立刻消除与每一个公民都密切相关的户籍制度，户籍制度改革不可能一蹴而就。从保障内蒙古城镇化发展的角度来看，户籍制度需要改革，主要应从以下几个方面着手转变户籍管理的功能。从当前经济社会发展的情况来看，由于人户分离现象的普遍性，单纯依靠户籍制度已经很难对人口进行有效的管理。户籍制度改革的方向应该是逐渐削弱户籍制度的控制流动和执行分配依据的功能，逐步向为人口信息和民事关系证明服务功能的过渡。实行社会待遇与户籍脱钩的政策。户籍本应承担的是人口的社会管理职能，不应将社会福利待遇作为附加条件与户口登记和迁移挂钩。凡是与户籍挂钩的就业、入学、住房、社保等均应完全脱钩，削弱这种附着在户籍上的福利待遇对人口转移的影响。放开小城镇和中、小城市户口，适度放宽大城市户口管制。随着农村生活水平的提高，小城镇和中、小城市户籍对农民的吸引力已经很弱，但是户籍作为一种身份的象征依旧会对公民在城镇的生活产生或多或少的影响。从有利于社会稳定和发展的角度来说，小城镇和小城市由于进城门槛低，是农牧民转移的首选。放开小城镇和小城市的户籍管制能够更好地吸纳农村剩余劳动力转移。大城市则由于人口较多，应该采取适度放宽的政策，允许条件较好的农业人口进城从事非农产业。

2. 土地制度创新

城镇化是一个包含人口、产业、土地、信息等诸多要素的复杂系统，人口转移是城镇化最本质也是最核心的体现，与此同时还包括城镇空间的扩展尤其是对土地的需求。在现行的土地制度安排下，土地流转机制不健全使得土地的社会保障功能被强化。土地作为农业生产中最重要的基础要素不能自由流动，制约了农业规模化经营，增强了农民对农业和土地的依附感，阻碍农村剩余劳动力从农村向城市的转移过程，进而影响城镇化进程。

尽管内蒙古自治区地广人稀，土地资源丰富，但是土地作为农牧民最基本的生活保障，具有不可替代的作用。改革和完善现有的土地制度才能从根本上解除农牧民"进城"的后顾之忧。因此土地制度改革的主要方向是进一步完善农牧区土地经营权流转制度。农牧业生产效率提高是实现农业人口向非农转移的必要条件，而农牧业规模化经营则是农牧业生产效率提高的保障。土地经营权流转有利于生产要素的合理流动和优化配置。进一步完善土地流转制度，完善相应的保障机制，推动农业规模化经营，进而带动城镇化进程。要规范土地征用行为，完善征地补偿机制。一方面，政府必须严格界定国家公用事业征地范围，保证在国家公用事业发展所必需时才动用土地征用权，并要制定相应的保障和监督机制，坚决杜绝滥用公用事业土地征用权。另一方面所征用土地的补偿，要坚持市场化原则。以市场定价为主、就高不就低、合理分配利益，同时允许农牧民依法通过协商、竞拍等多种方式参与开发经营，以最大限度地保障农牧民合法权益。

3. 教育制度创新

由于大量蒙古族人民在语言、生活习惯上与汉族存在差异，他们在就业过程中的选择机会少，不得不选择进入底层行业从事体力劳动，导致不仅同其他阶层收入差距不断拉大，更滋生了少数民族同胞的不满情绪，成为影响社会稳定的根源，严重影响蒙古族城镇化进程。在内蒙古自治区越是民族人口比例高的地区城镇化水平越低，其经济实力也越落后，而现有的就业制度只会降低民族群众的就业能力，使得地区差距更为明显。而导致这种问题的最根本原因正是教育制度的不完备。美国经济学家舒尔茨认为，在经济活动过程中，存在物质资本和人力资本，这两种资本都对经济发展起重要作用，但对人力资本的投资，尤其是对教育的投资，比对物质资本的投资能产生更大收益。教育是实现人力资本提升的根本。农民工之所以既不敢失去家中的土地，又不愿失去城中的工作，成为在农村与城市间季节性流动的特殊群体，究其原因是在城市中缺少必要的生存技能，对未来的生活前景缺乏信心，人力资本水平偏低成为阻碍农民工市民化和城镇化进程的又一关键因素。在内蒙古自治区，教育不仅承载着提升农牧区人口文化素质水平的任务，更是民族人口解决语言障碍问题的最根本途径。蒙古族语言与国家通用语言差距很大，没有从小抓起国家通过语言教育作为保障，实现各民族文化交融便无从谈起。语言障碍会直接影响人力资本价值的实现，不利于少数民族人口的城镇化进程，更与蒙古族城镇化实现民族融合发展的理念相悖。因此，完善现有的教育制度，尤其是解决好现阶段蒙古族的基础教育与国家通用语言教育，是推进蒙古族城镇化进程的当务之急。

教育制度的创新主要是加强政府财政支持，完善公共教育财政体制。教育是一种准公共物品，良好的教育水平不仅关系到受教育者今后的发展，更关系到整个国家或者地区的整体水平。提高人口素质是推动城镇化进程的重要途径。从目前来看，政府一方面应当依法承担义务教育的责任，保证全体公民得到基本的教育。另一方面在非义务教育阶段，除承担一部分经费外，还应建立助学机制，使有基础又有受教育意愿的贫困阶层子女得到帮助。要不断完善公共教育财政体制，对无力承担义务教育公共财政的贫困地区，尤其是对贫困县，应当加大对财政的转移支持力度。同时建立起高效、透明的财政监管机制，保障教育经费合理使用。加强流动人口的再教育，切实解决农民工子女就学问题。流动人口尤其是蒙古族农民工是城镇化进程的主力军，他们一方面渴望进城，另一方面受自身教育水平或者综合能力的限制又不敢进城，从而迟滞了城镇化进程。因此要通过对农牧区转移人口实施教育培训，设立专门面向农村转移进城人员的、具有较强针对性的职业教育和技能培训，提供学习和培训机会，为他们在城镇的生存和发展创造条件。大力发展民族地区的基础教育和职业教育，全面推进实施国家通用语言教育。民族群众的教育问题是蒙古族城镇化进程中的特殊问题。蒙古族的基础教育水平与汉族相比差距明显，政府要加大对蒙古族人口聚居区域的财政支持力度，教育支持，一方面要实现教育专款专用，一方面要提高少数民族聚居地区教师的待遇水平，鼓励大中专毕业生赴民族地区任教。要全面落实少数民族义务教育制度的推进，抓好基础教育工作，对于适龄青少年开展免费的职业技能培训。另一方面，要全面推进国家通用语言教育。全面加强国家通用语言文字教育，对维护国家统一、促进民族团结、铸牢中华民族共同体意识具有重大意义。

4. 民族宗教制度的创新

随着城镇化进程的深入，聚集在城市中的各个民族间交往增加，增进了彼此间的互相了解。但与此同时由于以本民族自尊心和自豪感为主要内容的民族意识可能也会增强。民族意识的增强，具有两重性，引导得好，有助于本民族的发展和进步。引导得不好，也会激发民族关系的敏感性，可能对民族关系产生消极的影响，在一定条件下使民族之间矛盾和摩擦增多，加大处理问题的难度。内蒙古自治区的信教群众为数众多，宗教问题与民族、周边地缘政治等问题紧密交织，内蒙古自治区少数民族人口的城镇化与宗教密切相关。实现蒙古族城镇化，实现经济发展与地区安全的双重目标，离开蒙古族城镇化是不可能实现的。引领农牧区人口进城仅仅是蒙古族城镇化的第一阶段，如何实现各民族的团结融合发展则是蒙古族城镇化进程中更深层次的目标和任务。因此在民族政策和宗教政策上实现改变，促进不同民族的了解融合，解决城镇化进程中可能出现的矛盾纠纷意义深远。

在内蒙古自治区，民族宗教制度创新的主要途径体现在用法律手段处理民族关系。民族关系作为一种有自身特质的社会关系，内容丰富、复杂敏感，并且与其他社会关系相互作用，要使其处在一种良好的状态之中，必须服从一定的规则。这个规则就应该是基于国家的利益和各民族意志而设定的法律。在法律的规范和制衡下可以使民族关系中的积极方面在社会生活中发挥良好的作用。法律赋予了不同民族相同的社会地位，享有相同的权利和义务、相同的责任与使命，这本身就是对"不同民族、共同身份"的一种认可。

建立健全爱国宗教人士管理、培训机制。爱国宗教人士在城镇化进程中发挥着极为重要的作用，处理好各民族间的关系要依靠广大的爱国宗教人士。要建立和完善爱国宗教人士聘用、管理、培训、生活补贴发放等制度，健全爱国宗教人士培训工作机制。积极教育和引导宗教人士和信教群众崇尚科学、学科学、用科学，依靠科学技术劳动致富，充分调动他们参与经济建设的积极性，努力把他们的注意力更多地引导到发展经济、改善生活上来。坚持大力宣传和积极推广宗教人士和信教群众科技致富的先进典型，通过典型的带头示范作用，带动更多信教群众走科技致富之路。大力培养少数民族干部和掌握双语的汉族干部。少数民族干部是蒙古族城镇化的骨干力量，在促进内蒙古发展、维护社会稳定方面发挥着重要作用。应当不断加大对少数民族干部的培养、选拔、使用力度，着力建设一支政治坚定、业务精通、深受各族群众拥护的高素质少数民族干部队伍。与此同时要把汉族干部尤其是掌握双语的汉族干部培养摆在同等重要的地位，在干部任用选拔上逐步倾斜。通过挂职锻炼和语言培训实现基层干部基本上能够同少数民族同胞进行简单交流，增进相互认知了解，实现各民族相互融合。

5. 行政管理体制的创新

行政管理体制的创新主要体现在要在省级高度建立自治区和央企的协调机制。推进城镇化融合发展，牵扯到双方各自的利益关系，必须要在高层达成共识才有助于避免地市之间的矛盾。要形成高层领导定期会晤机制，邀请相关领域专家，开展专项研讨，形成城镇融合发展的长期规划。应针对城镇化融合发展过程可能出现的利益纠纷制定相应的应对策略，完善利益分配机制与风险共担机制，将城市发展的"个体理性"模式逐步提升为区域发展的"集体理性"模式，通过超边界的合作组织将区域内部的城市群整合成风险共担、利益共享的共同体，推动实行联动发展。要根据需要适时调整行政区划。由于区域间的利益差异，不同行政区域可能与实际经济区域会产生不一致。因此，为了适应城镇化进程的需要，推动区域间经济协调，应适时调整行政区划，根据需要合理确定城镇行政区的数量和规模。

第三节 推进蒙古族城镇化的政策建议

一 教育领域的政策建议

（一）提高蒙古族基础教育水平

首先，要全面提升牧区基础教育的水平，增加对牧区基础教育的财政预算，为义务教育的真正实现提供资金保障，解决适龄儿童的受教育问题，全面提升教育水平。针对进城务工蒙古族牧民的子女受教育问题进行重点考虑，围绕蒙古族牧民子女实际的受教育需求，执行专门的特殊人群办学标准，打破传统教育体制的束缚，全面保障蒙古族牧民子女的受教育权利。此外，还要全面关注进城务工蒙古族牧民留守儿童的身心健康问题，保证进城务工的蒙古族牧民能够安心工作。

其次，要强化对先进就业理念和思想的宣传和教育，提升蒙古族牧民就业观念的先进性，进而以正确的就业理念和思想对待自己的就业问题。通过墙体广告宣传、移动广播、电视等各种传媒渠道，加大对先进理念和新技术、新知识的宣传，促进蒙古族牧民文化素养的提升，让广大蒙古族牧民在良好的舆论氛围中受到感染。

最后，要更好地发挥出职业教育和培训的作用，通过不断加大对蒙古族牧民的职业技能培训和教育来增强蒙古族牧民的就业市场竞争力。当前影响蒙古族牧民就业的首要因素就是职业技能和文化素养低下的问题，不管是当下还是在未来的较长一段时间内，蒙古族牧民的就业问题也都将会集中在其文化素养和职业技能低下方面，因此，要不断加大对蒙古族牧民职业教育和培训力度，不断提升蒙古族牧民的文化素养和技能水平，保证蒙古族牧民能够获得基础的就业条件。要全面推进牧区的职业教育发展，加大对牧区农民基本技能的培训，在全面分析就业市场需求的基础上，结合蒙古族牧民自身的实际情况，实施差异化的职业教育，组织有针对性的技能培训活动，全面提升职业教育和技能培训的效率，促进蒙古族牧民素养的全面提升，增强蒙古族牧民的劳动力市场竞争力。

（二）发展牧区就业教育

一是要全面加大对蒙古族牧民培训机制的建设力度，在全面分析劳动力市场供需情况的基础上，结合蒙古族牧民文化素养不高、技能缺乏等特点，构建出一个与之相适应的专门性的蒙古族牧民就业培训机制，从制度上保证蒙古族牧民培训的有效供给，提升广大蒙古族牧民素质就业的能力，充分保证蒙古族牧民的劳动力市场竞争力，真正解决其就业问题。积极组织有效的蒙古族牧民岗前技能培训活动，实施系统性、针对性的蒙古族牧民岗前培训机制，促进蒙古族牧民综合素养的提升，增强广大蒙古族牧民的就业市场竞争意识和持续就业的能力。此外，还要进一步拓宽针对蒙古族牧民就业培训的广度和深度，通过增加蒙古族牧民就业培训机构，拓宽蒙古族牧民就业培训的渠道，积极加大对蒙古族牧民就业培训资金、政策、人才、技术等投入，全面提升蒙古族牧民就业培训的效率和质量，让更多的蒙古族牧民获得就业的基本素养和技能，促进蒙古族牧民整体就业能力的提升。

二是要全力推进蒙古族牧民就业实践基地的建设。通过合理地规划和设计，确保蒙古族牧民就业实践基地布局的合理性和科学性，合理平衡城乡就业实践基地的资源，保证蒙古族牧民就业实践基地的覆盖面，充分满足不同牧区对就业实践基地的需求，提升就业实践基地的实际效能。

三是要不断丰富蒙古族牧民就业培训的方式。转变传统的培训理念和模式，以往单一式的培训工作开展方式已经不能满足不断发展的劳动力市场竞争需求，要不断地调整资源配置方式，加大对培训资源的挖掘，通过增加就业培训基地数量、规模，利用现代互联网技术，不断提升培训的广度和深度，提升培训的覆盖面和实效性。此外，要积极寻求新的合作对象，通过加大与企业之间的联合，了解企业的实际用工需求，并利用企业在技术、实践等方面的资源优势，提升就业培训的指向性。加大对重点、模范培训机构的建设，发挥重点、模范就业培训以及职业教育机构的

"领头羊"作用，通过帮、带、扶的方式，进一步提升就业培训机构之间的合作力度，通过不同培训之间的有效合作，形成资源优势互补的良好发展模式，提升整体的就业培训水平，不断壮大就业培训的规模和实力。

四是随着现代科学技术的飞速发展，各种新知识和新技术更新飞快，一些陈旧的知识和技能等已经逐渐被淘汰，构建终身培训机制迫在眉睫。在这一过程中，要积极寻求与职业学校、大型培训机构等的合作，充分挖掘出这些职业教育培训机构的资源，积极组织在职人员的转岗、创业以及职业生涯发展等相关培训活动，通过加大对在职人员的职业生涯教育，提升其终身培训的意识，增强终身职业发展的能力。此外，在实施蒙古族牧民就业培训活动的过程中，要充分结合周边支柱产业的岗位需求，加大对实用技能和知识的培训，采用免费培训和有偿培训相结合的培训模式。

五是政府部门要进一步扩大对职业教育培训的财政预算，为蒙古族牧民职业教育培训工作的开展提供足够的资金来源。部分蒙古族牧民的家庭经济状况不好，可用于培训的开支十分有限，因此，政府部门要积极做好职业教育培训的资金保障工作，保证培训工作的顺利开展，同时，还要充分调动各方面的资源，通过组织社会集资、企业帮扶等手段，来丰富蒙古族牧民职业技能教育培训的资金来源渠道，保证充足的培训经费，更好地服务于培训事业的发展。

二　就业领域的政策建议

（一）政府扶持蒙古族牧民就业

自主创业是解决蒙古族牧民就业难问题的重要途径之一。政府部门要加大政策、资金、技术、人才等扶持力度，积极鼓励蒙古族牧民进行返乡创业，对于返乡创业的蒙古族牧民提供与招商引资相同的优惠，针对蒙古族牧民返乡创业资金难的问题，为其提供专项的返乡创业信贷服务，减少农民返乡创业的阻碍，为其营造更加优越的返乡创业环境。关于扶持少数民族蒙古族牧民返乡创业问题，科尔沁左翼中旗在今后的工作中，要继续加大对蒙古族牧民返乡创业小额贷款的投入，进一步提升返乡创业贷款的受益面，让更多的牧区返乡蒙古族牧民顺利地走上自主创业的道路。为了更好地提升蒙古族牧民返乡创业的成功率，科尔沁左翼中旗要进一步加大市场调研，掌握市场供需情况，给予返乡创业蒙古族牧民更为全面、准确的市场信息，实施更具针对性的创业指导服务，为返乡蒙古族牧民的创业做好坚实的铺垫。

（二）政府大力培育民族企业家

要进一步放宽企业家对牧区的投资准入机制，实施非禁止即准入的投资方式，只要是未被法律所禁止的投资行为和投资领域都能够获得准许，为广大蒙古族牧民提供更为广泛的投资空间，最大限度地减少蒙古族牧民自主创业的障碍。

此外，在保证不违反政策规定的前提下，为广大自主创业蒙古族牧民和投资企业提供一定的税收优惠减免，进一步降低蒙古族牧民创业和投资企业投资的税收压力，提升自主创业和投资企业投资成功的概率。针对创业资金不足的蒙古族牧民，地方政府应为其提供良好的融资政策，通过降低自主创业小额贷款利率以及拓宽融资渠道等方式，降低蒙古族牧民自主创业的资金压力。此外，地方政府可以结合自身具体情况，合理规划创业布局，设立自主创业优惠经营场地区，减少自主创业的蒙古族牧民在创业场地方面的成本，针对自主创业的个体实施工商、税务以及城市管理等多方位的优惠机制，不断提升自主创业的人性化管理，简化相关手续办理流程，为自主创业人员提供便捷的经营环境。通过这样一系列的举措刺激蒙古族牧民勇于创业、敢于创业。

（三）积极构建蒙古族牧民就业的良好社会环境

社会环境指的是个体外部的社会性存在，而就业的社会环境则是对就业的个体在就业活动中所感受的这种外部社会性存在。从就业这一角度来讲，良好的社会环境主要是指就业者在进行就业活动的过程中，能够享受到平等、公平的就业环境待遇，包括平等的就业起点、平等的就业规则以及平等的就业过程等，而竞争性则主要表现在蒙古族牧民能够享受到公平的就业权利。此外，良好的就业环境还应该具备功利性的特点，让广大蒙古族牧民能够享受到应有的劳动报酬待遇，而构建良好的蒙古族牧民就业社会环境，必须要做好以下几方面工作：

1. 加强宣传，消除对蒙古族牧民的偏见和歧视

政府部门要进一步加大对蒙古族牧民实际生活情况和工作情况的宣传，充分发挥电视、广播、网络等传媒的宣传作用，将蒙古族牧民实际的

生存情况以及蒙古族牧民对社会建设所起的重要作用，全面、真实地展现给社会大众。尽量减少对蒙古族牧民进城务工对城市所产生的负面影响的宣传，而要进一步突出对蒙古族牧民进城务工对城市建设所作贡献的宣传，充分展现出蒙古族牧民乐于奉献、不怕辛劳、朴实热情等美好品质，通过有效的宣传，不断提升人们对蒙古族牧民的认识，理解蒙古族牧民的生活习惯，感受到蒙古族牧民对自身生活所带来的便利，进而不断提升人们对蒙古族牧民就业问题的关注度，真正地关心蒙古族牧民和理解蒙古族牧民，不断优化蒙古族牧民的社会生活环境。此外，还要进一步提升对蒙古族牧民精神和政治方面的关注度，通过各种手段来提升蒙古族牧民的精神生活和政治生活的质量。凭借媒体强大的宣传功能，进一步加大对人权的宣传，消除不平等思想。劳动权是每一个合法公民都应该享受的基本权利之一，保证蒙古族牧民拥有和城市职工同等的就业和获得报酬的权利，符合城市化发展的需求，更是和谐社会建设的要求。

2. 将广大蒙古族牧民纳入工会组织，依法维护蒙古族牧民权益

前工会主席王兆国指出，随着我国进城务工人员的不断增加，我国的工人阶级组成结构将会发生重大的变化，广大进城务工人员将以工人阶级的身份在我国社会主义事业建设中作出巨大的贡献。尤其是近些年，随着我国城镇化建设的不断推进，大批蒙古族牧民进入城市，并在各个岗位发挥了重要的作用。因此，蒙古族牧民就业权益的保障，对于我党群众路线的打造、和谐社会的实现无疑是十分重要的。而当前广大蒙古族牧民在城市中就业，还存在诸多困难，还会受到很多不公平的待遇，这就要求工会组织积极探索解决之道，依法维护好广大蒙古族牧民的合法权益。具体做法如下：一是要将蒙古族牧民纳入工会组织，从劳动报酬、工作环境以及社会保障等方面为其争取更多的权益；二是要不断丰富蒙古族牧民合法权益诉求的渠道，构建专门的蒙古族牧民权益诉求机构，为权益受损的蒙古族牧民提供可诉求的场所；优化蒙古族牧民管理，快速构建"流动会员会籍"管理体系，处理好蒙古族牧民流动权益保障问题。此外，工会组织还要进一步加大对蒙古族牧民的法律教育，通过组织各种普法培训，加大普法宣传等手段，来提升蒙古族牧民的法律意识，提升自我维权能力。

3. 建立和完善蒙古族牧民就业服务体系，促进蒙古族牧民非正规就业

　　土地是蒙古族牧民得以生存的基本保障，而随着城镇化建设的不断推进，大批的蒙古族牧民草场耕地被征用，解决失地蒙古族牧民就业问题成为了城镇化建设过程中必须要慎重考虑的问题。而当前由于就业服务体系不完善、就业信息不对称等原因的存在，导致当前的失地蒙古族牧民就业问题陷入了困难的境地。通过调查得知，蒙古族牧民就业信息的主要来源方式是相互介绍，还有一部分蒙古族牧民在没有任何就业信息的情况下，直接去寻找工作，极大地增加了蒙古族牧民的就业成本。而当前城市中保姆、小时工等一些非正规劳动力市场需求很大，大部分岗位都是供不应求，但是由于信息的不对称性，供方和需求方之间难以形成有效的信息流通，进而出现了用人单位找不到人而求职人员就业难的尴尬局面。因此，尽快加大对蒙古族牧民就业服务体系建设，构建有效的蒙古族牧民双向就业信息网络服务平台，对解决蒙古族牧民就业问题具有十分重要的意义。政府部门要严格按照规范化、制度化、社会化的要求，以市场为导向结合当地实际就业形势，构建出一个完善的公共就业服务体系，全面提升蒙古族牧民的就业服务质量。

　　对蒙古族牧民提供更为优质的就业服务，不断强化用工管理，制定出完善的蒙古族牧民劳动保障体系；加大对公共就业服务的管理，不断丰富公益性就业服务的方式和内容，减少广大蒙古族牧民就业成本，提升蒙古族牧民就业的效率；按照统一的标准构建省、市、县、镇就业信息网络平台，通过不同等级就业信息网络平台的有效联动，提升整体的就业信息资源能力，实现资源的有效共享，提升就业信息资源的利用率；调动社会各方面资源，不断扩大中介组织队伍，强化蒙古族牧民就业中介组织的管理，最大限度地减少蒙古族牧民就业信息不对称对其就业的影响，提升失地蒙古族牧民劳动力的就业稳定性，促进蒙古族牧民的非正规就业，这里的非正规就业主要是相对于传统的具有正式就业身份和地位的稳定就业而言的，非正规就业主要包括一些临时性的和稳定性不高的就业内容，也被称为临时工。

　　针对部分蒙古族牧民而言，这种非正规就业主要包括以下几种情况：一是所谓的临时工蒙古族牧民虽然在正式单位就业，但是其没有具备正式职工的性质，所获得劳动报酬和福利等要远远低于正式职工；二是蒙古族牧民所就业的单位本身就属于非正规单位或部门，按照国际劳工组织对非正规部门的定义，小微型企业、家庭企业等都属于非正规部门。据相关部门统计的数据得知，现阶段，我国的劳动力人口为 7.3 亿，其中只有 2 亿左右的劳动力人口在正规部门进行正规的就业，除了部分在非正规部门或非正规就业劳动力人口，我国的剩余劳动力人口十分庞大，而促进非正规就业能够有效缓解我国剩余劳动力的压力，虽然非正规就业并不是最理想的就业状态，但是通过促进非正规就业能够解决一定的就业问题，有利于维护社会稳定，促进社会的和谐发展。

4. 完善政策保障机制

第一，完善社保体系来消除顾虑。进城牧民对于惠民政策能否持续起到保障的作用十分担忧，所以建立城乡一体化的就医、养老、公共文化及社区管理的一系列政策措施很有必要，而且势在必行。第二，完善政策支持机制来消除顾虑。进城牧民可以用草场牧场来进行抵押，并出台企业安置和吸收本地户籍劳动力的硬性要求，实施财政专项支持的长效机制，从根本上破解机制和体制带来的症结。还可以通过惠民性的政策让进城牧民享有和市民同等的公共服务权利，使他们心理上主动接受城市，情感上主动融入城市，生活上尽早适应城市，观念上消除城乡差别，真正实现从牧民向市民的转变。最后，牧民平等就业权的享有必须在市场化的就业机制下才可实现，所以应该在确保就业领域和就业机会平等性的条件下才可以获得最基本的就业权力。针对政府部门来说，需要切实履行相关的职责来提高执法部门的人员素质，并在解决拖欠、克扣牧民工资现象出现的时候，执法人员要切实维护牧民的合法权益，帮助他们追回应得的工资，并对这些违法企业进行打击和取缔。同时，用人单位与劳动者签订的劳动合同必须合法，以此来维护劳动关系的和谐稳定。少数民族流动人口的市民化过程是城市发展进程中的必要环节，也必将随着城市化、现代化的发展而逐步实现。但少数民族流动人口的市民化并不是所有流动人口的市民化过程，也不是居住在城市的少数民族流动人口的一次性市民化，而是"符合条件"的有序的市民化。

蒙古族牧民正经历着深刻的社会变迁，国家政策的变革、生态环境的恶化、体制的变动等外部因素都成为了推动他们"走出去"的助力。电话、手机、电视、电脑等现代信息工具和大众媒体的普及加强了牧区与外界的联系，同时也开拓了他们的视野。传统文化与现代文化的调适成为每个少数民族地区必须面对的问题。蒙古族牧民要积极地调整传统文化来应对不断更新的现代社会，而不是被动地去接受去适应。在这个复杂互动的全球文化体系中，保护传统文化不意味着否定过去，接受新的文化也不是要抛弃忘本。对于少数民族而言，重要的是如何维护和倡导自觉的、充满人性的适应性变迁。总的来说，从经济层面来看，蒙古族进城牧民集中在最底层、最基本的劳动服务性行业，受传统畜牧业和半农半牧的经济生活方式影响，普遍存在受教育程度低的情况，文化构成以中小学水平为主。经济收入远低于城市居民，居住条件差，消费结构主要以食品消费和居住消费为主。可见，蒙古族牧民大多维持在基本生存的水平，只停留在表层适应上。对蒙古族牧民而言，饮食上的适应相对比较容易，大多数牧民的饮食结构趋于合理化。语言上的适应出现两极化现象，对于年龄较大的牧民来说，仍然比较困难，适应过程较为缓慢，需要他们做好长期坚持努力的心理准备。对青年牧民来说基本上不存在问题。在社会交往上，进城牧民与城市居民的人际互动较少，主要以亲缘、族缘交往为主，具有局限性与内倾性的特点。年龄较大的蒙古族牧民只是在城市中谋生，对城市没有归属感，摇摆于牧区与城市之间。而对于青年蒙古族牧民来说，他们有着强烈的留城意愿，尽管他们缺乏稳定性，对前途感到未知和迷茫，他们仍然希望能够打造一片属于自己的天地。

三　社会心理领域的政策建议

思维方式、自信心以及行为状态影响着人们的心理承受水平。当今社会中城市与乡村的心理状态是截然不同的，城市已经形成了因果论的理性思维方式，而蒙古族农牧民的思维方法还需要调节，进城后，就业压力的增加，生活方式的变化，让进城农牧民变得无所适从，有时还会导致犯罪行为的发生。因此，心理层面上的适应问题不可忽略。"他者"群体之中需要进行相互的沟通，并以积极乐观的心态和自身情绪融入到城市的生活中。

（一）建立符合进城牧民心理特征的调节机制

首先，制度和政策、宣传和社区工作的调适都是可以应用的手段，需要通过民族文化和政策来加速形成少数民族风俗习惯和文化的环境，尽量避免市民对进城牧民的偏见和歧视。其次，要解决进城牧民的现实困难和实际问题，例如子女教育问题。再次，通过少数民族宗教界的领袖及社团来拓宽与政府的沟通渠道，发挥他们的桥梁作用。最后，提高进城牧民的综合素质，增强他们与外界沟通交流的能力是重中之重。

（二）营造积极向上的社会心理环境

蒙古族城镇化工作的重点不仅仅是提高牧民的生活水平，改善牧民的客观生活环境，更应该关注牧民进城后的心理情况，这就表示政府应将关注、调整牧民适应情况及人际沟通纳入工作的重点。要建设好社区组织，完善社区机制，搞好社区活动，让每个牧民都参与到社区这个团体中，促进牧民建立良好的社会、人际关系和社会支持网络，从根本上调整牧民的适应状况及心理状况。营造良好的社会和文化氛围，就可以造就牧民和市民之间的良性互动，逐渐消除歧视心理。同时，要根据不同民族的不同特点，从民族文化多样性角度来制定适宜的政策法律文件。在城市文化发展及教育中要培养关爱进城牧民的文化氛围，为进城牧民的子女提供汉语培训课程。此外，还需要向城市居民尽可能多地宣传少数民族的优秀文化、风云人物等，增进双方之间的了解和认识，毕竟少数民族对促进城市的发展也有不可磨灭的功劳，提倡多元文化并存的文化观念，倡导民族平等和民族团结的民族观念，为进城牧民营造一个良好的生活环境。

（三）建立社会心理支持系统

解决进城农牧民心理问题的重要措施是提供心理疏导援助并提高心理的适应能力。针对进城蒙古族农牧民的心理特点和城市生活多发问题建立相应的心理疏导机制，要建立适合他们的心理咨询平台，使他们在遇事时不再是自己承受压力，而是有地方宣泄和倾诉，也会有人关心自己的喜怒哀乐，让他们心理上得到了平衡。政府可随时关注进城牧民的生活状况，以便随时提供帮助。为进城牧民建立起全面的社会心理支持系统。此外，还需专门开辟一个热线电话去听听最底层的声音，为他们建立个人心理支持系统。同时，要充分利用现代网络媒体的强大宣传作用来整合公安、计生、卫生部门的信息资源，给进城蒙古族农牧民建立自己的电子档案，实现全国资源共享，为他们在城市生活的方方面面提供便利条件。

四 户籍制度改革领域的政策建议

(一) 逐步放开小城镇和中小城市户口

小城镇和中小城市户籍，对牧民已经没有多少吸引力，其所维系的许多社会福利待遇也基本不存在，但户籍作为一种身份标志，却与公民的生产生活和各种社会活动密切相关，是否具有城镇户籍，仍然直接影响到公民在城镇活动的方方面面。在市场化背景下，资本和各种生产要素劳动者自由流动。劳动者本身是否能够自由迁移，将直接影响牧区剩余劳动力的产业配置和劳动力向非畜牧产业的市场化转移，影响到市场要素在城乡之间的合理流动，从而影响到城镇化的正常进程。因而，在小城镇和小城市以合法固定住所、稳定职业与收入为一般标准，以身份证登记为充分条件，变城镇户口上级审批制为登记备案制，彻底改革和简化入户手续，就应该能够获得城镇居民的户籍。从有利于社会稳定和发展的意义上来讲，小城镇和小城市作为牧民空间转移的首选地，进城门槛比较低，这样的户籍改革将直接推动牧区剩余劳动力的加速转移。

(二) 实行公平的"市民待遇"政策

目前，要努力解决牧民进城后的就业困难、工资和劳保待遇过低，个人合法权益难以维护等非制度性歧视问题。在现实当中，进城牧民就业实际遇到的突出问题是待遇不公平，或称为"非市民待遇"。一些城市出台的针对进城牧民的各种收费规定，特别是学校教育费用、人口管理费用、社会治安管理费用等应该清理消除。特别是针对进城牧民的所谓"流动人口治安管理"的一系列歧视性规定和处罚措施，应该认真进行清理和反思。在最低生活保障、最低工资待遇、劳动保护待遇、福利水平待遇、医疗保障以及子女入学、就业、参军、安置等方面，也应该逐步与城市居民同等对待，更好承接牧区剩余劳动力向城镇汇聚。在鼓励各民族相互兼容、平等共处的同时，要充分考虑各民族传统生产活动延续和发展，以及不同的风俗习惯和各民族优秀文化传统保持的需要，也便于户籍的管理与服务，还应尽量规划出特定的城镇生产生活社区。这是蒙古族城镇化中的一个特殊问题，应该给予重视。

（三）加强户籍登记服务

全国第 6 次人口普查统计，全国无户口人员达 1300 万人，牧区也有大量无户口人员，其中出生小孩未报户口的占总数的七成多。这既影响到人口统计的准确性，削弱了国家对人口实施有效的管理，也不利于保障公民的合法权益。尽管形成这些问题的原因是多方面的，主要是一些地方对非婚生育限制不严和未给超计划生育人员办理出生登记，形成一定数量的"黑人黑户"；一些牧区户籍制度不完善，迟报、不报人口出生的现象也比较突出；但在城市，一些应当纳入城镇户籍登记管理的流动人口未被纳入，也是一个重要原因。在户籍制度改革中，还要加强户籍登记服务工作，为正常的城乡人口流动的社会管理打好基础。

（四）加快户籍立法工作

1958 年《中华人民共和国户口登记条例》的颁布实施，为新中国户籍管理工作奠定重要的法律基础。但是随着经济发展和社会进步，特别是改革开放的深入和社会主义市场经济体制的逐步确立，户籍管理工作面临新情况、新问题，许多内容早已过时的条例还在实施，难以依法调整解决现实中的大量问题。《条例》中的部分内容与新的《刑法》《刑事诉讼法》等法律相抵触；现行的户口迁移政策和《暂住证申领办法》等规章，也早已突破《条例》有关内容。国家经济、社会结构的挑战和有关部门相关改革措施的出台，为制定新的户籍法规创造有利条件。为此，应加快户籍法的立法工作，为户籍管理尽快走向法制化、规范化提供法律保障。

五　民族文化维持与创新领域的政策建议

（一）强化生态文明意识

传统的游牧生产方式本质上是草原自然环境的一部分，这一生产方式利用草食动物之食性与它们卓越的移动力，将广大地区人类无法直接消化、利用的植物资源，转换为人们的肉类、乳类等食物及其他生活所需。这一生产方式需要充分适应草原自然生态环境，草原地形、土壤分布各异，气候干寒且多变，形成水草资源分布的时空差异、多样。游牧方式是通过大范围的、有规律的迁移来合理利用水草资源，在水草资源的利用过程中保护草场而不是破坏草场，以达到草场永续利用的目的。与自然环境相适应，在传统的游牧文化中拥有草原的意义不是永远定居一片草原，而是要根据季节和水草情况不断迁移，因而，迁移也成为草原上趋利避害的基本法则，游牧社会的一切制度和社会活动组织方式都服务于迁移这一课题，以至于在游牧时代，没有一个单独的牧场是有价值的，除非使用它的人可以随时转移到另外的牧场上，因为没有一个牧场经得起长时期的放牧。移动权比居住权更加重要，而所有权实际上就是循环移动的权利。为了应对草原上充满危机和不确定的生活，牧人们依据千百年来的传承，在生产和生活领域建立起与其严酷自然环境相契合的丰富文化事项，以及人与自然、人与社会、人与人之间的关系。

内蒙古自治区作为北疆生态屏障，土地生态环境恶化趋势未从根本上得到有效控制，这一区域的生态文明建设关乎本区域各民族群众的生存和发展，还会直接影响东北、西北、华北乃至全国生态安全。今日牧区的一系列建设活动深深地影响到民族传统文化的核心区域，牧区建设、选择和发展对草原生态环境和民族传统文化的影响深远。游牧文化是一套有别于市场的价值观、一套不同的生产力、一种与自然联系的不同方式，传统游牧业与自然环境生态之间的密切关系和非市场价值特性所能诠释的是人与草原自然生态环境相互依赖的辩证关系。面对发展热望驱动下草原生态环境、游牧业和民族传统文化保护的困境，人们将新期待寄托于融入经济、政治、文化和社会建设各方面的生态文明建设战略。生态文明建设要求在经济、政治、文化、社会建设中充分体现和落实尊重自然、顺应自然、保护自然的价值理念，而新型城镇化谋求的是资源节约、环境友好，反对粗放用地、用能，正是推动社会全面发展并充分落实生态文明理念的具体实践。新型城镇化人口转移、节约用地、资金保障机制、优化布局和形态、提高建设和管理等目标；根据资源环境能力构建科学合理的城镇宏观布局，传承文化，发展有历史记忆、地域特色、民族特点的美丽城镇的目标，回应了社会基本需求，为牧区新型城镇化发展提供新思路和新探索的政策内容和空间，使人们有理由期待牧区的发展路径选择可充分发挥生态理性决定作用，以有效抵制草原农耕化、滥挖草原矿区化等粗放开放行为，有效抵挡破坏性的建设。

传统的草原游牧生活是牺牲牧人生活的舒适性和稳定性，在不确定中求生存的短缺经济生活和节俭经济生活。基于近半个世纪以来牧区发展经济和教训总结，以及生态文明建设新理性和制度投入，人们有理由期待通过特定的技术投入、组织和制度创新，将牧区建设成现代牧区而不是将牧区全面建设成农区、矿区或市区，实现保生态、保增长、保稳定等一系列社会目标。在生态文明建设融入政治、经济、文化、社会建设的时代，游牧文化要探索其牧业现代化的依托，城镇化便成为必要的选择。在蒙古族城镇化实现的一系列目标中，生态目标应具有首位特性，只有这样才可能保障草原生态环境良性转化，牧区的民生问题才可能得到较好解决，民族文化现代化根基也不至于被淹没于追赶的滚滚烟尘之中。同时，牧区城镇化有自身的特性，需要自然生态恢复与民生问题同步。

（二）有效落实《内蒙古自治区基本草原保护条例》

要具体推进内蒙古生态建设，城镇化发展进程中符合牧区实际的土地观和发展目标，认真执行基本草原保护相关规定，并在具体政策落实中实现保护。《内蒙古土地利用总体规划（2006—2020年）》中揭示本区域土地利用存在问题为"土地利用结构不合理""耕地投入不足，质量总体不高""建设用地集约利用程度低"，这一概括本身还过于简化和单一，缺少对本区域特定生态环境的充分考量和保障持续发展的生态建设的及时回应。就土地利用结构来说，其利用结构合理与否不能仅仅依据土地在各经济部门分布的比重进行判断，是否有利于建立和维护生态平衡、防灾减灾、减少人类活动对自然环境不可恢复性的不利影响，促进人口、资源、环境和社会经济可持续发展亦应作为判断土地利用合理性的最基本维度。在自治区土地利用规划的六大目标中，首先严格保护耕地和基本农田，其次科学保障建设用地，然后是生态用地、节约建设用地、土地复垦和未利用地资源等，草原资源作为本区特定的土地利用方式和生产方式并未在规划中设置具有针对性的专项政策，虽然有《基本草原保护条例》颁布，但从观念上来说，尚未将草原系统性保护上升至土地利用总规划中，用地结构调整总体上以草地面积减少为调整方向。国家土地规划纲要对牧区的目标指向则是牧区逐步改变依天然草原放牧的生产方式，减少高产人工草地和饲草饲料地。这一目标指向在总体上还只能理解为愿景，需要有更多的科学方法和科学机制的支持，天然草地大多并非水、热资源优良之地，牧区的形成有其特定的自然生态约束，靠高产人工草地和饲草饲料地支撑牧区畜牧业生产还需要有一些重要的技术和物质投入，并非本规划期可能实现的目标。2016年内蒙古自治区第十二届人民代表大会常务委员会对《内蒙古自治区基本草原保护条例》进行了修改,强调了对基本草原实行特殊保护,加强草原生态保护与建设,促进经济和社会的可持续发展。该条例的有效实施,将会为蒙古族城镇化及其相关问题的解决提供保障。

（三）突出牧区特色,整体保护成片草原

内蒙古行政区域内只有约27%的面积还保持着较为完整的天然草原景观,也只有这一区域仍以家畜常年放牧为主要生产方式,草原在这已趋于呈草甸草原带、典型草原带和荒漠草原带连续分布状态,这一区域也是内蒙古典型牧区。近年来内蒙古自治区经济快速发展,这些牧区正在发生在重要的变迁,农业开发对自然河流的截留,工矿业开发对水源和环境的破坏,挑战着草原生态平衡的底线,环境恶化的实现不断提示人们牧区经济社会发展路径应充分顾及其自然环境的约束。内蒙古自治区为实现草原永续利用,已确定8.36亿亩基本草原红线,这意味着内蒙古草原的63.33%已纳入生态保护范围,保护机制和力度还需要进一步观察。依据新型城镇化关于环境生态、传承文化等要求来说,牧区城镇化应有本地区的特色和标准,而不是仍走与发达地区人口集聚、产业集聚的无差别之路。在牧区城镇化发展中不应拘泥于城镇密度、人口密度和城镇规模较小等评价,抛弃线性发展思维、完全农业化或工业化的发展思维,从牧区实际出发,从可持续发展的目标出发规划和建设牧区城镇,确保牧业现代化空间和草原文化续存。人类终究不能完全脱离自然环境而生存,在人口和国土资源矛盾深刻的今天,尊重自然生态环境约束,力保草原绿色牧区的完整性,事涉生态文明建设目标和文化多样性保护等重要议题。因此,牧区的城镇化发展应在充分改善牧区的交通条件基础上,提升公共服务能力建设,科学测定其人口承载力极限,设定牧区城镇人口上限和适宜产业目录,借助有针对性的管理来调节人口过度集中以及产业与生态保护相适应,在建筑群的分布、建筑材料的使用、光热资源的利用、生活垃圾处理等方面更加注重绿色、环保和可循环利用。

（四）牧区城镇化进程中突出牧业现代化基本需求

从本地自然环境和生产特征出发做出选择,绿色畜产品加工和必要的公共服务应是一般城镇的基本产业选择。城镇发展是牧业现代化和牧民生活质量的重要影响节点,牧区人口分布分散性和牧业自然环境和生产特征决定牧区城镇分布的稀疏和人口总量小的特性。从推动牧业现代化的目标来说，城镇从功能上来说应主要为牧业现代化提供相应的基础服务和作为畜产品集散点，基本畜产品加工和观光牧业等绿色产业在当前的技术和社会条件下具有优先性。首先，牧区城镇居民主体从业构成应是能为牧业现代化提供服务的群体；其次，牧区城镇建设规模、选址等除顾及历史原因，还需依据具体牧区的环境生态状况，经过科学评价和规划，在区域人口承载能力之内设定规模；最后，牧区城镇化需要充分尊重牧民的主体性和创造性，借助组织创新、制度创新和方法创新，提升牧区城镇的服务功能和辐射半径，确保新型城镇化有利于草原生态持续发展和民族传统文化的传承和保护。

六　消费领域的政策建议

（一）　树立量入为出、健康积极的理性消费观

首先，蒙古族牧民应该根据自己的收入进行相适应的消费支出。"理性消费是指消费者在消费能力允许的条件下，按照追求效用最大化原则进行的消费。"应该鼓励和刺激蒙古族牧民合理积极地理性消费，"反消费与刺激消费不矛盾"，不过在农牧民能够承受的消费能力范围之内才不会影响蒙古族牧民个人生活水平、消费质量及社会消费品生产的发展。最近，越来越多的蒙古族年轻人在"超前"和"啃老"趋势下也纷纷加入购房大军，都不考虑自己的能力范围允许不允许，这种非理性消费加重了不少农牧家庭和个人负担。在新形势下，量入为出的理性消费，对降低人们工作生活压力、提升幸福感具有积极意义。提倡量入为出的健康理性消费，加强节俭消费观，反对过度、挥霍浪费、奢侈腐化、非理性消费观的发生及避免过度物质消费的盲从以及尽可能减少或遏制"面子""攀比""跟风"等非理性消费风气，要实现最高层面上的消费效益。

其次，健康积极的消费观不仅符合蒙古族牧民追求美好生活的愿望，也适应我国不断推动生产力发展和满足人们现代生活理性消费意识的追求。"凡是有利于体、德、智发展的消费行为和消费倾向，都是健康的消费习惯，否则就不是。"要严厉打击蒙古族牧民涉毒、赌博等不健康消费行为以及遏制蒙古族青少年上网成瘾的心理疾病的蔓延。在不断推进经济

社会发展的前提下，在全社会树立科学的消费观，要综合运用教育手段、经济手段、法律手段正确处理蒙古族牧民盲目性投资、高利赊贷、赌博消费等不科学的消费习惯，把量入为出、积极健康、科学先进的消费习惯推广到蒙古族农牧地区乃至全国千家万户。

最后，树立健康科学的消费观，引导蒙古族牧民能够正确地认识西方消极消费观的危害，从而自觉抵制其侵蚀。因为西方消极消费是一种忽视节约资源和保护环境的缺乏科学性的消费，无止境地消耗地球资源，主张"大量生产、大量消费、大量废弃"，20世纪20年代在美国掀起的消费之风就是典型的例子。要是持有一种健康科学的消费心态，就不会歪曲消费的实质，也不会把正常生活需要与无限膨胀的欲望混为一谈，更不会忽视人的全面发展和社会的和谐进步，进而不会导致温室效应、极端气候、各种传染病的蔓延等问题，威胁到自身生存和发展。总之，远离或彻底扬弃西方式"亡羊补牢"的不科学的消费观，树立有利于经济、生态、资源相和谐统一及经济的长期稳定性发展的科学健康的消费观，尤为关键。

（二）全面开展消费教育

实施以经济建设为中心的政策以来，我国社会经济得到迅猛发展，全国人民的消费观也发生巨大变化，随之对全民进行消费教育重要性日益突出，因此充分利用社会有利资源、全面发挥各方面力量、通过多种形式开展消费教育，如在牧区设立百姓图书室或有关部门开设一些消费理财教育讲座、培训班等，使蒙古族牧民了解消费与理财的基本知识、如何合理科学地消费，文明自觉理性地消费，杜绝一切非理性消费行为。教育是摆脱贫困及其代际传递的必由之路。尤其对于蒙古族牧区而言，随着经济的发展得到多方面的提升，但是理性消费并未相应提高，现代消费知识和技能严重滞后，消费心理未能成熟，不能进行科学合理的消费决策，导致盲目愚昧、攀比嫉妒等畸形消费观和低质量消费行为的不断蔓延。为此正确引导蒙古族牧民能够更好地掌握市场经济和购买商品基本知识及消费技能，提高对商品的鉴别能力、增强综合消费知识水平，刻不容缓。

提高蒙古族牧民合理消费必须首先要提高整体消费者素质，"提高消费者素质就是要提高消费者的科学文化水平，增长知识，增长才能，这样才能提高消费者的消费能力"。当前蒙古族牧区经济发展水平低，各项法律法规不完善，还未实现良好的购物和消费环境，市场秩序处于混乱状态之中，蒙古族牧民在消费行为中被侵权的情况经常发生，只有全面加强消费教育、全面增强整体素质才能进行合理消费，才有可能让蒙古族牧民更好地维护自己的合法权益，提高自我保护意识，同时提高消费素质和生活质量，进而能自觉地为净化、美化自然环境和维护人身健康安全而作出应有的努力。当今我国消费品市场上，假冒伪劣产品屡禁不止，带给消费者不仅是经济损失，甚至人身安全遭受的危害甚重。从生产经营者角度来讲，有些是违背职业道德的，就为了达到用最低投资牟取最高利润的目的，不择手段，甚至明明知道有害物质已经超标的情况下还要出售，如三鹿奶粉、黑馒头、瘦肉精、有害胶囊等事件就是很好的教训，导致无可挽回残酷后果的发生。

不少的蒙古族农牧民缺乏消费常识和辨别优劣产品的能力，买到了过期变质或假冒产品后找不到维护自身权益的方法、门路而忍气吞声或者自认倒霉，从而推波助澜，不知不觉中为假冒伪劣产品提供了更多的泛滥条件。针对这些情况必须要通过加强消费教育，提高蒙古族牧民识别伪劣产品的意识，学会如何保护自己的合法权益，拒买伪劣产品，筑起假冒伪劣产品的坚固屏障，久而久之，使假冒伪劣产品逐渐丧失市场。央视二台主播的《消费主张》栏目、消费者权益保护协会都是消费者维权的有力平台，但这些平台对于处在比较偏僻区域的蒙古族村落来讲，亟待推广和发展，刻不容缓。这是实现可持续消费的需要。可持续消费是指"提供服务以及相关的产品以满足人类的基本需求，提高生活质量，同时使自然资源和有毒材料的使用量最少，使服务或产品生命周期中产生的废物和污染物最少，从而不危及后代人的需求"。可以看出可持续消费包括用消费品及服务来满足消费者的某种需求、提高消费者生活质量、尽可能减少自然资源的耗费、最大限度减少生产过程中的环境污染及生态破坏、确保后代人的消费利益需求等方面的含义。内蒙古自治区位于我国偏北部，虽然地广物博，但随着经济科技快速发展，从整体上看，不合理消费导致的资源耗费量大大加剧了能源的消耗和生活环境的压力，日益威胁着生活环境和自然资源，乃至生存和发展。从每人每天都要接触到的小小塑料袋到大面积开采金银铁煤矿都时刻威胁着可持续消费的源头。因此作为消费者的蒙古族牧民，树立与时俱进的绿色环保可持续消费观是刻不容缓的事情。

　　近几年地区有关部门也出台过不少维护可持续消费的方法，如遏制塑料购物袋的"疯狂"使用，让购物者自带购物袋以减少白色污染；又如坐火车从内蒙古的东北部（通辽）到西北部（呼市）路途中都能看到秋收完的庄稼地里漫天飞舞的白色塑料膜，这种消费不仅大面积污染土壤质量严重影响农作物的生长，还威胁着牲畜使之误食导致死亡；地下水位持续下降，储存资源不断减少，尤其北方高原地区（内蒙古二连浩特）日常用水供应严重不足、造成地面塌陷，对基础设施构成的严重威胁频繁发生。因此全方位开展消费教育、实现可持续消费是每个人不能回避的重点。可持续消费不仅是倡导对自然资源的合理与适度的消耗，而且更主要的是要求对自然资源的合理保护和持续发展。十八大报告中指出的"团结是大局、团结是力量"，无论是建立节约型社会还是实施可持续发展、实现可持续消费观，都不是一个人能做到的，应把消费教育从个人拓展到家庭、学校、全社会，大家再接再厉、齐心协力才能完成的社会使命。通过对蒙古族牧民全面开展消费教育，对正确认识消费与环境的关系，对建设节约型社会，营造和实施绿色可持续消费观等新型消费价值理念的形成，以及从根本上改变破坏性消费方式，利用先进的技术开发资源节约型产品、降低对稀有资源的使用等方面有着重要的现实意义；也是把我国建立节约型社会、实现可持续发展和十八大报告中提出的全面建成小康社会的关键；同时引导蒙古族牧民树立理性、文明、可持续的消费观念来提高社会经济效益、生态环境保护意识，实现人与自然和谐相处，不断促进中国特色社会主义社会健康地、持续地发展。

（三）努力提升蒙古族牧民消费水平

　　收入是构成市场的重要因素，收入增长是拉动消费的基础，是决定人民消费能力的根本因素。消费者收入的多少直接影响到消费行为，而且消费者的需要能不能得到满足，主要取决于收入的多少。虽然家庭主要耐用品拥有量显现较大幅度的上升，交通、教育、通信和医疗等也快速增加，但实际还存在着很多待发展待解决的因素，成为制约城乡统筹发展和新农村建设的主要因素。还有对于较偏僻的蒙古族区域经济增长而言，重点放在依靠投资拉动经济，这也许一定时期内是有效的，但从经济的更好更快长久性发展需要来看，关键还是在于提升蒙古族牧民的消费水平上，这样经济才能得以长久、健康地发展。提升蒙古族牧民消费水平首先要不断增加蒙古族牧民的实际收入，蒙古族牧民增收困难是制约我国整体社会经济发展的瓶颈，但牧区又是潜在的消费市场。要推动蒙古族牧民消费根本力量在于提高收入水平，政府出面加大对农牧业的扶持和转移支付力度，如修通要道以便蒙古族牧民农作物和牲畜产品（肉、毛皮、奶食品等）及时得到销售；加强通信建设让蒙古族牧民及时了解社会情况时事政治。采取积极措施提高蒙古族牧民收入等才能真正扩大内需和拉动蒙古族牧民消费水平，进而有利于蒙古族牧民树立科学理性的消费观，也能够减少或遏制非理性消费观的不良影响。具体措施有以下两点。

1. 完善社会保障制度。建立和完善牧区公平合理社会保障体系，能进一步推进蒙古族地区经济、特色农牧业发展及大幅提高蒙古族牧民收入和为蒙古族牧民消费方式的优化等提供坚实物质基础保证。只有社会保障措施到位了，蒙古族牧民才敢放心地消费。首先，要加快实施和完善对蒙古族牧民的最低生活保障制度。加大社会救济和扶贫措施，对一些已经失去劳动能力的人，按当地消费水平进行救济，让广大蒙古族牧民困有所帮，最终解决贫困人口的最低生活消费保障。其次，要加快实施和完善养老、医疗保险制度。要积极建立完善牧区养老保险制度，改善老年人生活质量，开发老年消费产业，大力支持和扩大老年朋友消费空间；积极推进牧区医疗保险制度改革，政府进行多项资助，降低蒙古族牧民基本医疗自费支付比例，努力解决蒙古族牧民看病难吃不起药的问题；采取切实可行的措施，降低蒙古族牧民居住成本，尽可能降低居住消费支出对日常消费的挤压和抑制效应，进而提高蒙古族牧民的消费水平。

2. 加强法制建设。制定和完善法律法规是人们树立正确合理消费观的重要保障，通过制定和完善有关法律法规来规范牧区经济市场，严厉处罚损害蒙古族牧民合法利益和扰乱市场秩序的非法消费行为和放高利贷等行为，更好地发挥合法金融作用。要加快建立法律、法规基础上的牧区信贷消费业务，给予一定优惠的消费贷款，让牧民有稳定的消费心态，形成有秩序的农村信贷消费环境。要对商品的生产、消费过程进行依法质量安全监管，严格控制耗费量大、污染严重、质量低劣、卫生安全不达标产品的生产，依法严厉打击制造或出售食品、药品等直接危害到人类生命安全的假冒伪劣产品的行为，依据《消费者权益保护法》让消费者消费权益得到及时有效的保护，真正做到有法必依、执法必严、违法必究。要遏制破坏大自然环境的过分开采等行为，大家自觉地保护好土地、森林、草原自然环境，在努力建设良好生态消费环境基础上促进蒙古族牧民消费行为合理、科学地发展，形成更高层次上的消费意识，不断向把我国建成小康社会的方向前进。

第十章　蒙古族城镇化的未来展望与工作重点

针对蒙古族城镇化的特殊条件以及蒙古族农牧民的实际情况，在未来蒙古族城镇化工作当中，应按照城镇化的基本思路，重点把握好以下工作。

第一节　提高市场化程度

一　加快市场培育

加快畜牧产品市场的培育与开发，推进畜牧产品批发交易市场和商业零售网点建设。其中，畜牧产品批发交易市场的布局应以重点城镇为主，辐射半径为周边的各个嘎查村，商业零售网点则应以重点城镇的批发交易市场为依托，在各嘎查村直接设点建设，形成完整的产品采购体系。通过"批发+零售"的直接对接，畜牧产品批发交易市场可以获得相对稳定的产品供应，从而提高批发出售的议价能力。商业零售网点则能根据批发交易市场较为便捷的信息传递，及时根据市场变化调整产品收购价格，而牧民在产品出售过程中不仅可以避免因信息不对称让中间商贩从中抽取利润，同时可以利用规模效应减少运输成本，获得更高的利润。

鼓励畜牧生产加工企业与农牧民建立直接的合作关系，由畜牧生产加工企业提供饲养标准和技术指导，农牧民则按照畜牧生产加工企业具体要求对牲畜进行饲养，定期由畜牧生产加工企业派人对饲养情况进行监督，等牲畜出栏时由畜牧生产加工企业统一收购。这样对于农牧民而言，减少了中间交易环节，降低了交易成本。对于畜牧生产加工企业而言，"农牧民+企业"的模式，既便于畜牧生产加工企业扩大生产规模，稳定商品供给，同时标准化的生产也保证了产品的质量，使得农牧民在产品市场交易中能获得更高的收益。这样更有利于企业和农牧民在产品交易过程中获得双赢。

充分整合与利用现有的物流资源，加强物流基础设施建设，完善生产资料流通体系，尽快在牧区建立起专业化、信息化的现代物流服务体系，不断提高生产资料的物流效率，降低生产成本。蒙古族农牧民的生活来源主要依靠畜牧养殖，在退牧还草、保护生态的大背景下，蒙古族农牧民的牧草资源有限，要实现扩大再生产必须依赖于畜牧饲料的购买，而畜牧饲料的成本大小直接决定了牧民的最终收益。因此，要提高农牧民收入，政府除了给予相应的政策补贴以外，更需要尽可能地引导农牧区生产资料流通体系的建立与完善，如扩大销售网点设置、鼓励厂家直销、农牧民集中采购等措施，尽可能降低生产资料的流通成本，实现农牧民收入的提高。

二　提升金融服务水平

引导政策性银行、金融合作机构、商业银行和规范化民间融资参与到金融体系建设中。在信用合作社支持金融发展的同时，尝试引入商业银行参与竞争，赋予这些网点相应的农业牧业贷款权并设定一定比例的支农支牧资金任务，这就需要改革商业银行放贷机制来提高其对农牧区的放贷积极性。同时政府可给予支农支牧贷款财政贴息，一方面可以引导资金流向牧区建设；另一方面也可以降低农牧民的还贷成本，减轻农牧民负担。地方政府需要配套财政、税收、利率、存款准备金等方面的优惠政策，鼓励金融机构增加县、乡两级金融网点配置，降低信贷门槛，放宽还贷周期，扩大信贷资金和金融产品投入，着力解决牧区金融有效供给不足的问题。

加快信用体系建设，优化金融环境。信用体系的缺失使得金融机构对农牧区金融风险估算很高，农牧民贷款很难。建立农牧民的贷款信用档案，不断促进借贷双方的信息对称，使支农支牧资金发挥最大效用，同时也降低农牧区信贷投放的监管成本，鼓励金融机构对农牧民开展信贷业务。农牧区作为范围相对较小的区域，农牧民之间交往密集，经常通过相互走动而互相了解，在农牧区中开展信用体系建设可以使各项工作得到当地农牧民的监督，从而使借贷情况良好发展。此外，农业牧业保险的推广、法律法规的监督保障等都是支持农牧区金融服务体系的重要工具，要进一步扩大农业牧业政策性保险的试点范围，把财政支农支牧资金与信贷、保险等金融业务组合起来，加强和改进金融监管工作，防范农牧区金融风险。

第二节　推动基本公共服务均等化

现阶段而言，应该从两方面入手逐步建立惠及蒙古族农牧民的基本公共服务体系：一是不断增加公共服务的总量，向农牧区提供更多更好的公共服务；二是优化公共服务的结构和布局，提高基本公共服务供给水平和均等化程度，注重向欠发达地区倾斜。

一　统筹城乡公共服务

推进覆盖城乡居民的社会保障体系建设，在扩大覆盖范围、提升保障水平、提高统筹层次等方面迈出更大步伐。推动各级各类教育协调发展、城乡教育均衡发展，促进教育公平；坚持公共医疗卫生的公益性质，加强公共卫生服务体系、医疗服务体系、医疗保障体系和药品供应体系建设，尽可能实现人人享有基本医疗卫生服务；推进保障性安居工程建设，改善低收入群体住房条件；开展多种形式的社会救助活动，解决困难群体的生活问题。

促进农牧区义务教育的均衡发展，建立城乡一体化义务教育发展机制，在财政拨款、学校建设、教师配置方面向农村牧区倾斜，努力缩小城乡差距。完善农牧区村义务教育经费保障机制，普及学龄儿童和青少年的入学，在农牧区增设寄宿制学校和扩大寄宿制学校规模，巩固提高农村农牧区寄宿制学校建设水平。提升农牧区公共卫生服务能力，推进医药卫生体制改革，逐步建立覆盖农牧区城乡居民的基本医疗卫生制度。加大政府对农牧民医疗保险、养老保险的投入力度，逐步缩小医疗保险制度和养老保险制度在城乡之间的差距。提高政府补助标准和农牧民看病报销比例，提高统筹层次，让参加新型牧区合作医疗的农牧民都能享受到更多的社会保障。

二 加快基础设施建设，为蒙古族城镇化提供基础保障

首先，在基础设施建设方面，进一步加大农牧区农村公路和口岸公路建设投入力度，加快实施建制村通柏油路工程；进一步推进农牧区电网改造升级和无电地区电力建设，支持农牧民建设户用太阳能光伏发电系统；加强农牧区通信网络建设，逐步消除电信服务空白点；加大游牧民定居工程建设投入力度，将农牧民基本生产生活设施纳入建设内容；加快实施农牧区危房改造和抗震安居工程，统筹推进新农牧区和小城镇建设。

其次，加快中心城市建设，拉大城市框架，提高城镇化水平，增强辐射带动能力，打造绿色、人文、宜居区域性中心城市。加快旗县政府所在地建设，进一步完善功能，增强承载能力，引导产业向园区集中、人口向城镇集聚。因地制宜，突出特色，建设一批工贸结合型、交通枢纽型、文化旅游型的重点小城镇，加快城镇供排水、供热供气、公交等公用设施服务水平，努力实现以城带乡、城乡互动协调发展。

第三节 探索草场流转机制

一 尝试草场流转

当前草场流转基本处于初始时期，流转程序还不很规范，因此，可以适时在条件相对比较成熟的农牧区进行草场流转试点，不断总结经验，逐步建立起适宜牧区草场流转的科学机制。

对待农牧区的草场流转问题需要慎重，一定要统筹兼顾，综合考虑草场流转可能出现的各个方面的问题。首先，草场流转必须遵循依法、自愿、有偿，以及不改变草场用途，有利于草场保护和建设的原则，防止和杜绝草场流转中的侵权行为，包括随意改变草牧场的承包关系，解除承包合同等行为，更不能借草场流转的机会将牧民的草场长时间、大面积地转租给对草原污染、与生态相悖的企业和个人经营，尽可能地避免给草原生

态造成负面影响和不必要的损失。在草场流转过程中一定要加强草场流转的监管力度，规范草场流转秩序，明确草场流转双方的责任、义务与权益，要根据流转草场的等级状况，按照草畜平衡的要求，严格核定牲畜饲养量，并就如何加强保护和建设以及合理利用等问题提出具体要求，同时对违背流转合同造成草场退化的要有相应的处罚标准和补偿办法。另外，要积极探索多种形式的草场流转经营，并在试点地区鼓励农牧业大户、农牧民专业合作社和农牧业企业参与草场流转经营，在试点过程中不断发现问题、解决问题，逐步建立起一整套适宜于牧区草场流转经营机制，为解决草场流转中可能出现的各种问题提供有效的政策支持。

二　推广先进畜牧业技术

根据畜牧业发展实际和客观需求，进一步完善牧业技术推广机制，建立健全牧业科技推广体系。高度重视农牧民科技培训和示范成果推广，在有条件的地方实行科技特派员制度，开通农牧业科普热线，完善科技推广服务网络。组织专业人员走乡入户，积极开展新品畜养、动物防疫、人工种草、灭鼠杀虫等实用技术，提高农牧民科学养畜技术水平，加快传统畜牧业向现代畜牧业的转型，不断提升畜牧业生产效益和质量水平。积极推广畜牧业先进适用技术，加快转变畜牧业发展方式，推进畜禽标准化、规模化养殖，提高畜牧业综合生产能力、抗风险能力、市场竞争能力。注重发挥科技服务体系作用，加强牲畜疾病防治体系建设，加快品种改良和草场改良，提高单体产出和单位产草量，实现草牧场效益最大化。

加大农牧民实用技术培训力度，让更多农牧民掌握多种技能。稳定和壮大科技推广队伍，提高服务手段，提升服务功能。切实改变技术服务方式，变单一分散技术应用为"草、病、改、管"综合技术示范，变集中培训为"结对"指导，真正将草业推广应用到草场、牧户。加强畜牧业科技创新和专业户的培训，加快先进畜牧兽医适用技术的推广利用，有效调动广大农牧民的生产积极性，辐射和带动畜牧产业发展，为畜牧产业提质增效提供重要支持。鼓励草原技术部门与高校、科研院校合作，开展技术研究，加快科技成果转化。

坚持优化畜牧业结构，健全繁育改良体系，优化品种结构，大力发展以大户、小区、养殖场、合作社为重点的规模化、集约化经营。树立品牌意识，提高奶牛、肉羊和特色养殖等产品的科技含量，不断优化产品结构。重点扶持农牧业专业合作组织，积极培育禽畜产品加工龙头企业，有效延伸产业链条，提高农牧业组织化程度和规模经营效益，形成以农牧业龙头企业和专业合作组织为主体，政府统筹协调，各涉牧涉农部门协同服务、多层面指导、全方位服务的社会化服务格局。培育发展农牧业机械互助等牧民专业合作组织，提高农牧民组织化程度。抓好"龙头"培育、基地建设、利益联结等关键环节，打好"草原牌""绿色牌""生态牌"，提升品牌效益，促进畜牧业产业化和畜产品加工业的规模扩张与产业升级。积极扶持乳、肉、草等龙头企业扩能改造，提高市场竞争力和带动力。加快原料基地建设，推行产品生产、检验、包装、储存、运输技术标准，进一步提高标准化生产能力。

典型案例

库伦旗城镇化——生态脆弱地区
移民扶贫搬迁工程

第一节　项目概述

一　项目背景

库伦旗 2014 年生态脆弱地区移民扶贫搬迁工程由库伦旗人民政府主导，迁出区范围是库伦镇哈尔稿嘎查四组、茫汗苏木早布日根塔拉嘎查。库伦旗生态脆弱地区移民扶贫搬迁工程总搬迁 88 户、331 人口，蒙古族居民占大多数，住房及附属设施建设 5280 平方米，道路建设 5.5 千米，低压线路 6 千米，人畜饮水水源井建设 2 眼，开发和调整基本农田（平整土地）650 亩，农田水利建设打井配套 2 眼，棚舍建设 5280 平方米，种树种草 500 亩。库伦旗生态脆弱地区移民扶贫搬迁工程总投资 806.5 万元，其中：申请国家及自治区专项资金 496.5 万元，地方整合资金 222 万元，群众自筹资金 88 万元。项目于 2014 年 4 月至 2015 年 5 月实施。项目实施后，实现经济、社会、生态三大效益共赢。哈尔稿嘎查四组在迁入区发展肥牛产业，人均年新增纯收入 1400 元；早布日根塔拉嘎查利用迁入区优势发展衬膜水稻和肥牛产业，人均年新增纯收入 1668 元。同时改善农牧业基础条件，培育新型农牧民，恢复项目区生态环境，实现良性循环。

二　库伦旗基本情况

库伦旗是国家扶贫开发重点旗县，位于内蒙古自治区东部、通辽市西南约 140 千米处，南与辽宁省的阜新、彰武两县接壤，东与科左后旗相连，西至北与奈曼旗为邻。全旗总土地面积 4716 平方千米，耕地面积 174 万亩，其中：播种面积 160 万亩，草牧场面积 290 万亩，林地面积 230 万亩，是一个以农为主、农牧结合的经济类型区。全旗辖 8 个苏木乡镇、187 个嘎查村、14 个居民委员会，总人口 18 万人，其中农业人口 14 万人，蒙古族占总人口的 56%，是一个以蒙古族为主的多民族聚居旗。

库伦旗以养畜牧河为界，南部为浅山丘陵沟壑区，该地区沟壑纵横，山峦起伏。国家确定的水土保持八大重点治理区之一的柳河流域在该地区境内就可达 429 万亩，是柳河上游严重的水土流失区；北部为沙沼坨甸区，该地区沙海茫茫，无边无际，流动与半流动沙丘占总土地面积 60% 以上，其中：流动明沙 70 多万亩，潜在沙化面积 120 万亩以上，且每年以 2 万亩的速度延伸，严重影响着该地区的经济发展和社会进步。为此，国家通过政策扶持、资金支持等多种形式在该地区实施以中低产田改造、新增灌溉面积为主的农田水利建设和畜牧业基础设施等工程，符合该地区贫困现状，也是增强项目区贫困户自我积累、提高自我发展能力，最终实现整体解决温饱，全面实现小康的最有效措施。

库伦旗是以农为主、农牧结合的经济类型区，2014 年全旗地区生产总值完成 64.3 亿元，同比增长 9.1%；财政收入完成 4.17 亿元，同比增长 12.1%；全社会固定资产投资完成 67.5 亿元，同比增长 27.7%；社会消费品零售总额完成 12.4 亿元，同比增长 l0.4%；城镇居民人均可支配收入达到 16625 元，同比增长 11.4%；农牧民人均纯收入达到 7624 元，同比增长 13.2%。

三　移民搬迁的必要性和可行性

（一）必要性

1. 扶贫工作的需要。库伦旗是国家扶贫开发工作重点旗县。如何以最少的投入取得最大的扶贫效益，利用有限的扶贫资金让更多农牧民脱贫致富，特别是蒙古族农牧民脱贫，一直是地方政府不断探索的问题。加大基础设施投入，改善人们的生产、生活条件，是库伦旗扶贫投入的主要方向。然而，由于库伦旗地处科尔沁沙地腹地，境内多荒山丘陵，土地相对贫瘠，人们居住分散；通村公路一方面受财力限制，公路等级低，雨雪天气通行困难；另一方面，有相当一部分村民距离公路仍相对较远，享受便捷的交通仍十分困难。同时，教育、卫生、通信等基础设施相对较差，项目区农牧民的生产生活条件仍十分落后。要改善这一部分人的生产、生活条件，需要巨大的投入，且时间长、收效慢，扶贫成本高。生态脆弱地区移民扶贫搬迁工程，是近年来在扶贫开发工作中，探索出来的一条新路子。通过多方筹集资金，在生产生活条件较好的路边、集镇建立移民小区，让农牧民从生态脆弱区搬出来，分享小城镇相对较好的医疗、教育、交通、通信等人居环境，提高他们的生活质量，从而实现永久脱贫。同时，可以统一规划建设用地，有效地整合土地资源，节约耕地，保护生态，实现经济效益、社会效益和环境效益的统一。

2. 小城镇建设的需要。加快新农村建设，实施城镇化战略，是推动农村经济和社会发展的重大举措。通过生态脆弱地区移民扶贫搬迁工程，可以带动库伦旗的小城镇建设，扩大苏木乡镇规模，完善城镇功能，提高蒙古族人口的城镇化比率，对搞活地方经济也有着深远的意义。

3. 改善居住环境的需要。把居住分散、交通不便、生态环境恶劣地区的农牧民大量搬迁转移到生产生活条件较好的地区，提高生态脆弱地区农牧民生活水平和收入水平，使迁出区闲置下来，同时采取相应措施促进生态脆弱地区生态长期恢复，实现生态建设与经济发展双赢。

（二）可行性

1. 政策环境良好。库伦旗是全区生态脆弱地区移民扶贫搬迁工程重点建设项目区之一，有国家的政策和专项资金支持。目前，库伦旗拟定了"一核、两翼、三区、五亮点和两大万字"发展战略规划，对库伦旗的区域定位、主体功能等进行了合理的界定，为库伦旗的扶贫开发工作指明了新的发展思路和战略重点。库伦旗作为全国贫困旗在西部大开发和振兴东北老工业基地战略机遇的背景下，应有计划、有步骤地进行移民搬迁，改善生态环境，治理水土流失，提高森林草原覆盖率，努力发展种植业和养殖业，加强基础设施建设，发展小城镇或中心嘎查村。

2. 政府大力支持。加快新农村建设，提高人口城镇化比率，是实现脱贫致富奔小康的一个重要途径。地方政府始终把新农村建设工作摆在重要议事日程，已成为政府和群众的一致共识。项目实施前，地方政府进行了深入的政策解释和宣传动员，由主要领导带队，组织移民领导小组成员进村入户，开展调查研究，采取村民会议、现场会议、个别访谈等形式，把政策措施向群众讲深讲透，在群众中引起了强烈反响，大多数村民都踊跃参加会议、提出建议，自愿申请搬迁，并对搬迁农户的生产生活和经济收入情况进行了张榜公示。

3. 基本条件具备。在搬迁上坚持"政府引导、群众自愿、政策协调、讲求实效"的原则，在安置上体现"以土地为本，农业安置"的大前提下，配套做好水、电、路基础设施，解决好教育、医疗、土地调整、住房建设等问题，确保"搬得出、稳得住、能致富"。

第二节　迁出区、迁入区基本概况

一　迁出区基本概况

（一）库伦镇哈尔稿嘎查四组概况

哈尔稿嘎查四组：哈尔稿嘎查总 200 户、916 人，由 4 个村民小组组成。总土地面积 63237 亩，其中耕地 14200 亩、林地 13800 亩、草牧场 24666 亩。该嘎查位于库伦镇中心以西 12 千米处。嘎查一、二、三组生态环境相对较好，四组所处地区四周多为沟壑，生态十分脆弱。根据生态移民项目要求，在广泛征求群众意见的基础上，计划对该嘎查四组共 38 户 130 人实施整体搬迁。

搬迁理由：因为哈乐稿四组土地相对贫瘠，生态环境脆弱，人们居住分散；交通不便，出行困难，教育、卫生、通信等基础设施相对较差；农牧民的生产生活条件仍十分落后。

（二）茫汗苏木早布日根塔拉嘎查概况

早布日根塔拉嘎查位于茫汗苏木政府所在地西南 15 千米处，辖 2 个村民小组（东组和西组），总 249 户、750 人。总土地面积 5.4 万亩，其中：耕地 7747 亩、林地 2.4 万亩、草牧场 4.2 万亩。该嘎查位于塔敏查干沙带封禁保护区内，原有农牧民 204 户，其中 154 户农牧民在 2007 年移民搬迁项目中搬迁到了新建移民村，余下 50 户 201 人口仍在旧址处生活，计划 2014 年实施移民搬迁。

搬迁理由：该嘎查旧址地处沙漠地区，自然条件恶劣、资源贫乏，交通条件差，群众居住分散，农牧民收入低、生活负担重，生产条件落后，适合进行移民搬迁。

二　迁入区基本概况

迁入区的选择是移民工程成败的关键，也是实现迁得出、稳得住，迁出区绿起来、迁入区富起来的重要保障。为此，在迁入区的选择上，我们把水土资源作为首要条件。现迁入区水土资源经旗水务局水资源分析评价报告和实地采集的土样分析评价认为：迁入区水土资源能够满足老百姓生产生活和养殖业发展需要。迁入区还具备了以下安置条件。

（一）安置区广阔

在安置地的选择上，哈尔稿嘎查四组移民新村的安置地安排在原嘎查以西 3 千米处，迁入地不涉及土地调整问题，而且距离高压线和公路较近，减少了建设投资的同时，对充分利用现有基础设施创造了有利条件。安置地占地面积 150 亩，具有宽畅明亮、土地广阔、水电就近、基础设施完备等特点。

早布日根塔拉嘎查移民新村的安置地安排在原嘎查北 1.5 千米处。安置地计划总占地面积 200 亩，不涉及土地调整问题，而且距离低压线和公路较近，减少了建设投资的同时，对充分利用现有基础设施创造了有利条件。

（二）水资源充足

根据《水文地质普查报告》，按地形地貌条件及岩性特征划分的区域，按天然补给量和径流模数法进行分析计算。哈尔稿嘎查四组和早布日根塔拉嘎查移民迁入区地下水总储量 13.09 万立方米和 59.2 万立方米，可利用资源 6.7 万立方米和 28.42 万立方米，余水量 6.39 万立方米和 30.78 万立方米，而且具有埋层浅、水量充足、无污染、开采成本低等比较优势。

（三）交通方便

库伦旗乡间公路均直通各嘎查村，尤其是安置区紧靠公路，对移民工程的建设和原材料的运输以及商品交流提供了便捷的交通运输条件。

（四）通信信息便捷

通过各种资源的有效整合及交通便利、信息灵通等迁入地区的优势，减少部分建设投入，有利于改善移民的生活质量和生产条件。

（五）基础设施完备

通过农牧业基础设施的建设，可加快产业结构调整，发展高产高效农业，稳步实现整体脱贫致富目标。通过移民搬迁，在有效改善基本生活条件的同时，通过国家和地方配套资金的投入，利用现有耕地和水资源，重点开发利用基本农田，加大中低产田、低洼易涝地改造工程。通过这一举措，哈尔稿嘎查四组可有效开发基本农田 150 亩，实现人均 1.2 亩旱涝保收基本田；早布日根塔拉嘎查可有效开发基本农田 500 亩，实现户均 2.5 亩旱涝保收基本农田。其次要通过整合现有土地资源实施种树种草，防风固沙以及营造经济林等生态措施，防止风沙面扩大，吞食农田。最后通过整合现有畜牧业资源，采取引进良种，改良畜群结构、种植优质牧草等诸多措施大力发展农区畜牧业。迁入区基础设施比较完善，具备可开发条件，发展前景十分可观。

（六）迁入区基础设施

住房及附属设施建设 5280 平方米，道路建设 5.5 千米，人畜饮水水源井建设 2 眼，农田水利建设（打井）2 眼，棚舍建设 5280 平方米，低压线路 6 千米，种树种草 500 亩。

（七）各种费用比较

工程总投资 806.5 万元，其中住房建设投资 546 万元，占总投资的67.7%；住房配套建设投资 43 万元，占总投资的 5.3%；发展产业投资217.5 万元，占总投资的 27%。

三　项目实施的有利条件

1. 居民热情高。项目区居民深刻意识到生态环境对生产生活的影响，改善生产生活愿望强烈，积极响应生态移民搬迁。

2. 地方政府重视。地方政府高度重视生态脆弱地区移民搬迁工程建设工作，多次深入实地开展调研，提出指导性和建设性意见，为实施生态脆弱地区移民搬迁工程提供有力保障。

3. 迁入区其他公用及辅助设施比较完善，区内已有成熟的供水、交通、供电，能满足建设项目的要求。

四　安置模式和规模

拟建项目采取就近安置模式，通过征求群众意见，哈尔稿嘎查四组搬迁 38 户、130 人，安置地确定在原村落以西 3 千米处。早布日根塔拉嘎查搬迁 50 户、201 人，移民搬迁安置用地计划选在原嘎查北 1.5 千米处。两个嘎查共安置 88 户、331 人，两处安置地自然条件较好，地势平坦，地理位置及生产条件优越，有利于基础设施建设，且地质结构稳定，土地肥沃，不需要重新调整耕地，能够为移民提供生产用地，是移民理想的安置地。

第三节　项目实施

一　基本原则

（一）统筹实施，稳步推进

科学制订移民扶贫实施方案，在充分调研的基础上，合理确定目标任务，并与新农村新牧区建设有机结合起来，统筹移民住房、产业发展、农田水利、基础设施。科学选址，防止从一个贫困地区搬到另一个贫困地区。

（二）政府主导，社会参与

在群众自愿的前提下，坚持合力推进，充分发挥政府在政策制定、实施方案编制、资源调配、组织协调等方面的主导作用，各相关单位要加强协调、密切配合，形成推进移民扶贫工程的强大合力。

（三）因地制宜，妥善安置

根据移民实际情况和迁入地水土资源、基础设施等安置条件，合理规划，创新思路，多策并举，对移民进行妥善安置。

（四）培育产业，增收致富

增强移民自我发展能力，重点发展特色产业，鼓励移民劳务输出，形成以特色种养收入和劳务收入为主的可持续增收致富新格局。整合各类培训资源，加强农牧业实用技术培训、就业技能培训。

（五）整合资源，注重实效

整合人力、土地、水利和财力资源，集中力量办大事。坚持自力更生为主与争取国家支持相结合，整合各类资金，推进移民扶贫工程。

（六）保护生态，持续发展

坚持扶贫开发与保护生态相结合，多渠道、多形式促进生态恢复，使原有的林地、草地得到有效的保护，遏制生态环境的恶化；加强移民新村绿化和农田防护林带建设，达到消除贫困和改善生态的双赢目标，促进区域人口、资源、环境协调发展。

二　主导产业

为从根本上解决两个嘎查贫困状况，结合新农村建设规划，将移民嘎查搬迁至生产生活条件较好、交通方便区域新建移民新村。以建设育肥牛基地、扶持沙地衬膜水稻项目为基本形式，发展舍饲养畜和特色种植业，改善老百姓生产生活和生存环境，这对贫困地区摆脱贫困和脱贫致富具有深远意义。

哈尔稿嘎查四组是种养业结合的嘎查村。移民后重点扶持养殖业，首先为每户移民新建 60 平方米棚舍，种草 100 亩，扩大养殖规模。在这基础上要以土地平整、水源工程建设、人均新增 1.2 亩基本农田为突破口，增加旱涝保收高产稳定基本粮田面积，形成以养殖业为主，种养结合的产业格局。

早布日根塔拉嘎查是以牧业为主，主导产业以新建育牛基地为重点，大力发展舍饲养殖业，同时以土地平整、水源工程建设、人均新增 2.5 亩基本农田为突破口，发展衬膜水稻，形成农牧结合的发展模式。

三　建设内容及典型设计

（一）建设内容

库伦旗 2014 年生态脆弱地区移民扶贫搬迁工程建设规模和内容：

1. 住房及附属设施建设 5280 平方米；
2. 道路建设 5.5 千米；
3. 低压线路 6 千米；
4. 人畜饮水水源井建设 2 眼；
5. 开发和调整基本农田（平整土地）650 亩；
6. 农田水利建设打井配套 2 眼；
7. 棚舍建设 5280 平方米；
8. 种树种草 500 亩。

（二）哈尔稿嘎查四组项目区

1. 住房及附属设施建设 2280 平方米；
2. 道路建设 2 千米；
3. 低压线路 3 千米；
4. 人畜饮水水源井建设 1 眼；
5. 开发和调整基本农田（平整土地）150 亩；
6. 农田水利建设打井配套 1 眼；
7. 棚圈建设 2280 平方米；
8. 种树种草 100 亩。

（三）早布日根塔拉嘎查项目区

1. 住房及附属设施建设 3000 平方米；
2. 道路建设 3.5 千米；
3. 高低压线路 3 千米；
4. 人畜饮水水源井建设 1 眼；
5. 开发和调整基本农田（平整土地）500 亩；
6. 农田水利建设打井配套 1 眼；
7. 棚圈建设 3000 平方米；

8. 种树种草 400 亩。

（四）典型设计

单户住房面积 9.2 米×6 米，采用砖木结构，砖墙体 37 米，内外抹灰，外墙涂料，屋面为水泥瓦屋面。

1. 地基：处理深度 0.5 米。

2. 基础：

（1）采用红砖基础，高度 0.72 米。

（2）采用水泥砂浆砌筑。

（3）基础之上做基础梁，厚度与墙体一致，高度不小于 0.24 米。钢筋绑固合理、规范。基础梁中碎石比例达到要求。

3. 墙体：

（1）内外墙均采用普通红砖砌筑，外墙厚度 0.37 米、内墙厚度 0.24 米。房屋四角及室内墙体连接处必须按尺寸留出连接砖茬（必须留阳茬）。窗间垛大于 0.90 米，两侧山墙前内垛大于 0.40 米。

（2）使用砂浆砌筑，沙子、水泥要配比合理。

（3）承重墙顶部设圈梁，必须用模板支模，严禁用红砖代替模板，厚度与墙厚度一致，高度不小于 0.24 米。钢筋绑固合理、规范。圈梁中碎石比例达到要求。

（4）外墙防水涂料，内墙普通抹灰。

（5）房间内贴踢脚线。

4. 屋面：木屋架瓦顶/彩钢瓦顶。

5. 地面：铺设普通地板砖。

6. 门窗：

（1）进户门采用断桥铝门。

（2）房间门采用实木门。

（3）窗户采用单层双玻断桥铝平开窗。

7. 其他：三水、台阶、给水、排水、采暖及室内电气管线、开关、插座等按要求施工。

四　建设标准

拟建项目的工程设计是在项目建设地点进行建筑结构方案选型基础

上，依据项目建设单位意见，按照国家提倡的"技术先进、安全适用、环保节能"的原则，综合考虑当地建筑材料、建筑构件的生产能力等综合因素，同时结合库伦旗相关住房建设标准对移民住房按照统一标准进行专题设计。格局和材料选取方面，坚持因地制宜、节约资源、保护环境，力求达到适用、经济、美观，符合节能、节地、节水、节材的要求。在建筑做法方面，以"东北地区建筑统一建筑做法图集"为依据，选用构造合理、方便施工、符合当地实际的方案，确保施工安全、保证质量、操作方便、环保节能、经济适用。

五　投资概算

（一）总投资概算

库伦旗生态脆弱地区移民扶贫搬迁试点工程，总需投资 806.5 万元，其中：

住房及附属设施建设需投资 546 万元；

道路建设需投资 22 万元；

低压线路需投资 9 万元；

人畜饮水安全工程需投资 12 万元；

开发和调整基本农田（整地）需投资 23 万元；

农田水利建设（打井）需投资 14 万元；

棚舍建设需投资 158 万元；

种树种草需投资 22.5 万元。

1. 哈尔稿嘎查四组移民搬迁工程总需投资 339.5 万元，其中：

（1）住房及附属设施建设需投资 236 万元；

（2）道路建设需投资 8 万元；

（3）低压线路需投资 4.5 万元；

（4）人畜饮水安全工程需投资 6 万元；

（5）开发和调整基本农田（整地）需投资 5.5 万元；

（6）农田水利建设（打井）需投资 7 万元；

（7）棚舍建设需投资 68 万元；

（8）种树种草需投资 4.5 万元。

2. 早布日根塔拉嘎查移民搬迁工程总需投资 467 万元，其中：

(1) 住房及附属设施建设需投资 310 万元；

(2) 道路建设需投资 14 万元；

(3) 低压线路需投资 4.5 万元；

(4) 人畜饮水安全工程需投资 6 万元；

(5) 开发和调整基本农田（整地）需投资 17.5 万元；

(6) 农田水利建设（打井）需投资 7 万元；

(7) 棚舍建设需投资 90 万元；

(8) 种树种草需投资 18 万元。

（二）资金筹措

库伦旗生态脆弱地区移民扶贫搬迁工程，总需投资 806.5 万元，其中：

1. 申请国家及自治区专项资金 496.5 万元，专项用于住房建设。（自治区一次性对搬迁移民给予每人 1.5 万元的移民住房建设补贴，331 人共 496.5 万元）：

(1) 哈尔稿嘎查四组项目区申请国家及自治区专项资金 195 万元。

(2) 早布日根塔拉嘎查项目区申请国家及自治区专项资金 301.5 万元。

2. 地方整合资金 222 万元，其中：

哈尔稿嘎查四组项目资金 106.5 万元，其中：

(1) 住房及附属设施建设需投资 12.5 万元；

(2) 道路建设需投资 8 万元；

(3) 低压线路需投资 4.5 万元；

(4) 人畜饮水安全工程需投资 6 万元；

(5) 农田水利建设（打井）需投资 7 万元；

(6) 棚舍建设需投资 68.5 万元。

早布日根塔拉嘎查项目资金 115.5 万元，其中：

(1) 道路建设需投资 14 万元；

(2) 人畜饮水安全工程项目需投资 6 万元；

(3) 棚舍建设需投资 90 万元；

(4) 开发和调整基本农田（整地）需投资 5.5 万元。

3. 群众自筹资金 88 万元，其中：

哈尔稿嘎查四组项目区需群众自筹 38 万元，其中：

（1）住房及附属设施建设需群众自筹 28.5 万元；

（2）开发和调整基本农田（整地）需群众自筹 5 万元；

（3）种树种草需群众自筹 4.5 万元。

早布日根塔拉嘎查项目需群众自筹 50 万元，其中：

（1）住房及附属设施建设需群众自筹 8.5 万元；

（2）低压线路需群众自筹 4.5 万元；

（3）开发和调整基本农田（整地）需群众自筹 12 万元；

（4）农田水利建设（打井）需群众自筹 7 万元；

（5）种树种草需群众自筹 18 万元。

六　工程建设进度安排

（一）宣传动员阶段（2014 年 4—5 月）

宣传发动（成立机构）—入户调查—农户申请（书面申请并由家庭成年成员共同签字）—公示征求意见—确定名单（公示）—选择安置地（公示）—编制报送项目实施方案。

（二）建设阶段（2014 年 6 月—2015 年 11 月）

1. 通过招投标形式确定项目施工单位，签订各项施工合同，明确责权。

2. 基本农田、移民住房建设工程开始平整土地，水源工程建设也同时进行。

3. 开工建设移民住房、棚舍、种草、道路等工程。

4. 完成低线路的架设和人畜饮水水源井建设工程。

（三）搬迁安置阶段（2014 年 12 月—2015 年 4 月）

完成安置地各项建设任务，开始移民搬迁工作。

（四）检查验收阶段（2015 年 5 月）

对移民搬迁的各个项目进行验收，并对原居住地附属设施进行拆除平整、恢复生态。

七　工程管理措施

(一)　工程管理

库伦旗生态脆弱地区移民扶贫搬迁工程,按照有关基本建设程序,一是实行招标制,招投标在严格按照招投标法面向社会公开公示公告的基础上,通过公开竞标形式确定施工单位。二是实行法人制,由项目法定代表人对所承建的移民项目的工程建设、资金使用负全部责任,对工程质量负终身责任。同时要建立相应的机构、相应的管理制度。项目法人单位的有关人员素质、内部组织机构,必须满足工程管理和技术上的要求。三是实行合同制,项目的工程勘察、设计、施工、监理、主要设备及材料采购等均依法订立合同。各类合同内容都要有明确的质量要求,履行担保和违约处罚条款。四是监理制,监理单位必须配备具备资质的监理人员,要严格履行监理合同规定的各项权利和义务,对项目施工全过程及主要设备和材料采购进行全程监理。未经监理人员签字认可的建筑材料、购置的配件和设备不得在工程上使用或安装,不得进入下一道工序施工,不得拨付工程进度款,不得进行竣工验收。

(二)　质量管理

百年大计,质量第一。为此,库伦旗生态脆弱地区移民扶贫搬迁工程在具体实施过程中,一是建立工程质量行政领导人责任制,实行主管行政领导、行业主管部门责任人制度。对移民工程的建设、资金筹集和管理负总责。二是建立参建单位工程质量领导人责任制,勘察、设计、施工、监理等单位的法定代表人,要按照各自职责对所承建的移民项目的工程质量负领导责任。三是建立工程质量终身责任制,项目工程质量的行政领导责任人,项目法定代表人,勘察、设计、施工等单位的法定代表人,要按各自的职责对移民工程的质量负终身责任。

(三)　资金管理

严格执行《内蒙古自治区生态脆弱地区移民扶贫资金管理办法》及有关规定,实行专款专用及"三专一封闭"财务运行制度。整个工程在全面采用按进度分期分批拨款的基础上,实行按月上报工程进度制,并在完备各项工程财务手续的同时,及时接受财政、审计以及纪检监察部门的监督和检查。

八　技术保障

准确掌握施工要求的标准与程序，做好各项工程的施工方案与材料试验，编制有针对性、可操作性的施工专项方案，施工专项方案覆盖全面，内容要详细，配以图表，图文并茂；采用新技术、新工艺、新材料，结合工程特点广泛采用先进的施工技术和材料，保证工程质量，从而保证施工进度；通过分析各施工工序的时间，制定阶段目标，科学合理安排施工工序，采取特殊措施尽可能减少影响进度的薄弱环节，科学合理地缩短各施工工序的循环时间来加快施工进度；牢牢抓住关键工序的管理与施工，全过程对进度计划、资源配置进行动态管理，确保关键工序的工期与质量；有效利用当今科技进步成果，采用机械化施工，可减少现场作业量，充分发挥机械化的积极作用，在保证工程质量的前提下加快施工进度。

九　配套服务

旗政府将根据相关政策，对移民户以以奖代补的方式，整合各项政策（涉农保障、劳动就业、上学就医等）向移民倾斜。

1. 优先安排对原宅基地实行退宅还田或退宅还林的项目计划，并按相关政策执行。

2. 优先安排各项扶贫技能培训，鼓励其到城镇企业就业。

3. 优先安排就医、上学等公共服务的优惠政策。

4. 以项目为支撑，鼓励移民发展畜牧养殖业，将其作为主导产业，增加农牧民收入。

十　搬迁优惠政策

1. 迁出区移民土地，由项目区所在苏木镇统一规划，按照国家有关政策和投资导向，所有权归迁出区农户。

2. 迁出区所在地苏木镇党委政府，要按照移民工程所需和移民生产生活需要，给移民户无偿调剂住房、发展生产以及饲草料基地建设用地。

3. 旗农电局、国土资源等相关部门，免收移民新村建设的电力增容费以及土地变更等手续费，各项建设工程免征建设税费。

4. 移民迁入新村后，当地政府本着同等优先的原则，对移民区优先安排农田水利、畜牧业、乡村道路、文化娱乐、卫生防疫等投资项目。

5. 整合危房改造、街巷硬化、电力村村通和农网改造等项目资金建设移民安置区，将经济发展和社会事业类项目向移民项目区倾斜，集中各方面人力、物力、财力，解决好搬迁移民的居住和产业发展问题。

十一　保障措施

一是加强组织领导。建立健全移民扶贫搬迁工程组织机构，加大对移民搬迁工作的领导。成立移民扶贫搬迁领导小组，明确主要领导为第一责任人，对移民搬迁扶贫工作部署和协调。领导小组下设办公室，办公室设在农村牧区工作部，负责移民工作的组织、指导、协调、督促、检查和验收，为移民扶贫工作的开展提供强有力的组织保障。

二是坚持部门协作。各相关部门在地方政府的领导下，要统一思想，提高认识，充分认识移民扶贫工作的重要性，做好相关工作，同时要加强协调，密切配合，形成推进移民扶贫工程的强大合力。

三是加大宣传力度。做好移民扶贫搬迁的宣传工作，通过召开会议和进村入户及新闻媒体等形式全方位、多层次地对扶贫移民搬迁的各项优惠政策进行宣传，使移民消除顾虑，认清搬迁的必要性和可行性，自愿、积极地投入到搬迁行动中来，营造移民搬迁工作的良好氛围。

四是强化资金管理。严格遵照《内蒙古自治区生态脆弱地区移民扶贫资金管理办法》及相关规定，做到专款专用，其他项目资金筹措和使用按有关规定严格执行。加强资金管理，严肃财经纪律，做到专户储存、专项管理、专款专用、封闭运行。

五是抓好督促检查。采取重点督查和常规检查相结合的方式，定期或不定期组织人员深入工程开展督查并及时通报情况，扎实推动工程实施。

第四节 分析与评估

一 收益分析

（一）经济效益

1. 计算依据

（1）该项目的各项指标计算均以国家有关财务制度为依据；

（2）衬膜水稻按亩产 1000 斤，每斤按 2 元计算；

（3）种草以沙达旺为例，每亩草籽 30 斤，每斤按 3.5 元计算；

（4）干草产量每亩按 500 斤，每斤按 0.2 元计算；

（5）育肥牛出栏时每头按 400 千克，每千克按 16 元计算。

2. 收入的计算

哈尔稿嘎查四组地处沟壑区，迁出区不适宜耕种，可开发和调整农田较少，项目实施后，计划在迁出区种树种草，促进生态恢复。同时借助种植业秸秆资源，在迁入区鼓励农牧民扩大养殖规模，发展养殖业，增加农牧民收入。该项目实施后，每户可新增出育肥牛 1 头，38 户年新增出育肥牛 38 头，每头按 400 千克计算，每千克按 16 元计算，年新增收入 24.3 万元，扣除饲养成本 6 万元，年实现纯利润 18.3 万元，户均实现年新增纯利润 4816 元，人均实现年新增纯利润 1400 元。

早布日根塔拉嘎查分种植业和养殖业进行计算。

种植业：项目实施后，计划通过在项目区开发和平整土地，发展衬膜水稻种植。新增适宜种植衬膜水稻稻田 50 亩，年可新增粮食 5 万斤，户均年新增粮食 1000 斤，人均年新增粮食约 249 斤，每斤按 2 元计算，年新增纯收入 10 万元，户均年新增纯收入 2000 元，人均年新增纯收入 498 元。

养殖业：该项目实施后，每户新增出育肥牛 1 头计算，50 户年出育肥牛 50 头，每头按 400 千克计算，每千克按 16 元计算，年创收入 32 万元，扣除成本 8.4 万元，实现年新增纯利润 23.6 万元，户均实现年新增纯利润 4700 元，人均实现年新增纯利润 1170 元。

（二）社会效益

1. 拟建项目实施后，通过政策引导、资金支持，项目区移民可改变传统的经营意识，精耕细作，调整结构，开发新型产业，培育新的经济增长点。

2. 拟建项目实施后，可培训一大批农牧民，使他们能够掌握 1—2 门适用技术，提高科学种田、科学养畜意识，对我旗广大农牧民科技素质的提高将起到典型引路作用。

3. 该项目的实施，在为项目区广大农牧民创造了以良好水电路为主要内容的基础设施条件的同时，也改善了农牧业基础条件，这对我旗"十二五"扶贫攻坚战略的实施、整合各项资金、群众参与项目建设和提高自我发展能力等方面将起到积极的示范带动作用。

4. 在移民安置区统一配套建设水、电、路、通信等基础设施，完善村级活动室、卫生室、便民超市等公共服务设施，积极推进广播电视、互联网进住宅，方便移民生活。

（三）生态效益

1. 通过移民新区建设，不仅可以改善自然环境，而且也可有效控制沙化，还可调节小区气候，涵养水源，促进本地区生态平衡。

2. 项目区通过舍饲养畜，既发展了农区畜牧业，又减轻了项目区草牧场压力，对于我旗禁牧舍饲、恢复生态将起到有效的推动作用。

3. 由于项目区畜牧业得到长足发展，必将为农业生产提供大量的有机肥料，通过粪便返回农田，既减少了环境污染，又能改良土壤，提高土壤有机含量，促进项目区生态环境的良性循环。

二　项目对环境的影响及评估

（一）环境现状

1. 拟建生态脆弱地区移民搬迁工程项目位于地势平坦地段，远离城镇和工业园区，不占用耕地和草牧场。

2. 项目区大气质量良好，项目对大气质量无影响。

（二）环境质量标准

1. 水环境执行《地表水环境质量标准》（GB38 38—2002）中的 Ⅲ

类标准。

2. 空气环境执行《环境空气质量标准》（GB3095—1996）中的二级标准。

3. 声环境执行《城市区域环境噪声标准》（GB3096—93）中的Ⅱ类标准。

（三）污染物排放标准

1. 水污染物：畜禽养殖执行《畜禽养殖业污染物排放标准》（GB18596—2001）中水污染物排放标准。

2. 大气污染物：畜禽养殖执行《畜禽养殖业污染物排/放标准》（CB18596—2001）中恶臭污染物排放标准。

3. 噪声排放：施工期执行《建筑施工场界噪声限制》（GB12523—90）；运营期执行《工业企业场界噪声标准》（GB12348—90）中的Ⅱ类标准。

（四）生产对环境的影响

1. 废水：主要是施工过程中排出的水和牛舍投入使用后冲洗牛舍产生的废水，其量少，对环境影响甚小。

2. 粪便：家畜排出的粪便经贮存发酵后当作农家肥使用，对环境影响甚小。

3. 噪声：主要噪声来源于项目建设期施工机械，如振捣棒、铲车等；项目建成后，移民户在进行生产活动时的噪声，如饲草料加工机械、粉碎机和铡草机等。

三　迁出区生态环境治理

迁出区生态位置重要，对迁出区的生态环境治理主要以自然恢复和争取国家、地方及个人等多渠道投资的方式，采取以生物措施和简易工程治理措施为主的恢复方法，主要采用人工造林、围封禁牧、种草养畜等措施使生态得到自然修复。哈尔稿嘎查四组迁出区种树种草50亩，早布日根塔拉迁出区种树种草200亩，通过提高森林覆盖率和林草覆盖率，使生态环境得到显著改善。同时鼓励移民在原自家耕地种植苹果、文冠果等经济林以及合理开发利用各种资源，在提高经济收入的同时，促进迁出区可持续发展。

四　迁入区环境保护对策

（一）废水治理

本项目排水主要是冲洗牛舍排出的废水，由于废水量不多，与粪便一起贮存到粪便处理池里，定期清理。

（二）粪便处理

经冲洗后的粪便经过流水槽流入粪便处理池，经过一段时间的贮存、发酵，达到一定容积后清理，送至离牛舍一定距离处堆放，当作农家肥使用。

（三）噪声治理

选择设备时尽可能购置噪声小的产品，机器工作时间应选在白天务农时间段，尽量避免夜间作业，防止影响学生、老弱病残等人群的休息和睡眠。采取上述措施后噪声白天小于 50 分贝，夜间小于 40 分贝，低于国家标准。

（四）节能措施

1. 用电设备采用高效节能设备，提高用电效率。

2. 采用节水用具，达到节约用水的目的。

3. 加强对施工人员和移民户的节能教育管理，制定严格的管理制度，防止跑、冒、滴、漏现象的发生，并将此项管理作为一项重要的工作内容，加强节约能源教育，提高全体人员的节能意识。

4. 充分利用资源，尽可能地对水资源实行循环利用，尽可能地减少排放。

（五）村屯绿化

通过种树种草明显改善迁入区的居住环境，在迁入区新建道路两侧、嘎查周围荒山荒沟及亟须环境整治的地带种树种草 250 亩，其中哈尔稿嘎查四组 50 亩，早布日根塔拉 200 亩。通过此项计划，不仅可以改善迁入区的自然环境，而且也可有效控制沙化，还可以调节小区气候，涵养水源，促进本地区生态平衡。

五 项目实施风险分析

(一) 技术风险

种植业方面，由于历史和民族地区思想陈旧的原因，农牧民还习惯于粗放经营耕作农田，农业机械化、现代化程度低，种植技术科技含量低，因而粮食产品科技附加值不高，所以收入增幅不大；在养殖业方面，近几年库伦旗的肉牛养殖虽有了长足发展，但与发达地区相比，还存在着一定的差距，生产技术和管理水平还有待提高。因此在市场竞争日趋激烈的高科技时代，移民发展种植业和养殖业面临着一定的技术风险。

针对技术风险，要加大科学种植、养殖，科学管理以及新产品研发与推广力度，积极引进优秀农业技术人才，进一步完善技术创新机制等，以规避技术风险。

(二) 市场风险

市场风险主要体现在建筑材料价格波动带来的风险。也就是说，主要建筑材料采购成本的波动，将直接导致移民新村建设成本的相应波动，进而影响移民的整体利益，将可能面临一定的市场风险。

针对市场风险，项目建设过程中要加强经营管理，提高建筑材料利用率、降低建设成本，同时严把质量关，从而使可能发生的市场风险控制在最低。

(三) 管理风险

工程后期管理是项目建设的重要组成部分，也是管好用好集体财产的一个主要手段。若项目建成后，后期管理不完善，很有可能造成事倍功半的后果，因而带来管理风险。

针对管理风险，在工程的后期管理上，按照"谁建设、谁受益、谁管理"的原则，移民住房按照甲乙双方鉴定的房屋使用协议有关要求，项目竣工后，经有关部门初验基础上，移交给嘎查村后移民自行维护和管理；低压线路由农电部门统一维修和管理；道路建设工程由嘎查村统一管理和维护。

参考文献

图书：

Evans Pritchard E. E., *The Nuer* ［M］. Clarendon：Oxford，1940.

Geddes P., *Cities in Evolution* ［M］. London：Williams & Norgate，1915.

Howard E., *Garden Cities of Tomorrow* ［M］. Mit Press，1898.

Khazanov A. M., *Nomads and the Outside World* ［M］. University of Wisconsin Press，1984.

Northam R. M., *Urban Geography* ［M］. New York：Wiley，1975.

布莱恩·贝利：《比较城市化——20 世纪的不同道路》，商务印书馆2008 年版。

高佩义：《中外城市化比较研究》，南开大学出版社 1991 年版。

辜胜阻：《非农化与城镇化研究》，浙江人民出版社 1991 年版。

蒋彬：《四川藏区城镇化与文化变迁——以德格县更庆镇为个案》，四川出版集团巴蜀书社 2005 年版。

李澜：《西部民族地区城镇化：理论透视、发展分析、模式构建》，民族出版社 2005 版。

刘晓鹰：《中国西部欠发达地区城镇化道路及小城镇发展研究》，民族出版社 2008 年版。

毛生武：《西北民族省区城镇化模式与制度创新》，中国经济出版社2011 年版。

闵文义：《部民族牧区城镇化模式研究——以畜牧业产业化链条、信息化建设为支撑的城镇化》，民族出版社 2012 年版。

尚娟:《中国特色城镇化道路》,科学出版社 2013 年版。

宋才发、黄伟、潘善斌等:《民族地区城镇化建设及其法律保障研究》,中央民族大学出版社 2006 年版。

周一星:《城市地理学》,商务印书馆 1995 年版。

期刊:

Gottmann J., Megalopolis or the Urbanization of the Northeastern Seaboard [J]. *Economic Geography*, 1957.

Mabogunje A. L., Systems Approach to A Theory of Rural - urban Migration [J]. *Geographical Analysis*, 1970.

Schwirian K. P., Prehn J W. An Axiomatic Theory of Urbanization [J]. *American Sociological Review*, 1962.

Shell Duncan B., Obungu Obiero W., Child Nutrition in the Transition From Nomadic Pastoralism to Settled Lifestyles: Individual, Household, and Community‑Level Factors [J]. *American Journal of Physical Anthropology*, 2000.

陈春:《健康城镇化发展研究》,《国土与自然资源研究》2009 年第 4 期。

陈凤桂、张虹鸥、吴旗韬、陈伟莲:《我国人口城镇化与土地城镇化协调发展研究》,《人文地理》2010 年第 5 期。

陈锡文:《中国城镇化进程与新农村建设须并行不悖》,《农村工作通讯》2011 年第 14 期。

陈艳美:《略论民族地区城镇化与农村富余劳动力转移》,《琼州大学学报》2004 年第 3 期。

陈英玉:《牧民流动与牧区城镇化道路》,《攀登》2006 年第 4 期。

陈振勇:《传统与变迁:西部民族地区城镇化建设中的民族传统体育文化研究》,《成都体育学院学报》2008 年第 9 期。

陈正华:《西部民族地区城镇化建设中多元投资的问题研究》,《西北民族大学学报》(哲学社会科学版) 2006 年第 2 期。

戴正、闵文义、才让加、邓艾:《西部民族牧区现代化、可持续发展的现实选择——牧区城镇化建设》，《西北民族大学学报》（哲学社会科学版）2006 年第 6 期。

戴正、闵文义：《西部民族牧区草地畜牧业产业化途径——以牧区城镇为中心的畜牧业同心圆圈扩展布局》，《西北民族大学学报》（哲学社会科学版）2008 年第 6 期。

单卓然、黄亚平：《"新型城镇化"概念内涵、目标内容、规划策略及认知误区解析》，《城市规划学刊》2013 年第 2 期。

丁生喜、王晓鹏：《青藏高原少数民族地区特色城镇化动力机制分析——以环青海湖地区为例》，《地域研究与开发》2012 年第 1 期。

杜伟、曹敏：《西部大开发中的民族地区小城镇发展问题》，《贵州民族研究》2000 年第 4 期。

段禄峰、张沛：《我国城镇化与工业化协调发展问题研究》，《城市发展研究》2009 年第 7 期。

冯瑞、艾买提、马磊：《城镇化发展中的少数民族文化传承与重构——以甘肃阿克塞哈萨克族为个案》，《内蒙古大学学报》2008 年第 9 期。

傅小锋：《青藏高原城镇化及其动力机制分析》，《自然资源学报》2000 年第 4 期。

高德胜、金哈斯：《浅谈西部少数民族地区牧民人口城镇化》，《学理论》2011 年第 36 期》。

高德胜：《西部少数民族地区人口城镇化的现实分析及其出路》，《企业研究》2011 年第 12 期。

高新才、毛生武：《西北民族省区城镇化战略模式选择与制度创新》，《民族研究》2002 年第 6 期。

胡伟艳、张安录：《人口城镇化与农地非农化的因果关系——以湖北省为例》，《中国土地科学》2008 年第 6 期。

黄祖辉：《户籍改革谨防流于表面》，《农村经营管理》2011 年第 6 期。

简新华：《新生代农民工融入城市的障碍与对策》，《求是学刊》2011 年第 1 期。

江明生：《贵州少数民族地区城镇化的难点及解决对策》，《贵州师范大学学报》（社会科学版）2009 年第 5 期。

姜永生、范建双、宋竹：《中国新型城市化道路的基本思路》，《改革与战略》2008 年第 4 期。

李欣华、吴建国：《旅游城镇化背景下的民族村寨文化保护与传承——贵州郎德模式的成功实践》，《广西民族研究》2010 年第 4 期。

李雅莉：《河南省农村土地流转的现状及对策研究》，《河南师范大学学报》（哲学社会科学版）2011 年第 11 期。

厉以宁：《牧区城镇化的新思路》，《北京大学学报》（哲学社会科学版）2012 年第 1 期。

刘柃妤：《渝东南民族地区城镇化存在的问题及对策研究》，《世纪桥》2007 年第 9 期。

刘晓鹰、杨建翠：《欠发达地区旅游推进型城镇化对增长极理论的贡献》，《西南民族大学学报》（人文社科版）2005 年第 4 期。

刘芯宇：《新疆维吾尔自治区城镇化发展研究》，《福建党史月刊》2010 年第 20 期。

陆大道、姚士谋、李国平、刘慧、高晓路：《基于我国国情的城镇化过程综合分析》，《经济地理》2007 年第 6 期。

马庚存、冷静：《略论中等城市的城市化道路》，《理论学刊》2005 年第 6 期。

马江：《四川省民族地区旅游业与城镇化的互动发展》，《经济研究参考》2006 年第 67 期。

闵文义、才让加、戴正：《城镇化：西部民族地区草原牧区可持续发展的必由之路——阿克塞县草原牧区可持续发展模式调研报告》，《西北民族研究》2004 年第 3 期。

闵文义、关春玉：《西部民族牧区城镇化与畜牧产业化互动模式研究》，《西北第二民族学院学报》（哲学社会科学版）2008 年第 3 期。

秦佳、李建民：《中国人口城镇化的空间差异与影响因素》，《人口研究》2013 年第 2 期。

任国英、焦开山：《论民族社会工作的基本意涵、价值理念和实务体系》，《民族研究》2012 年第 4 期。

沈茂英：《少数民族地区人口城镇化问题研究——以四川藏区为例》，

《西藏研究》2010 年第 5 期。

宋才发：《西部民族地区城镇化建设的法律保障探讨》，《广西民族研究》2004 年第 2 期。

孙文基：《促进我国城镇化发展的财政制度转型研究》，《苏州大学学报》2011 年第 5 期。

覃茂福、梁仲确：《我国民族地区城镇化的现状审视》，《经济广角》2003 年第 12 期。

王金营：《经济发展中人口城市化与经济增长相关分析比较研究》，《中国人口资源与环境》2003 年第 5 期。

王利伟、赵明：《草原牧区城镇化空间组织模式：理论与实践——以内蒙古自治区锡林郭勒盟为例》，《城市规划学刊》2013 年第 6 期。

王新萍：《甘肃民族地区城镇化现状及战略》，《甘肃行政学院学报》2007 年第 4 期。

吴开松：《生态文明与民族地区特色城镇化协同发展研究》，《华中师范大学学报》2014 年第 5 期。

项继权：《城镇化的"中国问题"及其解决之道》，《华中师范大学学报》（人文社会科学版）2011 年第 1 期。

肖琼：《城镇化背景下的民族旅游社区文化生态环境保护研究》，《城市发展研究》2011 年第 11 期。

姚士谋、陆大道、王聪、段进军、武清华：《中国城镇化需要综合性的科学思维——探索适应中国国情的城镇化方式》，《地理研究》2011 年第 11 期。

姚士谋、吴建楠、朱天明：《农村人口非农化与中国城镇化问题》，《地域研究与开发》2009 年第 3 期。

姚士谋、薛凤旋、燕月：《推进我国城镇化健康发展的重大策略问题》，《城市观察》2013 年第 1 期。

张建英：《论我国民族地区城镇化发展中的政府行为》，《青海师专学报》（教育科学）2006 年第 6 期。

张磊：《试论新农村建设和城镇化并行发展关系》，《社会科学战线》2011 年第 9 期。

张泽梅：《论渝东南民族地区城镇化进程中的人口流动》，《重庆石油高等专科学校学报》2004 年第 4 期。

赵敏、向剑凛：《新时期的云南城镇化发展道路探索》，《学术探索》2003 年第 4 期。

中国人口与发展研究中心课题组、桂江丰、马力、姜卫平、王钦池、张许颖、陈佳鹏、王军平：《中国人口城镇化战略研究》，《人口研究》2016 年第 3 期。

周一星：《关于中国城镇化速度的思考》，《城市规划》2006 年 S1 期。

后　记

随着城市化进程的不断推进，我国走上了快速城镇化的道路，越来越多的农村人口转变为城市人口，越来越多的砖瓦土房转变成了高楼大厦。国家的发展日新月异，人民的生活也更加美好。2016年中央城镇化工作会议上提出了新型城镇化的"四个注重"以及"五项原则"，以人为中心也成为了新时期城镇化工作的核心纲领。正是在这样的背景下，我们从共享发展的视角出发，探讨蒙古族这一少数民族群体在城镇化浪潮下该何去何从的问题。

蒙古族作为全国55个少数民族之一，也是内蒙古自治区的主体少数民族，有着独特的文化传统、语言文字、生活习俗。在城镇化推进的工作中，蒙古族农牧民如何从生活、文化、精神上融入城镇，成为城镇化工作应有的题中之义。正是基于这样的思考，我们以蒙古族农牧民的城镇生活为线索，去探究在蒙古族城镇化这一进程中，如何在保证蒙古族文化得到传承和保护的基础上实现农牧民的城镇化。

经过前期大量的资料收集和分析工作之后，我们选定了内蒙古自治区内6个具有代表性的蒙古族农牧区，并针对已城镇化和未城镇化的蒙古族居民进行了问卷设计，根据随机抽样进行问卷调查。在调研过程中，调研人员不仅对当地居民发放了300余份问卷，同时也针对政府部门相关人员以及一些亲身经历蒙古族城镇化的居民进行了访谈。在调研和访谈的过程中，我们也深有感触：城镇化过程中如何推进蒙古族的文化传承是个非常重要的话题。许多已城镇化的蒙古族居民在城镇里不能住蒙古包、不能举行祭火仪式，等等，感觉有些文化上的"遗失"；但也有一些社区为了传承蒙古族文化，创新性地将蒙古族传统文化活动与社区活动结合起来，成立了"安代舞团""马头琴乐团"等活动组织，在丰富了社区文化活动的同时也传承了蒙古族优秀文化。这些创新的活动形式也成为了蒙古族文化传承的新路径选择，下一步则需要思考如何更多地将蒙古族文化传承和保护起来。文化传承只是城镇化进程中的一个因素，蒙古族城镇化如何实现可持续发展，才是重中之重。

在经过实地调研和问卷调查之后，我们对相关数据进行了分析和整理，提炼出了影响蒙古族城镇化的关键因素，并且针对这些关键因素提出了建立特色生态小镇这样的对策建议，以及为蒙古族城镇化可持续发展提出了政策建议。

希望通过我们的研究不仅可以为蒙古族城镇化提供更多的建议，同时也希望通过我们的研究让更多的人能关注到蒙古族城镇化这样的一个重要议题。希望人们可以将目光更多地聚集在城镇化过程中这些少数民族群体或者一些特殊群体上，力图让发展成果惠及每个民族的每一个老百姓。

由于本课题调研任务重，研究难度远远超出预期，课题组又本着要完成高质量研究报告的原则，所以课题研究未能按原定计划完成。本书由课题组共同完成，共有十多位教师和研究生先后参与了本研究的框架讨论、问卷设计、实地调研和访谈、数据整理分析、撰写和校对等工作。正是课题组成员的辛苦付出和通力合作才得以完成，在此致以诚挚的谢意！